THE ORIGINS OF NATIONALISM

欧洲
民族主义的起源

从古罗马到现代早期德意志的另一种历史

An Alternative History from Ancient Rome to Early Modern Germany

Caspar Hirschi

［瑞士］卡斯帕·赫希 著

X. Li 译

广西师范大学出版社
·桂林·

OUZHOU MINZU ZHUYI DE QIYUAN
欧洲民族主义的起源

This is a simplified Chinese edition of the following title published by Cambridge University Press:
The origins of nationalism: an alternative history from ancient Rome to early modern Germany - ISBN 978-0-521-74790-5 Paperback
© Caspar Hirschi 2012
This simplified Chinese edition for the People's Republic of China (excluding Hong Kong SAR, Macau SAR and Taiwan Province) is published by arrangement with the Press Syndicate of the University of Cambridge, Cambridge, United Kingdom.
© Guangxi Normal University Press 2023
This simplified Chinese edition is authorized for sale in the People's Republic of China (excluding Hong Kong SAR, Macau SAR and Taiwan Province) only. Unauthorized export of this simplified Chinese edition is a violation of the Copyright Act. No part of this publication may be reproduced or distributed by any means, or stored in a database or retrieval system, without the prior written permission of Cambridge University Press and Guangxi Normal University Press. Copies of this book sold without a Cambridge University Press sticker on the cover are unauthorized and illegal.

本书封面贴有 Cambridge University Press 防伪标签，无标签者不得销售。

著作权合同登记号桂图登字：20-2016-366 号

图书在版编目（CIP）数据

欧洲民族主义的起源：从古罗马到现代早期德意志的另一种历史 /（瑞士）卡斯帕·赫希（Caspar Hirschi）著；X.Li 译. -- 桂林：广西师范大学出版社，2023.10
书名原文：The Origins of Nationalism:An Alternative History from Ancient Rome to Early Modern Germany
ISBN 978-7-5598-5817-7

Ⅰ. ①欧… Ⅱ. ①卡… ②X… Ⅲ. ①民族主义－研究－欧洲 Ⅳ. ①D750.62

中国国家版本馆 CIP 数据核字（2023）第 030239 号

广西师范大学出版社出版发行
（广西桂林市五里店路 9 号　邮政编码：541004　）
　网址：http://www.bbtpress.com
出版人：黄轩庄
全国新华书店经销
广西广大印务有限责任公司印刷
（桂林市临桂区秧塘工业园西城大道北侧广西师范大学出版社
　集团有限公司创意产业园内　邮政编码：541199）
开本：880 mm × 1 230 mm　1/32
印张：13.125　　　字数：260 千
2023 年 10 月第 1 版　　2023 年 10 月第 1 次印刷
定价：89.00 元

如发现印装质量问题，影响阅读，请与出版社发行部门联系调换。

献给我的父母

目 录

插图列表   *001*

序   *001*

1 引言   *001*
   1.1 从天然有机体到人工制造物   *005*
   1.2 与现代主义主张斗争——一场败局？   *011*
   1.3 将建构主义翻个底朝天   *014*
   1.4 是古代的影响，还是复古思想的力量   *020*
   1.5 民族主义：历史学术的推动者？   *024*

2 现代主义范式：强项和弱点   *029*
   2.1 没有民族主义者的民族主义   *032*
   2.2 强项和缺点   *034*
   2.3 "虚假"的建构主义者构想的虚假社群   *038*

2.4 现代主义的短视和"传统的发明" *043*

3 新型民族主义理论的基础 *049*
　　3.1 如何描述民族？ *051*
　　3.2 平等和多极化 *056*
　　3.3 民族：失败的帝国主义的产物 *059*
　　3.4 对荣誉和自由的竞逐 *064*
　　3.5 定义 *068*

4 因爱相杀、为爱而亡：共同的祖国 *072*
　　4.1 西塞罗和理想爱国者的构建 *077*
　　4.2 禁欲主义之爱 *085*
　　4.3 政治因爱国而扭曲畸变 *089*
　　4.4 爱国主义从共和制向元首制的顺利转变 *092*
　　4.5 中世纪：尘世天堂去又回 *094*
　　4.6 层出不穷的新以色列和新罗马 *097*
　　4.7 法学家：国王的爱国公民 *102*
　　4.8 帝国和教廷的降格 *105*

5 荣誉的争夺：中世纪晚期欧洲各民族的缔造 *116*
　　5.1 社团荣誉：中世纪大学中的"各部族" *119*

5.2 从具体到抽象的共同体：康斯坦茨会议上的"部族" *122*

  5.3 民族荣誉的新维度 *133*

  5.4 民族荣誉：荣誉经济过热的征兆 *143*

  5.5 如何衡量一个民族的地位？ *147*

  5.6 民族荣誉：荣誉经济过热的补救措施 *151*

6 民族主义对边界和语言的转化 *155*

  6.1 作为政治空间结构（space）的"口音" *158*

  6.2 "亚当是个日耳曼人" *162*

  6.3 净化德意志的语言（以及德意志人民） *165*

  6.4 浪漫民族主义的有限原创性 *174*

7 人文主义者的民族主义 *178*

  7.1 文艺复兴时期的人文主义——创新的复古精神 *181*

  7.2 将法国人斥为蛮族，亦即意大利人文主义者战胜现实的方式 *214*

  7.3 帝国的独立支持者：德意志的人文民族主义者 *230*

  7.4 民族主义的孤立与同化的相互依存 *236*

  7.5 德意志——（尚未）文明开化的民族 *240*

  7.6 德意志——真正的民族 *252*

8 德意志人民的德意志皇帝 272
8.1 引入民族归属作为选举标准 275
8.2 普遍仇外情结的影响 282
8.3 从德意志英雄到西班牙侵略者——皇帝查理五世的变形记 286

9 民族和教派 296
9.1 马丁·路德的德意志民族 300
9.2 新教徒的真正民族对阵天主教徒的文明民族 312
9.3 非教派化的民族论调的延续 316

10 结语 320
10.1 民族主义和教派化的原教旨主义 322
10.2 古代博学政治家的现代遗产 325
10.3 尾声 331

注　释 332

参考文献 360

索　引 374

译后记 400

插图列表

1. 日耳曼征服（*Germania capta*）：罗马奥里斯金币，公元85年。

2. 斯卡拉维尼亚（Sclavinia）、日耳曼尼亚、高卢和罗马向奥托三世（Otto III）宣誓效忠：来自公元1000年左右奥托三世金碧辉煌的福音书。

3. 德意志王国（*Reich Germanie*），1513—1515年：描绘皇帝马克西米利安一世（Maximilian I）胜利的微型画的细节，由雷根斯堡的阿尔布雷希特·阿尔特多弗（Albrecht Altdorfer）工作室制作。

4. 来自天堂的印刷机，由密涅瓦（Minerva）和墨丘利（Mercury）交付给德意志，后者将其介绍到荷兰、英格兰、意大利和法国，这四国首先掌握了这一精湛的技艺：普洛斯佩·马尔尚（Prosper Marchand）的《印刷的起源和首轮进步史》（*Histoire de l'origine et des premiers progrès de l'imprimerie*）的卷首插画，海牙，1740年。

5. 马库斯·图利乌斯·西塞罗（Marcus Tullius Cicero，公元前106—前43年）：胸像原作可追溯至罗马共和国末期，照片所示为奥古斯都时代的大理石复制品。

6. 康斯坦茨宗教会议（1414—1418年）期间的一次会议：来自乌尔里希·冯·里琛塔尔（Ulrich von Richental）的《康斯坦茨宗教会议编年史》（Chronicle of the Council of Constance）中的插图，约公元1465年。

7. 德意志城市中的马上长矛比武（Joust in a German city）：约斯特·阿曼（Jost Amman）的木刻版画，来自1566年版的乔格·卢克斯奈（Georg Rüxner）的《骑士比武之书》（Tournament Book / Thurnierbuch），出版于法兰克福。

8. 康拉德·策尔蒂斯（Conrad Celtis，1459—1508年），老汉斯·博格梅尔（Hans Burgkmair the Elder）所作的纪念木刻版画肖像，1508年。

9. 头戴桂冠的西塞罗：托比亚斯·斯蒂默（Tobias Stimmer）所作的木刻版画，来自尼可劳斯·鲁斯奈（Nikolaus Reusner）的《意大利、希腊、德意志、法兰西、英格兰、匈牙利文人的肖像或生活图景》（Icones sive imagines vivae, literis cl. virorum, Italiae, Graeciae, Germaniae, Galliae, Angliae, Ungariae），1589年出版于巴塞尔。

10. 皇帝马克西米利安一世扮作"德意志的赫拉克勒斯"（Hercules Germanicus）：大幅木刻版画，作者不明［或许是汉斯·冯·库尔姆巴赫（Hans von Kulmbach）]，约公元1500年。

11. 查理大帝和皇帝查理五世（Charles V）的双人肖像：安东·沃恩萨姆（Anton Woensam）所作的卷首插画，来自1521年科隆（Cologne）版的艾因哈德（Einhard）所著《查理大帝生平和事迹》(*Vita et Gesta Caroli Magni*)。

12. 马丁·路德扮作"德意志的赫拉克勒斯"：大幅木刻版画，为小汉斯·荷尔拜因（Hans Holbein the Younger）于1522年所作。

13. 西塞罗的肖像：冉·维特多克（Jan Witdoeck）雕刻于1638年。

14. 作为罗马式文人的孟德斯鸠（Montesquieu，1689—1755年）：金属雕像，为雅克·安托万·达希尔（Jacques Antoine Dassier）于1753年所作。

关于图片的声明：封面图和图3，鸣谢奥地利格拉茨（Graz）的学术印刷和出版社（Akademische Druck und Verlagsanstalt）；图4、7、8、9和13，鸣谢瑞士巴塞尔大学图书馆的珍本和手稿部；图1，鸣谢德国的古钱币交易所（Numismatik Lanz）；图2，鸣谢德国慕尼黑的巴伐利亚州立图书馆（Bayerische Staatsbibliothek）的手稿和古籍部；图5，鸣谢加拿大的安东尼·马让拉赫蒂（Anthony Majanlahti）；图6、10、11、12和14，鸣谢公版作品的供稿人。

序

1963年，政治学家卡尔曼·H.希尔维特（Kalman H. Silvert）编辑了一部关于"发展中国家"民族主义思想的文选，书名不太好理解，叫作《期待的民族》（*Expectant Peoples*）。尽管此书使希尔维特成了民族主义研究领域的先驱，但这本书当时没有得到多少关注，并且早已被遗忘。在前言中，希尔维特提出了一个崭新的问题，此后将会不断被重复提到，答案却莫衷一是。这个问题就是：为什么"还要写一本关于民族主义的书"？

如果连身处20世纪60年代初的学者都不得不为再启民族主义研究的新篇章找出若干理由，那么如今，在成百上千的书稿得以出版的时代，这种压力该有多大？答案多半是"确实非常大"。没有哪位学者能摆脱此压力。然而，这并非坏事。再度为民族主义著书立说，依然有着充分的理由。

本书给出的理由简短而直白：我相信是时候重新开始研究

民族主义了，而本书有助于促进这项研究。在过去的20年中，主导该领域研究的，是80年代出版的几本书。研究民族主义的学者们从这些著作中获益良多，尤其借此极大地拓展了他们的研究领域，但是，因其研究立足于流行语胜于理论的连贯性，偏重粗略史论而缺乏对第一手资料的考证，他们也付出了高昂的代价。我相信，如今效法这类研究已得不偿失。

本书将民族主义的崭新理论论据与关于其起源的全新历史分析相结合。通过这种做法，试图说服理论狂人（多为社会学者和政治学者）接受有凭有据的历史论断的价值，并且说服顽固的实证派（多为历史学家）认可理论工具的价值。然而，首要的是，本书会号召该领域的学者重新将前现代欧洲的历史融入民族主义研究之中。

我明白，出版本书，是一项雄心勃勃甚至胆大妄为的任务。本书的反响，可能像给了作者一张通向历史编纂学、社会学和政治学之间的无人之境的单程票，应者寥寥。不过，鉴于当前民族主义研究的状态，我认为值得冒这个险。如果本书有助于打破当前民族主义研究的理论和方法框架，那么它的基本目标也就达到了。此外，如果它还能够推动一些学者采纳和拓展其研究方式，那么，就算是马到成功了。

与我之前于2005年在德国出版的、关于该主题的《民族的竞争》(*Wettkampf der Nationen*)相比，本项研究所涉范围更广，而篇幅却更小。它囊括了更加广泛的理论论据，增加了进一步反映民族荣誉的内容，并且更为详尽地分析了政治角色——这是文艺复兴时代的人文主义者渴望而未曾企及的角色。最终，它包括三个新增的部分：（1）古罗马的爱国主义精神，（2）语言的民族主义转型，（3）现代早期民族主义和宗教原教旨主义之间的关系。

由于本书涉及大量有关本论题的第二手文献，我不得已只引注了作为立论依据、信息来源和明确评论根据的著作的标题。我认为多数读者喜欢阅读可读性更强的图书，而不是引注堆砌的长篇大论，也无意弄清我本人的确切阅读范围。有兴趣的读者大可去读我的德文论著的注脚。

至于第一手文献，我采用了不同的处理方式，因为它们是我的方法和论述的基石。本书大量引用了古代、中世纪和现代早期的文献，从公开演说到法律著述、王室敕令、政治诗歌、宗教手册、人文主义史籍和通信。这些文献大多是用拉丁文写成，另有大量的古德文、法文和意大利文的文献。本书给出的英文翻译出自本人手笔或这些文献的英文译本（我偶尔会对译文稍加改动，以适应起承转合的需要）。为了使阅读流畅，只有在能够使某个论点更有价值的时候，我才援引原文。

除了书面文献，我还引入了图像资料，它们的作用不只是插图而已。每张图片都附有描述性图说，点明该图片对于说明正文论点所起的作用。图说之间彼此相连，形成了其自身的叙事逻辑。

用外语写一本书，令人极为兴奋，同时也有点担忧，仿佛一趟充满异国情调的旅程。一张精致的地图很快就显得不够用了，因此对于能找到土生土长的向导，我感到很幸运，他们对英语这门语言知根知底、驾轻就熟。当我引喻失义、离题万里时，他们的援助尤其必不可少。安德鲁·里斯顿（Andrew Liston）协助编辑了初稿的章节，凯瑟琳·休斯（Katherine Hughes）则在整个写作过程中以令人肃然起敬的敏锐眼光确保了措辞的准确，同时避免了论断的不完整。

本书大部分手稿完成于2007年到2010年间，当时我在剑桥大学的卡莱尔学院研究生院（Clare Hall, Cambridge）做研究员。在这所独树一帜的学府中，我在社交和求知方面都大受其益，我和家人都感到这是一个理想的落脚之地。感谢瑞士国家科学基金会（Swiss National Foundation）慷慨资助年轻学者的研究项目，我们得以租用了一间漂亮的校园公寓，被更加美不胜收的李约瑟研究所（Needham Institute）的花园所环绕。

在这段时间，我得以在剑桥大学历史系从事研究和教学工作，同时参与现代欧洲历史研究课题小组的工作（这属于我的另一项正在进行的项目，是关于18世纪英国和法国的官方专家与公共批评家的研究）。感谢这个小组的每周研讨会，我获得了源源不断的点子，其中一些用在了这本书里。蒂姆·布兰宁（Tim Blanning）在2007年秋季学期组织的一系列关于民族主义和浪漫主义的研讨会尤为有趣。

蒂姆还在其他许多方面为推进本书的撰写做出了贡献。他支持我当初向剑桥大学出版社提交的初始申报，后来对最初几章的评论于我大有助益，并且他最终阅读了整部手稿，为最后的修订提供了可贵的建议。每次拜访他的办公室，我总是满载良言忠告而归，外加一包可爱的童装——他的孩子们已穿不下，而我的孩子们即将用得上。

历史系的另一位童衫提供者兼智囊，是尤林卡·拉布莱克（Ulinka Rublack）。我初来乍到时，她给了我机会，让我在她的研讨课上向学生们介绍我对马丁·路德（Martin Luther）以及德意志民族的见解。结果，这开启了我们兴致勃勃的交流，尤其是探讨了民族形成过程中精神和物质文化的相互关系问题。

2007年初，当我为跻身卡莱尔学院研究员而参加面试时，亚历克斯·沃森（Alex Watson）作为委员会的一员，询问我将会如何区分前现代和现代的民族主义。我不记得自己是如何作答的，但是无论它多么令人满意，三年后，我有幸获得亚历克斯的首肯——他答应阅读我的手稿。我非常感激他的评论和指正。

在我完成和出版本书的过程中，下面这几位人士给予了我种种专家级的协助：巴塞尔大学图书馆的多米尼克·亨格尔（Dominik Hunger）送来了现代早期木刻和雕刻的精美复制品；安德里亚斯·豪瑟尔（Andreas Hauser）对如何打造插图的标题给出了有用的建议；手稿的一位匿名评阅者帮助我澄清了一些关键点；最终，剑桥大学出版社的伊丽莎白·弗莱德-史密斯（Elizabeth Friend-Smith）极其耐心地和我讨论了本书的副书名及标题长度问题，并使书稿得以顺利付梓。

对于本书及其他一切，我亏欠最多的人是我的妻子玛蒂娜·施劳里（Martina Schlauri）。她舍弃了瑞士的一份稳定工作，肩负起养育孩子的重任，好让她的丈夫得以在英国学术界一试身手。在本书逐渐成形期间，她生下了我们的次女约瑟芬（Joséphine）以及三女玛蒂尔达（Mathilda），她们的降生极大地丰富了我们夫妻和长女夏洛特（Charlotte）的生活。多亏玛蒂娜，家庭生活中相知相携的经历与我在学术研究中孤独的追求相得益彰。不过，在这些多姿多彩的年月中，我最幸福的时刻，是难得的与玛蒂娜走出家门、双宿双飞的周末时光。

1 引言

皇帝腓特烈三世（Frederick III）说道："帝国和德意志的荣誉对我如此珍贵，为此我不惜付出任何努力或代价。但是……我们必须团结我们民族的力量；我们必须形成统一的整体。"

——埃尼阿·希尔维奥·皮科洛米尼（Enea Silvio Piccolomini），《五人对话录》（*Pentalogus*），1443年

法国人是英格兰人的敌人，不为别的理由，就因为他是法国人。苏格兰人是不列颠人（*Britannus*）的敌人，不为别的理由，就因为他是苏格兰人。日耳曼人与法国人为敌，而西班牙人又与这两者为敌。……难道我们要把常挂在嘴边的"祖国"当作民族间互相残杀的沉重理由吗？

——德西德里乌斯·伊拉斯谟（Desiderius Erasmus），《和平的诉求》（*A Complaint of Peace*），1517年

本书对民族主义的历史起源提出了一种全新理解，同时解释了欧洲各民族最初的形成过程。它挑战了目前历史学家和社会学家的主流观点，即民族主义是在19世纪通过工业化和大众传播建立起来的一种属于现代的独特现象。尽管我承认这种所谓"现代主义"观点发挥了积极作用，但我仍认为其主要信条在理论上站不住脚，在历史上也经不起推敲。本书还挑战了之前"现代主义"理论的批评者，他们主张将前现代时期纳入民族主义的研究。尽管我承认他们的反对意见中有许多有价值的内容，但我依然认为他们至今没有提出能够成功挑战现代主义研究脉络的、富有说服力的对立理论。本书旨在呈现一幅更加准确的图景，通过拓展这种对立的理论来描绘民族的形成过程——并且给出历史解释，阐明为什么尽管所有预言都宣称民族和民族主义已绝迹，它们却仍大行其道、一直延续到我们这个似乎已属于"后民族时代"的时期。

本书提出的新模式，从重新审视民族主义理论所应回答的主要问题着手。当今，民族主义理论似乎负有这项不言而喻的任务：试图识别在任何既定的情境下激起民族主义思想的一般因素和机制。如果成功，这种理论就能够确切回答以下问题：为什么爱沙尼亚（Estonia）成了一个民族，而加泰罗尼亚（Catalonia）却没有？或者，在工业化之前，各民族是否已经存在？我认为，这类决定论式的方法总是许诺很多，能兑现的却很少。若要反驳，只需提出一个基本问题——与史实不符。

即便在英格兰和东帝汶这般天高地远而又迥然各异的地方，催生民族主义思想的依然是单一的因果法则——这种假设缺乏根据。

本书的理论论证由一组替代问题构成：民族主义有哪些"独特"之处？我们能在何地及何时看到这些特点首度出现？我们如何从历史上理解它们的出现？以及我们应如何描述它们在民族创立过程中起到的作用？这些问题是基于一种不同的、我认为更合理的历史假设，即民族主义和民族在世界上任何地方的出现，都只可能（但绝非必然）是其所处特定时空的、原生性发展的结果。根据我的理论，这个时间点和空间点，落在了信仰天主教的中世纪的欧洲。我还建议，通过聚焦欧洲历史，重新考量欧洲政治文化在全球民族主义思想史中的角色。我的论点是：尽管民族主义能够在欧洲以外的地方发展出自己独有的特点，却无法被想象为欧洲文化轨迹之外的事。

我的理论探索，要追溯到古罗马时代，却没有将罗马政治文化本身看成具有民族主义色彩的事物，而是将民族主义的起源与中世纪的罗马帝国遗产相联系，将中世纪政治文化描述为在支离破碎的领土框架中产生的次级罗马帝国主义。民族主义的出现被归结于这种对立所产生的独特张力。一言以蔽之，民族主义在这里被看作一种由长期妄想成为帝国的各个国家构建的政治话语。各国在彼此牵制的斗争中泥足深陷。这场斗争进行得十分激烈，将君主们一统天下的诉求转化成抽象共同体之间的全方位对抗。并且，它还被认为具有普遍性，它迫使每个号称独立的政治实体将自己界定为一个民族。两个关键因素分别是：民族荣誉，一种由共同体全体成员共享的、珍贵而易变的资本；民族自由，即对外来统治和文化影响的集体抵制。

民族主义思想被看作各民族产生的主要推动力，学者们则被看作民族主义思想的主要创造者。在中世纪，学者们不仅是基督教信仰的卫道士，也是古代经典的守护者。从12世纪开始，受过法学和语言文献学训练的教士们竭力将罗马的遗产套用在当时的政治上；在这个过程中，关于民族的言论产生了。尽管构建民族概念过程中的相关学术研究原本旨在直接影响政治，但它们未能立刻重塑政治现实。事实上，在民族主义言论的创生和民族主义政治的实践之间，存在相当大的时间上的滞后性。到15世纪末，民族的概念几乎在学术著作中全面发展起来，而在政治实践方面，帝国主义、王朝思想和宗教原则的统治还要延续3个世纪。对于中世纪和现代早期的统治者们，民族主义的魅力通常在于其作为宣传工具发挥的作用，而其本身很少是目的所在。

因此，本书的主旨之一，就是解释民族主义学术和非民族主义统治长期并存的历史。研究方法是分析政治学家为掌握公共权威和影响权力者所发展出的学者角色。由于这些角色在制度上全都未能获得意想之中的效果，本书还将深入解析西方学者长期以来的自欺欺人。为了了解民族主义的起源，我们无法绕开对这种学术文化的批判性分析,如此,今日的我们才能够进行严肃的历史研究。

本书将会从主题、方法和论据的简介着手。接下来的两章将探讨如下理论:第2章给出了对主流现代主义者的民族主义理论的批判性概述,第3章概括了新的对立模式。从第4章开始,对罗马共和国末期到文艺复兴和宗教改革时期进行历史分析,逐渐展现这一对立模式。最后一章是结语,阐明了民族主义在中世纪的欧洲源头与其在现代政治上的胜利之间的历史联系。

1.1 从天然有机体到人工制造物

民族主义的概念一直是现代历史学中的主要论题。然而,历史学家们看待和呈现它的方式随着时间的推移发生了戏剧性的变化。19世纪,由于当时生活的急剧变化,过去越来越被看得支离破碎并且与当前割裂开来,而民族依然被认为是贯穿欧洲历史的主导因素。它们被描绘为拥有独特兴衰史、秉性和特质的集合体,在所谓主要历史舞台即国际政治上彼此互动。现代历史编纂学将"变革"作为历史的根本力量引入,同时却将民族看作一个稳定的整体,而"变革"被推定为非直线性的,民族则被认为是从古代的一粒种子长成了现代盛放的繁花。这是必然之事,凌驾于万事万物的历史相对性法则之上。

民族的这种形象，相当大程度上是由浪漫主义理想塑造的。浪漫主义设想了某种与现代社会"机械式"结构相对立的天然有机的共同体。尽管浪漫主义的热潮褪去了，这个观念却保留了下来。它如此绵延不衰的原因之一在于：它是历史记叙中的一种维持连续性的媒介，如果没有它，历史恐怕会显得支离破碎。另一个原因是：它将历史的巨大领域划分成可以掌握的组成部分，无须额外的解释，因为民族被当作自然秩序的一部分呈现。还有第三个原因，可能是民族对于现代历史学家自身的用处：作为民族主要的著书立传者，历史学家们得以垄断俗世布道者的位置——教导市民并向统治者建言，使他们认识到自己更深层的身份认同和职责所在。历史学家们以往从未享有过这个时代和这般身份下如此重大的公共影响力以及在政治上的分量。

于是，民族拥有了作为辩证地制衡历史编修核心规则的砝码的功用，难怪其功能如此历久弥新。即便它威胁到所谓历史客观性，也还是屹立不倒。20世纪初，欧洲主流历史学家们，比如德国诺贝尔文学奖得主特奥多尔·蒙森（Theodor Mommsen，1817—1903）和比他年轻却几乎旗鼓相当的同行奥托·辛茨（Otto Hintze，1861—1940），依然不认为与外国同行的交流有什么意义，因为"民族对立"会使双方缺乏互相理解的共同基础，故而他们没有理会"那种想要召开历史学国际研讨会的主意，认为它荒谬可笑"。[1]

学术和政治都必须经历巨变,历史学家们才会不再将民族的概念看成仅需滋养呵护的天然有机体,而是将其当作一个尚需解构的人造产品。当然,在19世纪和20世纪早期,对民族之形成过程的批判性研究并非无迹可寻。事实上,曾有过一些精辟的论著,比如厄内斯特·勒南(Ernest Renan,1823—1892)1882年的讲稿《什么是民族?》(*Qu'est-ce qu'une nation?*),以及卡尔顿·海斯(Carlton Hayes,1882—1964)1926年的《民族主义论文集》(*Essays on Nationalism*)[1]。然而,这些著作只是例外,并且在出版了很久之后才日益获得关注。

从政治上说,两次世界大战后,重新考虑历史上的"民族"概念的地位,有着空前的紧迫性。有趣的是,战后几十年,历史学对民族的描述依然大同小异。民族依然被描述为政治和文化上的关键力量,从中世纪早期到现在都是如此;唯一重大的变化是,它们这时被看得既十分有建设性又极具毁灭性。因此,有人尝试基于有关不同类型民族的陈旧观念,区分两种对立的民族情感。一些历史学家将防御性的、温和的爱国主义精神与咄咄逼人的极端民族主义情绪区分开来,将前者看作一种现代民主不可或缺的要素,而将后者看作对民族国家的病态赞颂。另一些人则遵循美国犹太裔历史学家汉斯·科恩(Hans Kohn,1891—1971)对于公民民族主义和文化民族主义

---

[1] 中译本为《世界历史的教训:民族国家信仰及其祸福》,秦传安译,北京:中华书局,2022年。(本书脚注均为译注)

的更宽泛区分，"公民"意指西方的、领土意义上的、自由主义的、理性的和兼收并蓄的，而"文化"则意味着东方的、种族的、独裁的、非理性的以及排外的。[2] 至少对于英、美、法国的学者而言，既然发现了这样一则简洁而令人沾沾自喜的解决方案，就能够一如既往地继续书写各民族的历史了。此外，这种对民族情感的双重标准，在冷战的新局面下也同样行之有效。许多西方国家的主要历史学家得以继续扮演民族布道者的角色，并维持着公众影响力以及随之而来的高度正统性。

只有到了20世纪70年代和80年代，当冷战进入漫长的解冻过程时，关于民族和民族主义的主流观点才开始改变。经过一段时间的酝酿，历史学在方法论上发生了重大转变，促进了新方法的运用。旧式的政治历史学，在理论上遭遇了更加精巧细腻的社会和文化历史学的挑战，而关于民族的"天然有机"属性的譬喻式措辞，也是如此。

尽管如此，我们仍需要依靠历史领域之外的学者们，比如政治学家和社会人类学家创造性地引入一个崭新的、有启发性的视角。这些学者中，有些早已形成了他们自己的民族主义理论——比如，20世纪50年代的卡尔·多伊奇（Karl Deutsch，1912—1992）、60年代和70年代的厄内斯特·盖尔纳（Ernest Gellner，1925—1995）——但是他们的研究从80年代开始方才被广泛地阅读。这些人士（以及当初曾加入他们之中的多数历史学家）的共同之处在于，他们对民族和民族主义的怀疑甚至消极否定的态度常常来自其个人经历。卡尔·多伊奇、厄内斯特·盖尔纳和埃里克·霍布斯鲍姆（Eric Hobsbawm，生于1917年）都是犹太人的后代，于两次大战之际在布拉格长大，为躲避纳粹而流亡到英国或美国；本尼迪克特·安德森（Benedict Anderson，生于1936年）则有着信仰新教的爱尔兰籍父亲和英国籍母亲，他出生于中国，在加利福尼亚州长大，曾在英国的剑桥大学求学。他们的个人背景，不仅有助于他们质疑对民族自然属性的普遍假设，而且使他们远离民族布道者的学术角色。

尽管现代主义者的理论从一开始就有显著不同，但他们能够运用一种新的高明的叙事方式，这种方式自此一直主宰着民族主义研究的领域。它基于两个主要论点：根据"现代主义"的导向，民族是一种绝无仅有的现代现象，直到18世纪末甚至19世纪方才出现；而根据"建构主义"（constructivism）的阐释，民族不是由"客观"标准比如共同的领土、语言、习惯、祖先、命运等形成的，而是由对于这些标准的共同信念形成的。在安德森的著名构想之中，民族是"想象的共同体"（imagined community），并且如盖尔纳所言，它们是民族主义思想的产物，"而不是相反"。[3]

这些理论的巨大成功必然与他们的独具创意、智慧卓绝，以及至少在某些情况下呈现的优雅风范息息相关；然而，要不是他们同时也服务于某种意识形态上的目的，所有这些很可能都不够：对于多数知识分子，尤其是政治上的左派而言，现代主义方法的出现是对民族人造属性的确认，表明了它在历史上难以捉摸的形象，它新近才被发明出来，且很快就被人遗忘。霍布斯鲍姆甚至毫不客气地将现代主义者的成就看作民族主义开始衰落的标志。"密涅瓦的猫头鹰，"他引用黑格尔的话评论道，"只有在黄昏时才翩然起飞。"[4]

历史学家们从未展现出多少预言家的才能，所以无怪乎民族和民族主义顶住了所有关于它们将会迅速衰落并最终消失的预测。相反地，2006年的一份关于33个国家（包括多数西方国家）的民族自豪感的统计研究得出结论：1995—2004年，多数国家的民族自豪感上升了。[5]尽管这项研究本身的重要性有限，其结果却似乎是真实的。20世纪90年代，欧洲大陆面临着南斯拉夫战争中出现的多重民族冲突，这让西欧人难以置信，目瞪口呆，惊恐得束手无策，并呼唤美国人来帮忙。接着，2001年9月，纽约和华盛顿遭受的恐怖袭击以令人震惊的方式激发了美国人的民族主义情绪。由于美国文化依然受到友邦和敌人的模仿，其民族主义精神的死灰复燃迅速感染了其他国家。

尽管有这些进展，现代主义方法仍然是至今20年来民族主义研究中的主流理论框架，这格外值得注意，因为该研究领域在同一时期，既在范围上也在数量上得到了极大的拓展。同时，连偏好强大民族纽带的学者们也大多接受了建构主义的叙述方式并开始为了自己的研究目的而使用建构主义方法,而他们的目的是展现民族主义文化的创造性及其促进身份认同的功能。

1.2 与现代主义主张斗争——一场败局?

在现代主义范式的阴影下,一直不断地有少量关于前现代社会中的民族和民族主义的研究出炉,既有在英语国家出版的,也有在欧洲大陆问世的。过去10年左右的时间里,这些作品的出版数量呈现出显著的上升趋势,并且削弱了现代主义学者们的某些核心论点,比如现代主义史学主张1800年之前欧洲的民族形成过程不存在或完全无关紧要。

反对现代主义的历史呈现方式,其理由是多方面的。中世纪和现代早期欧洲史的专家们常常无法将现代主义者对中世纪至现代早期历史的描述融入自己的观点,而且有时对自己的研究领域被排斥于一个欣欣向荣的学术事业之外而感到快快不乐。他们谙熟与民族话语构建相关的第一手文献资料,试图重新将现代之前的世界引入民族和民族主义的故事之中。其他知识分子则另有打算,其中最有影响的很可能是在法国、德国和其他欧洲国家发生的所谓"新布尔乔亚"或"新爱国主义"运动。这些知识分子判定1968年学生运动[①]主要引发了一场民族身份认同危机。为此深感不安的，既有学者也有新闻工作者。因此，他们宣传一种对民族"遗产"的重新认知和自豪感，进而重新激活对民族历史的古老故事线索的"记忆"。他们还宣称，挑战右翼思想家长期以来对民族话语的侵占，是他们的责任所在。

这些努力取得了广受关注且相当可观的成果，那就是在1984年到1993年间出版了数卷的法语著作《记忆之场》(*Les Lieux de mémoire*)。他们的学术纲领的理念自此盛行于其他不少欧洲国家。该著作法文原版包括127篇来自杰出学者的论文，囊括了各种主题，分析了自中世纪至今法兰西民族史中令人印象深刻的（且相当讨喜的）事实、虚构、历史遗迹、模式化观念等"集体记忆"。而且它还涉及其他"场所"：这部作品不仅发动了一场重新在社会上将"民族地位"(*le lieu de la nation*)中心化的运动，而且还试图重新占领经典的"历史学家地位"(*lieu de l'historien*)——作为世俗的布道者，一只脚立足讲堂，一只脚插足政坛。该系列作品的主编皮埃尔·诺拉（Pierre Nora），作为一位学术巨擘，与法国"政界"有着千丝万缕的联系。他毫不隐讳地号召其他历史学家同伴与自己一起重掌公众的记忆，并服务于民众对于一段有意义的民族过往的需求。[6]

[①] 1968年5月底，法国发生大罢工以及反对戴高乐政府的全国性学生抗议游行活动，著名的索邦大学被关停，随后被肢解为十几所大学。

尽管这简直像是19世纪的（民族主义）原地复活，但值得注意的是，其复活并非充斥着植物般自然生长的或传记式的意象，而是断然采取了建构主义的措辞，将民族标记为"政治的造物"（political artefact）。[7]

从方法论上看，多数关于现代之前各民族的著作，都采取了与主流现代主义著作截然不同的方法。它们倾向于较少涉及理论，而更多地基于原始资料。它们所采用的术语迥然各异，而它们对民族形成的基本叙述也是如此。至于内容，大多可以分为两类：一是聚焦于特定地区和较短时段的个案研究，一是涉及各个时期和地域的宏观总论。它们各有其优势，但是都不太适合从根本上质疑现代主义方法：一方面，专项研究解释能力有限；另一方面，综述总论提供不了多少可靠的论据。这些方面的障碍部分解释了现代主义理论尚未受到根本上的挑战且依然处于民族主义研究中心位置的原因。

本书试图提出一个关于民族主义历史起源的宏大理论并将其运用于从古典时代到现代早期的漫长欧洲历史的研究，从而更严肃地质疑现代主义叙事。而且，通过聚焦于地处欧洲中央的一个辽阔地域——神圣罗马帝国的德语区，并将其融入更加广阔的西欧历史版图之中，本书力求避免落入专项研究或宏观总论的窠臼。

笔者聚焦于神圣罗马帝国的历史有两个原因。其中一个是出于可行性考量：这段历史留下了大量文字记载和图像资料，我们得以从各个不同的角度揭示民族和民族主义的初期创制过程。另一个原因是纲领性的：由于本书将民族主义描述成了罗马帝国主义的一项无心插柳柳成荫的副产品，自然而然地要特别注意那个在中世纪和现代早期公然代表并延续了罗马帝国主义的欧洲强国。然而，这样一来，我就不会将神圣罗马帝国描绘成民族主义产生的驱动力量，而是将关键的作用归功于它与欧洲其他国家不断变化的互动关系。这些互动关系的结果之一，就是这个帝国变得越来越被认为等同于"日耳曼/德意志民族"，这就是为什么本书还通过研究这个帝国，带出了一段早期德意志民族主义的历史。[8]

以此为中心，本书将会发展出论述的主线，即民族主义的起源要归结于中世纪晚期的欧洲，而民族主义的早期形式在文艺复兴时期就已经出现，正因为它在政治、学术和文艺中出现已久，现代民族主义才能成为这样一种鼓动力量。

同时，本书将现代之前的民族主义描述为一种自成一格的独立现象，在很多方面区别于它的现代继承者。而且，本书将会回答民族的概念如何以及为何能够在古代欧洲等级森严且宗教气氛浓厚的社会中存在并延续下来的问题。

1.3 将建构主义翻个底朝天

本书中呈现的民族主义起源理论，就像主流现代主义理论一样，是基于建构主义的方法；然而，本书的理论质疑了盖尔纳、霍布斯鲍姆对建构主义的理解，也在一定程度上挑战了安德森的学说。建构主义的理论基本上就是：所有的人类现实都是被创造出来的，并且变化多端，因此无法假设有某种原生而持续不变的人类属性或人类生活的自然方式，在社会学、认识论、语言理论或大脑研究中都是如此。

这个基本假设，上述现代主义者并不赞同。就像我将会指出的那样，盖尔纳的理论与浪漫主义思想更加相近，犹胜其言辞所暗示的程度，因为它将现代之前的社会理解为自然而又真实的，而将现代社会看作人造和机械的。与浪漫主义观点的关键差异在于，盖尔纳将民族的产生归功于后者而非前者。安德森给民族贴上"想象的共同体"的标签，这看起来也很像建构主义者，但是从一个建构主义者的视角来看，就像他自己承认的那样，这毫无意义：每个共同体，从家庭到全人类，必然全都是"想象出来的"才能是"真实的"。然而，安德森的著作的标题，单单赋予了民族"想象的共同体"的称号。结果，该术语在民族主义研究中大行其道，这很大程度上是因为它很适合用于斥责民族为"海市蜃楼"或"虚幻捏造"。的确，这更像是本质主义者（essentialist）而非建构主义者（constructivist）所为，对于彻底理解这个问题没有多大帮助。

因此，本书采用的建构主义方法，与现代主义者的方式迥然不同。本书的主要参考依据是语言，基本以文献为主，还有少量的图像资料。故而，语言被理解为一种工具，既构建又展现现实。政治的、社会的、文化的和语言的现实，被认为密切相关，尽管它们几乎从不保持一致，在这里这种不一致被看作持续的张力的来源，最终被看作历史变迁的源头。对于民族主义，这意味着本书所描绘的现实，既不是完全脱离，也不是完全依据社会、政治和文化环境。我会用三个例子来说明这个颇为复杂的问题，这在欧洲民族的形成过程中至关重要，而且将会在接下来的章节中得到详细说明。

第一个例子与公民的身份认同相关。欧洲民族主义的言辞某种程度上建立在古罗马共和国的"政治性宗教"（political religion）的基础上，可以被描述为公民爱国主义精神。它使得每位公民都有责任为祖国牺牲他本人、他的家庭和朋友。此外，公民有责任在政治集会中发挥积极作用，并且肩负着与可能试图攫取政权的潜在暴君斗争的任务。当这些要求被中世纪晚期和现代早期的民族主义者们采纳时，它们被赋予了通常与罗马共和国几乎没有相似之处的政体。例如，谁能被称为像法国这样的王国中的"公民"呢？学者们依然模模糊糊地，或者毋宁说值得玩味地，将这个头衔授予同时代那些与最初公民身份拥有者几乎没有共同之处的群体。在现代早期，我们可以看到罗马公民的尊严和责任被赋予了担任公职者、等级会议的成员、学者或文人。当然，这些人或机构没有凭借这些属性获得罗马公民式的合法权利，但是他们可能染指象征性的权利，使得他们感到可以合法地向政府提出意见或进行批评。确实，古代政治语言的转化可以在某种程度上解释为何没有参与政治的合法权利的人们仍坚信他们在政治进程中扮演着活跃的角色。并且它还能解释，为何现代之前的民族主义能够迎合显然身处政治决策圈之外的社会阶层。

第二个关于语言现实和社会现实之间的不一致的例子，是关于民族的刻板印象。时至今日，我们依然情不自禁地界定和比较"民族性"，尤其是在海外，并且，即便我们深知我们对其他民族的泛泛而谈恐怕没有任何统计数据佐证或至少是十分片面的，我们还是会这么做。因此，如果关于民族的刻板印象不单单是社会现实的反映，那么它们到底从何而来？一个主要来源是古老的文献。例如，许多欧洲民族稳定的"民族性"，源自希腊和罗马学者的民族志描述。日耳曼人强健、粗犷和坦率的形象可以追溯到塔西佗（Tacitus）《日耳曼尼亚志》（*Germiania*）（他本人却恰恰从未造访过这个因他的记叙而名扬天下的罗马帝国日耳曼行省）中对森林和沼泽中的蛮族的描述，而傲慢、自大且阴柔的法国人形象依然与斯特拉波（Strabo）和恺撒（Caesar）笔下高卢人的形象遥相呼应。这些古代成见在诞生1000多年后方才被重新引入，其中大多数很可能不具有"实证价值"（如果它们曾有这般价值的话）。即便如此，为了继续存在，它们需要显得切实可信。当然，可信度的一个来源是古代作者的权威性。然而，长远来看，这是不够的。如果不能反映后来集体行为现实的古代成见想要盛行于世，它们就必须创造出自己的现实。有迹象表明，这确曾发生。最强烈的一种，是现代早期的虚构作品写作指南，即所谓"诗学"（poetics）。这些文献详细枚举了民族性和地区特征，大多是基于古老的文学惯例，并主要针对和用于戏剧写作，连莎士比亚也不能免俗。[9]关于民族的、千篇一律的成见就这样一再出现在不同的戏剧作品中，因而必然给公众留下印象。一旦舞台被当作现实，现实就不得不迎合舞台。

第三个例子可能是最能说明问题的：民族语言。早在1450年左右，作为复杂语义变化的一个暂时的结果，拉丁文中"部族"（natio）一词常常被翻译为"口音/腔调/语言"（tongue / tongues），其意义既指一门特定的语言，也指将这种语言作为母语的人民。"口音/腔调/语言"的双重含义，至少可追溯至12世纪，但是更惊人的是，它促使人们联合起来，哪怕是那些彼此无法理解的人。例如，"日耳曼语言"（tiutschiu zunge）这个术语，已经被游吟诗人瓦尔特·冯·德·弗格尔韦德（Walther von der Vogelweide，约1170—1230）用来指称居住于神圣罗马帝国北部的人民，尽管300多年之后，宗教改革家马丁·路德（1483—1546）依然断言：日耳曼有如此众多的不同方言，以致30英里[①]之隔的人们无法完全弄懂彼此的意

---

① 1英里=1.609344公里，30英里约合48.28公里。

思。我们要怎么解释这样的差异呢？答案在于国外。德意志人是在意大利首次被看作一个讲同一语言的民族的。中世纪的意大利，鲜有人能够听懂那些来自阿尔卑斯山北面的士兵、朝圣者和商人们在说什么，这正是他们能够将这陌生的口音归结为一种"通用"语言的原因。这些旅人于是偶然获得了这种被外国赋予的属性并带回本土，却依然无法与新的祖国同胞们交流沟通。然而，在15世纪，当"口音/腔调/语言"这个词与更加政治化的术语"民族"搅和到一起的时候，帝国中的高官显贵正打算创制一种高等书面德语，以供外交之用。几十年后，马丁·路德将《圣经》译成了德语，这被认为是所有讲德语的人民的福音，而且从长远而言，对减少德意志方言"巴别塔"（Babel）的影响可谓厥功至伟。确实，许多民族，就像德意志人一样，很矛盾地有着来自境外的最早渊源，最早发现他们的人竟是外国人，而且其作为一个语言社群（language community）的存在，要归功于外国人在语言上的力所不逮。

这些例子表明，将民族主义理解成一种语言现象有若干重大好处。首先，我们能够直接从当时的原始资料考证其历史，至少对于一位历史学者而言，这依然是获取知识的最可靠途径。其次，我们能够将民族主义更准确地放入更广泛的现实语境中，比如从政治制度、社会等级制度、读者群体等方面来了解民族主义的创建背景、诉求对象和针对的问题。再次，与大多数现代主义理论的宏观社会学方法不同，我们可以把民族视为不同群体及各自话语权互争雄长的一个"竞争的领域",换言之,我们有可能清楚阐明民族主义及其派别利益,而不是把民族主义当作被现代性激活的某种无名机制。复次,我们借此摒弃了那种认为单一民族身份认同使得民族的所有成员团结一致的误导性观念,并且能够洞察民族主义非同凡响的灵活性,以及民族这个概念的多变性。最后,我们能够将前现代和现代时期的民族主义形式区分开来,从而超越既存的标准论述,细致审视之下,这类论述的阐释力常常被证明是有限的。

1.4 是古代的影响,还是复古思想的力量

本书中以语言为基础的方法的使用,引发了一些关于如何描述各民族特性的新主张。首先,如果民族的定义不像往常那样聚焦于其内部结构,比如政治和文化群体,而是突出其外在构造,即该民族给外来社群的印象及其与外来社群的互动关系,那么,相关定义将会更加具有启发性。在第3章里,我会介绍分析性框架,通过其超越边界的世界范围内的构建,将民族与部落、宗教和帝国中的各个社群区别开来。根据这个简单而基本的区别,一个民族通过与众多其他民族对立而运作;它与各社群形成互动关系,而这些社群也属于同类概念,不仅被自身、也被他者看作迥然不同的群体。一个民族的外部关系因此可以被界定为平等和多极的。相反,帝国、宗教和部落文

化的运作，则要通过对抗某种单一的、显然遭到贬低的集体，比如"蛮族"、"异教徒"或"兽类"来完成；它们与对立的、低等的各社群形成互动，后者被看成完全的异类，但是后者同类之间则不必区分。它们的外部关系因此可以被界定为两极化和不平等的。如果我们接受这个基本区别，就会遇到接下来的问题：这样一个多极化而又平等的集体秩序会通向一个"多民族的世界"，无疑比基于两极化和不平等的体系更加复杂，那么它要怎样才能如此演进呢？我将会论证：它只能从被帝国主义政治思想所统摄、同时领土上又无休无止地处于四分五裂状态的巨大文化实体中涌现。这样一种矛盾的文化实体，就是中世纪的罗马天主教信仰。

换而言之，民族在这里将会被描述为历久弥坚且强而有力的复古主义的产物：一种帝国主义政治文化，为承袭自古代罗马的单一普遍权力理想所统摄，同时在一个支离破碎的领土框架内存在着势均力敌的各种强权（神圣罗马帝国、教皇、法国、英格兰和后来的阿拉贡王国）。在信奉罗马天主教教义的国度中，这导致了激烈而无休止的争霸活动；所有主要王国都瞄准了一统天下的目标，同时又要阻止其他王国达到这个目标。本书中的民族主义言论都被诠释为这种帝国主义竞争的结果，同时作为刺激竞争的新因素，它将文化成就和诸如诚实、公正或忠贞等道德品质囊括进来，又把这种竞争提升到一个更加普遍的层次。

将欧洲民族描述为各种势力彼此激烈对抗的产物,大大偏离了主流现代主义理论本身。因为他们认为文化和结构性进程很大程度上是彼此协调一致的,而关于传统对这些进程的复杂影响,他们却置之不理。

如果我们把民族视为高度竞争性的群落,就会面临"他们实际上争夺的是什么"这个问题。如果我们想要信赖民族主义说辞,那么这种对抗的终极目标就不是特定和明确的(比如提升其民族的政治权力和财富),而是高度象征性的——为了增加荣誉而避免耻辱。令人惊讶的是,在近来的研究中,民族极少被描述和分析为荣誉的群落,可能是因为那会被认为与它们的所谓现代性不兼容。不过,在本书的研究中,笔者所理解的民族荣誉不是一种在现代世界中嘎吱作响的古代残骸,而是一种在15世纪历经复杂过程而发展起来的、高度创新的概念。

在一个具有秩序的社会里,比如中世纪的基督教世界,荣誉社群彼此之间普遍存在等级关系,并且荣誉的分配也有助于实现社会等级划分的目的:例如,贵族荣誉,使贵族凌驾于第三等级之上,而公民荣誉使得市民优越于农民。相反地,民族荣誉将既定领土以内所有的社会阶层都凝聚起来,而且享有民族荣誉的社群与其他各民族平起平坐、并驾齐驱。这般荣誉的转化如何发生、民族之间对荣誉的竞逐如何实现(或被模拟出来),将会成为本书聚焦的主要问题。这一转型最初出现在天主教会之中,更准确地说,出现在1414—1418年的康斯坦茨宗教会议上。

前文已有暗示的另一个中心论点就是：贯穿欧洲历史的、各民族的主要缔造者，是学者或学者兼政治家。因此，谈民族主义的历史不能脱离欧洲学术史，更确切地说，不能抛开学者们所期望扮演的角色和被指定扮演的角色（两者几乎从未一致）。故而，民族主义精神可能而且确实常常是学者们王婆卖瓜、自卖自夸的一部分。当然，这同样也适用于反民族主义思想。本项研究所依据的文献资料表明，在博学的民族主义拥护者之中，有一类占主导地位的学者，他们的目标是与政治紧密联系，并且欲对政治领袖发挥重大影响。他们将自己描绘为博学的全才，而绝非单纯的学术专家；他们认为自己既担当权力者的总顾问，也做民众的喉舌。

不过，与这类学者对自身的看法相反，我们将这种学者描述为掌管历史文化遗产的修辞家和文学专家，更为恰当。他们的历史"原型"可以在文艺复兴时期的人文主义思潮中找到，那时这类学者就已经被进一步细分为诗人、演说家和文献学家等不同角色。随后，在18和19世纪，这些角色又转变为小说家、新闻记者和历史学家，他们借助彼此的联系维持了对集体历史的权威主张。种种民族神话的构建以及随之而来的民族"传略"和"性格"的形成，几乎完全掌握在受过历史教育的知识分子手中。

受过学术训练的精英们对民族构建的影响，已经得到了不少历史学家的确认；然而，依然存在着大大低估其影响的倾向。其中原因之一在于，多数现代主义理论将民族主义理解为一种大众现象，并且主要致力研究它如何遍地开花的问题。尽管这一点合情合理，我却认为研究民族主义迎合大众的程度不是特别有助于理解各民族的历史发展。将民族主义者对权力的接近看作一项主要的基准，可能更有启发性。我的观点是：民族主义者总是以民众的名义说话和行动，但是常常无需民众支持来达到他们的目的。甚至那些导致各个民族国家（nation states）建立的民族主义运动，无论是在欧洲还是其他大陆，主要是由少数精英实行的，这些人有时只是一小撮人。他们寻求的是接近权力，而民众的支持并不是必要的。除了一些长期而言不尽成功的分离主义运动，民族主义作为一种大众现象，普遍是紧跟木已成舟的主流政治活动而来的。除了若干例外，比如英国、尼德兰和瑞士，它仅仅在20世纪方才触动了所有的社会阶层，其促成新民族形成的能量，尤以第一次世界大战时期为最。

1.5 民族主义：历史学术的推动者？

如果总体上经过学术训练的精英们，尤其是史书作者们对于民族的构建有过如此影响，那么反过来说，民族的构建也会影响学术。民族主义一直是欧洲历史学发展的重要推动力。

当然，过去的民族主义的构建简直堪称神话（以实用主义者对该术语的理解），因为他们将历史描绘得极富意蕴，并且倾向于抹杀与他们意识形态目标不符的事件和进程。不过，他们仍然可能并且常常确实在方法论上驾轻就熟，总之，可靠的学者面貌总是使他们备受信赖。

作为民族荣誉竞争中的关键参与者，许多历史学家无法抗拒编织辉煌灿烂的民族过往的诱惑，但是，与此同时，他们也被建议证实他们做出的论断。否则，外国民族主义历史学家们就会迫不及待地一哄而上，嘲笑他们是捏造者，并责备他们令自己的民族蒙羞。因此，神话思想和批判思维常常形影不离，由同一批学者运用。两者都可以促进方法论的锤炼。在民族的历史叙事中，从人文主义到历史主义，同样的方式常常被用于批判神话和创造神话。为了实现方法论方面的精益求精和标新立异，胆大妄为的谋划，比如伪造原始资料，似乎尤其屡见不鲜，这只是因为伪装矫饰的要求更高了。[10] 于是，对前现代的民族主义历史的研究，提供了从一个略显颠覆性的视角考量自身学科的历史并追猎某些神话迷思的契机。即是说，认为"寻求真理是现代历史编纂学的主要动力"的想法，其本身就是一种巨大的迷思。

如果民族主义的历史与学术史，尤其是与历史学家的学术类型如此紧密地交织在一起，那么，从外在和客观的视角写出一部民族主义的历史，似乎是一项自以为是的冒险尝试。不过,其他学者似乎找到了一条可行的路径。至少,对于霍布斯鲍姆,这项任务轻而易举:对他而言唯一重要的是"历史学家在走进图书馆或书房时将自身的判断抛诸脑后"。他断定,有些人会比别人更难以做到,还说不少"民族主义历史学家就无法做到这一点"。幸运的是,当他坐下来写他的民族主义研究著作时,他认为自己处于一个甚至无须费心抛开他的"非历史论断"的有利地位。[11]

事情真的这么容易吗?我表示怀疑。由一位民族主义者写成的民族和民族主义历史,为什么就比一位国际主义者所写的更加充斥着派系之见呢?与其他更加遥远或更加"半死不活"的研究课题相反,当研究民族主义时,人们几乎无法摆脱自己的信念;最能证明这一点的,就是目前关于这个主题的文献,不管怎样,总是反映其作者的个人意见。如此看来,否认个人信念的影响,实属偏颇之举。

学术研究与其他形式的智力活动相区别的要点就在于:致力于审慎地对待每一则陈述并且使其直面他人的批判性审查。在这个方面,对严肃的研究而言,在钻研一个课题之前澄清个人的趣味和局限并非障碍,而是前提条件。但很少有人这么做,甚至嘲笑这种说明是个人虚荣心的表现,仅仅因为它与科学化修辞的客观性和中立性要求不符,故而仿佛成了一种对真正学术公信力的威胁。

既已说明了这一点,我便还欠读者一份关于自身对民族和民族主义的观点以及作为历史学家对此课题进行研究的动机的说明。作为20世纪八九十年代土生土长的瑞士公民，民族主义对我而言，最通常的形式是：在一个长期以来未曾经历任何重大动荡、富有而平静的国家，作为一个几乎不觉得有任何必要向其他国家自证其身的民族，具有一种据称不言自明、无声无息的自豪感。

作为一个抱着浅薄而未经反省的民族主义态度的年轻学子，了解现代主义理论，令我深受启发、耳目一新。直到几年之后，当我专注于德意志文艺复兴时期的人文主义时，我才开始与现代主义渐生龃龉。多数用拉丁文写成的人文主义著作中，有一种对于民族荣誉、民族性和民族政治的深重执念扑面而来，以至于我的相关研究根本无法与现代主义理论的核心观点相洽。我在过去的十年中潜心钻研这个问题的主要原因是：我认识到人们对当前现象进行历史解释时普遍存在一种短视，这多多少少推动了我专攻前现代的历史。在我看来，面对不同领域的专家和感兴趣的非专业读者，中世纪和现代早期史的研究专著能提供稍微深入的、富有新意的记叙，就算能站得住脚了。鉴于这个原因，写一本关于前现代民族主义的书，在我看来十分有意义。

那么我在民族主义政治方面的立场是什么呢？在一个全球化的世界中，在目前的条件下，我认为它起了反作用。我相信，由于极大的复杂性和国际化的维度，政府按照民族主义原则来治理在今天几乎是不可能的。如果政治决策是出于民族主义冲动而做出,那么它们迟早都会危及这个国家及执政的政治家们。依我看来,在今日政坛,民族主义的主要功能就是平民(民粹)主义宣传,挑动激烈的情绪并麻痹思维。麻烦的是,这种宣传可能随着政治局面的日益复杂化而变得更加成功,纯粹起到一种补偿功能。历史学家们呼吁更强烈的民族身份认同并竭力扮演民族记忆的捍卫者的角色,在我看来,这些人代表着覆水难收的过去,同时也是在对他们自己逝去荣耀的幻影恋恋不舍。

不过,我认为政治上的民族主义并不总是像今天这样与政治现实相抵触。如今过度简化的意识形态,曾经更加复杂、也更加恰如其分,而不只是政治上分庭抗礼的意识形态而已。例如,在中世纪后期和现代早期,单一普世性帝国的旧梦,无可避免地与权力关系的现实发生冲撞,而多民族的观念是现实更好的反映。18到19世纪,民族主义可以成为民主化的媒介,尤其是当它被用于反对统治阶级的运动时。类似的结论,也适用于20世纪的某些位于非洲和亚洲的殖民地。

总而言之,我的个人陈述可能从某种程度上解释了为什么我认为值得为评估民族主义寻找一条中间路线——它就在主要现代主义学者们展现的消极方式和主张集体记忆及身份认同的理论家们所摆出的积极姿态之间。

2 现代主义范式：强项和弱点

> 农耕时代的人可以与自然环境中自给自足、浑然天成的物种相媲美。工业社会的人则仿佛人工制造或人为喂养的物种，在天然环境中已无法有效地呼吸吐纳，而只能在某种新的、经特别调制并由人工维系的空气或媒介中才能正常地运转和生存。
> ——厄内斯特·盖尔纳，《民族与民族主义》(Nations and Nationalism)，1983年

> 实际上，所有比成员之间有着面对面接触的原始村落更大（或许也包括这样大小的村落）的共同体都是想象出来的。
> ——本尼迪克特·安德森，《想象的共同体》(Imagined Communities)，1983年

出版于1983年的三本貌似彼此独立的著作，深刻地重塑了民族主义研究，它们是：厄内斯特·盖尔纳的《民族与民

族主义》、本尼迪克特·安德森的《想象的共同体》以及埃里克·霍布斯鲍姆和特伦斯·兰杰（Terence Ranger）编辑的论文集《传统的发明》(*The Invention of Tradition*)。这些书当然不是凭空出现。盖尔纳和霍布斯鲍姆从20世纪60年代起就发表了关于这个问题的文章，并且他们的某些主要论点早前就已被其他学者介绍——卡尔·多伊奇[1]在20世纪50年代、卡尔顿·海斯[2]早在20年代就已经这么做了。然而，由于在批判性和商业上的成功，这些书成了标志性的分水岭，并且被证明是随后几十年中对民族主义研究的繁荣和现代主义范式的胜利影响最大的因素。

尽管从那时起至今，民族和民族主义的理论论述得到了显著拓展且日益多元化，这三部著作依然被视为现代主义方法的代表作，紧随其后的是其他的经典研究，比如约翰·布鲁伊利（John Breuilly）的《民族主义和国家》(*Nationalism and the State*)，以及埃里克·霍布斯鲍姆后来的讲稿《1780年以来的民族和民族主义》(*Nations and Nationalism since 1780*)。这就是为什么他们会被所有现代主义方法的批评者当作靶心。有趣的是，这些书无论在论点还是内容上都迥然不同。

盖尔纳的民族主义理论建立在将农耕社会和工业社会对立并置的基础上，他指出民族主义只是在社会需要时方才出现。根据他的说法，在现代工业主义（industrialism）的流动性社会，统一和标准化的教育系统被国家垄断时，民族主义才出现；民族主义的功能，就是将某种自古已有的或新发明的高级文化与国家及其公民同一化，借此推行加强社会流动性所需的平等主义。[3]

安德森将民族主义的兴起与三种现代化力量所引起的传统宗教的衰亡联系起来：神圣文雅的语言被世俗的南腔北调取代；对君主制的幡然醒悟，导致了国家和王朝的四分五裂；对时间的感觉，也从过去、现在和未来的神奇统合，变成了由钟表和日历所设定的机械安排。在他看来，对于民族概念的创造而言，最重要的是由18世纪和19世纪的印刷资本主义（print capitalism）①引发的新的交流形式。媒体，比如报章和小说，使得读者们能够想象自己与其他不认识的人分享信息和价值观。对于安德森，这种无名的芸芸众生之间的同步性，正是将民族描述为"一种深沉、横向的同志情谊"的关键所在。[4]

在《传统的发明》一书中，民族主义只是许多问题中的一个，尽管它在霍布斯鲍姆的引言和部分论文中被特别强调。霍布斯鲍姆将民族主义看作那些"意识形态运动"之一，它们如此史无前例，"以至于连历史延续性都有待于发明"——通过半小说式或全然的编造，并且通过给该民族披挂上看似古老、实则"全新的象征和器物"，比如国歌、国旗，还有将该民族拟人化为女性，来创造一段辽远的过去。[5]这并非完全羽翼丰

---

① print capitalism，大致上指面向大众的商业性文本复制事业，对书写文明的传播和西方历史的走向具有重要意义。此概念出自安德森的《想象的共同体》一书。

满的民族主义理论，而霍布斯鲍姆在他自己探讨民族主义的书中也未曾企及；不过，他对民族主义研究的贡献依然被证明颇有影响，很大程度上是因为它有助于把"民族"描绘和分析为伪装成古物的现代造物。

2.1 没有民族主义者的民族主义

尽管存在这些差异，出版于1983年的三大现代主义经典对民族主义研究的重大影响，还要归功于它们之间惊人的巧合。首要的是，它们假定民族和民族主义完全是现代的，而与阶级社会、宗教文化和农耕经济完全不兼容——简而言之，与他们认为属于现代之前社会的主要特征一概不兼容。接着，同样重要地，他们都使用了一种共同的建构主义措辞，将民族标榜为"想象的""发明的""人造的"或"抽象的"，并且不是将民族主义当作爱国主义的变质或另一种精神异化的现象（就像之前屡见不鲜的那样），而是将其看作民族的主要构建和维系力量；他们辩称，如果民族主义消失，民族也会消失。从方法论上讲，他们没有将民族主义当作一套思想或某种哲学，而是当作确保一国之内某种程度的文化同一性的社会文化机制来加以剖析。对于盖尔纳、安德森和霍布斯鲍姆而言，民族主义者们的信念和宣传内容以及他们这么做的原因无关宏旨，因为他们认为这既无法解释民族主义的初衷，也无法诠释它的效果。安德森将民族主义的"政治力量"与其"哲学上的贫乏"相对比,并总结说前者并不倚靠后者;[6]而盖尔纳甚至辩称,研究民族主义者的意识形态会有误导性,因为"它受到无处不在的虚假意识的影响"。在这里,他指的是"其自我形象与其真实性质之间存在反向关系,其他成功的意识形态则很少有这种颇具讽刺意味的关系"[7]。因此,他们将民族描述为人工制品,却将创造者排斥在外。

在对民族的种种定义中,他们避开任何寻找(所谓)客观标准的尝试,比如共同的领土、语言、风俗、历史和血统,等等。这背后的论据就是:这样的标准只能造成一个标准化的框架,不可避免地被民族主义者的假设所支配。相反地,他们要么提出同义反复的定义,如霍布斯鲍姆称民族为"任何其成员自认为是某个'民族'一员的足够庞大的人群";[8]要么参照主观标准,比如安德森将民族打上了这样的标签——一种"想象的政治共同体,而且被想象为本质上有限的、同时享有主权的共同体"。[9]另外,民族主义被界定为一种简单的政治原则,按照盖尔纳的说法,民族主义要求"族裔边界不应跨越政治边界,尤其是一个特定国家中的族裔边界……不应将掌权者与其他人分割开来";[10]或者,像霍布斯鲍姆的较短版本:"民族=民众=国家"。[11]因此,根据现代主义者的观点,民族主义能接受的唯一国家权力形式,就是民族国家。

从地理上说,较之此前的西欧和北美的民族主义研究,这三位学者都展现出对境外范例的偏好。安德森主要援引了欧洲过去在亚洲和拉美的殖民地的例子，甚至找出理由声称：民族主义源自西班牙在美洲的殖民地。盖尔纳使用"美格洛马尼亚"（Megalomania，本意为自大狂）帝国中的"卢里塔尼亚国"（Ruritania，又译作浪漫国，或"小农国"）来说明他的理论，这个虚构的国家出自英国小说家安东尼·霍普（Anthony Hope，1863—1933）的手笔，他参照了19世纪末哈布斯堡帝国中的一个德语地区，它在当时被视为欧洲的一个古风古韵的特例。霍布斯鲍姆的专著聚焦于广阔的地理范围，涵盖了从巴西到斯里兰卡、从奥斯曼土耳其帝国到爱沙尼亚的世界。最后，他们都用相当笼统的措辞来说明他们的研究结果，仅安德森有所不同。并且，他们都没有试图用详细的历史资料来证实他们的理论，而指望其论点的内在逻辑能不言自明。

2.2 强项和缺点

下面这些对主流现代主义理论的批判，可以进一步划分为三个部分：首先是强调他们长久以来的卓越建树，这对目前的研究（以及本书）仍有裨益；然后，将会陈述它们的主要缺点，以及关于如何克服这些缺点的若干思考；最后，将会指出他们对现代之前（根据他们对该术语的理解，即19世纪的工业化和印刷资本主义之前）的欧洲文化和政治的历史误解。这三个层次的批判性评述，为关于民族主义起源的新理论开辟了道路，能够使这个主张在历史上更加精确，而且在理论上更加站得住脚。

任何对现代主义范式的批判，都必须强调它的成就，尤其因为盖尔纳、安德森和霍布斯鲍姆（较小程度上）的令人振奋而又富于启迪的论证，使得民族主义研究变得越发受欢迎。在这个方面，今天每个参与民族主义研究的学者都亏欠他们良多，即便是那些背弃现代主义理论的人，也情不自禁地用这种或那种方式继承了他们的思想遗产。绝不能走回1983年之前民族主义研究的老路——甚至连现代主义学派最激烈的反对者们也多半会同意最好别走回头路。

本书也不能免俗地建立在现代主义理论家们的重大成果之上，采纳了他们的论断：只有从建构主义视角出发方能恰当理解民族，并回答在什么样的政治和文化条件下可能构想和创造出民族的问题。因此，当涉及提出"民族"的定义时，本项研究也追随了现代主义者们的步伐：笔者认为，采用前文提到过的那种"客观"标准，确实只对民族主义者的目标有帮助。而且，本书将激起对民族主义社会功能的疑问（盖尔纳就曾不屈不挠地提出这样的问题），并且将揭示限制民族主义被用作某种社会和政治向导的根本性矛盾。最后，本书将安德森和盖尔纳的著作看作一种了不起的证明：的确有人可以写出鞭辟入里而又保持文体优雅的理论著述，不过他们的成就绝不止于此。

虽说如此，我相信，除了文学风范，这些成果中的大多数，都未能被主流现代主义学者们自己恰当而充分地利用。主要原因是缺少理论上的精确性，部分原因是对修辞效果的偏好。一个明显的例子是安德森的口号"想象的共同体"。安德森著作的这个标题，将该术语作为民族的一个特征而引入，并且，它自此之后便被以同样的方式大量使用。不过，早在此书导论中，安德森就以一种模棱两可的语气承认："实际上，所有比成员之间有着面对面接触的原始村落更大（或许也包括这样大小的村落）的共同体都是想象出来的。"[12]的确，如果他打算做建构主义的论述（从此书接下来的几章来看他显然有此打算），那么，他就必须明白，所有形式的共同体都是"想象"出来的。建造一批聚集在一起的茅舍，安置几十位居民以及家禽家畜，并开垦周围的土地，也都需要想象，而且，甚至需要某种意识形态，方能建设和维持这样一个"村落"共同体。因此，安德森恰如其分地加上了一句：共同体"因其被想象的方式"脱颖而出。这种提法的要点之一，必然是"人与人的面对面接触"，因为离开了这一点，共同体就必然需要有更高程度的抽象性。然而，这也仅仅是许多标准中的一个，正如安德森自己的定义所表明的：在他看来，标示一个民族的，是将其看作"有限而又享有主权的共同体"的观念。这是一个有效的定义，尽管很可能不够明确、具体。古希腊各大城邦的居民们，或是《圣经》中以色列王国的犹太人，都可以被列在这同一类，尽管安德森无意将他们置于其中。

除了这些缺点，安德森研究民族主义的方法比盖尔纳和霍布斯鲍姆要可靠和全面。盖尔纳的理论，尽管乍看之下机锋处处，细究之后却被证明是一份混合着实用主义因果关系、马克思主义的意识形态批判、建构主义措辞和浪漫主义社会学理论的杂烩，欠缺连贯一致性。另外，霍布斯鲍姆并没有一套自成一格的理论，因此在这里讨论他的著述会显得多此一举。

盖尔纳的理论的不一致性，可能是因为他在1983年出版的这本书是跨越20年的研究的积累，其间他发表了若干篇幅较小的著述。问题始于此书声称要"解释民族主义为什么出现并盛行"。[13]那么，我们期待看到的是对民族主义形成和扩张的原因进行历史解释。盖尔纳却没有这么做。他的主要论点是实用主义的，声称民族主义对于工业社会是有用甚至必需的，但是对于农耕社会却是无用的。然而，无论他的论点多么有说服力，都无法解释民族主义为什么出现。对于成因，实用功能并没有太大影响——天要下雨并非因为植物需要水。

在阐述民族主义的意识形态陷阱时，盖尔纳的实用主义引发了第二个问题。在此处，他听上去像是一个马克思主义者在谈论宗教问题。[14]前文所述的所有民族主义意识形态主旨，在盖尔纳眼里全都大错特错："它声言要保卫民间文化，实际上却是在构造一种高层次文化；它声言要保护古老的民间社会，实际上却帮助建立起了一个千人一面的无名大众的社会……它宣讲和维护延续性，但（它的产生）却全靠人类历史中出现的一个具有决定性而又深刻得无法言喻的断裂。"[15]这一切使他得出了这样的结论：民族主义"教条简直不值得分析"。而马克思主义对宗教的论断中的箴言警句正是：这是一种仅适合统治阶级的社会顽疾。然而，盖尔纳却辩称：民族主义总体上对工业社会十分有用。如果是这样，一种患有完全否认现实的痼疾的意识形态，怎么会在现代社会这样的复杂体制中得到广泛使用？对于这个问题，盖尔纳的理论没有多少讨论。

2.3 "虚假"的建构主义者构想的虚假社群

盖尔纳展示了令人印象深刻的譬喻式论说修辞技巧，使得他仿佛是最倾向建构主义的现代主义者。仅举一例，盖尔纳认为民族主义所属的社会里，人们"生活在专门圈出和建造的单元之中"，这种单元"好似某种巨大的水族箱或吸氧室"。[16]如果这就是工业化的面貌，那么农耕社会有何构造可供比较呢？没有，盖尔纳这样说道，它仿佛一种"自然环境"。盖尔纳在这里可能只是打个比方，唤起了一种模糊的联系。尽管细读全书之后，会得出矛盾的结论。当论及农耕社会和工业社会的对立之处时，盖尔纳系统地按照自然世界对应人造世界这一模式展开论述。现代之前的人生活在被归结为"真实""乡村"并且"由当地小群体自身特定的民间文化维持"的"社群"(communities)中。相反地,现代人被迫进入一个被打上"无名无相和非人格化"标签的社会,并且它借助"官僚化和技术化的交流",创造着"可以互相替换的原子化的孤立个人"。[17]

这种二元论与建构主义的方法相反,它属于19世纪晚期被深刻的浪漫主义情怀激活的社会学思想。在这方面,盖尔纳(秘而不宣)的榜样是德国社会学家费迪南德·托涅斯(Ferdinand Tönnies,1855—1936),其主要著作是问世于1887年的《社群和社会》(*Gemeinschaft und Gesellschaft*)。在之前的10年中,德国经历了现代时期的首次经济萧条,于是人们陷入了普遍的悲观思想之中。托涅斯的著作呈现了一种有吸引力的现代异化理论,对马克思提出的问题给出了保守的答案。其基本观念就是,在现代世界的创制过程中,一个"社会"的时代紧随着"社群"时代之后而来,而对于人类而言,这种转变意味着"走出故土、探索异域"。[18]在这个基础上,此书以浪漫怀旧的情调深入回顾过去,探究现代之前世界的所谓天然和健康。这是盖尔纳式的幻想的发源之处。托涅斯写道:"社群意味着真正的、持久的共同生活,而社会则是个瞬息万变的、浮于表面的事物。因此,社群必须被理解为一个自身有生命的有机体,而社会则是一个机械的集成和人造之物。"[19]两位学者之间决定性的差别只在于:托涅斯含蓄地将民族与社会联系起来，而盖尔纳则明确地将民族归因于社会。

多亏盖尔纳，托涅斯的"社群与社会"二元论，自从因认识论上的不可靠和意识形态上的离奇古怪而被否决许久之后，在民族主义研究中经历了复兴——如今披上了建构主义的伪装。之后不久，盖尔纳曾经的学生和日后的批评者、过去几十年民族主义研究中最有影响力的学者之一安东尼·D.史密斯（Anthony D. Smith），明确提到了托涅斯的模式，[20]而史密斯的学生奥利弗·齐默（Oliver Zimmer）也是如此。[21]在同样的本质主义基础上，史密斯宣称："在民族是被看作人为构建还是真实的历史进程这个基本问题得到回答以前，我们对民族起源的调查不可能推进很远。"[22]由此，盖尔纳为揭穿民族主义虚伪性和民族主义者愚蠢性而抱有的传教士般的狂热，导致了普遍和长久的理论混乱，这甚至影响了对盖尔纳的批判。

如果许多现代主义者的建构主义思想前后不一，甚至成了伪装起来的本质主义论断，那么如何能使关于民族主义的彻底的建构主义理论更加有前途呢？那就是假设人类现实和社会组织的每一种形式都是创制的，即是说，都是思想信念和社会实践的结果，除此之外，任何诉诸稳定的人性或生活的自然方式的学说都无法解释任何事。对此，建构主义并未装出一副人类生物学毫不重要的样子；相反，通过假设人类在生物学上能够生存在各种各样的社会环境和文化现实之中，它对生物学予以严肃的看待。生活在洞穴里并不比生活在摩天大楼里更能反映人性。建构主义思想也并不导致一种"万事皆可"(anything goes)的哲学：某种给定的现实如何形成，密切地取决于社会组织和象征性呈现，比如某种语言能够产生的含义。因此，建构主义提供了一种尤其适于历史学研究的方法论，因为它的基本要求是由各个现象的过去来解释种种现象——而不是以我们自己的过去来解释。

关于民族的形成，建构主义方法提出的主要问题，是一个康德式的问题：民族主义在怎样的条件下会成为可能？要回答这个问题，我们就很难像现代主义者所主张的那样对民族主义言论避而不谈。如果我们认真考量盖尔纳的论断——"是民族主义催生了民族"，那么我们就需要知道民族主义者们是如何思考和表达的。[23]本书将民族主义语言描述为一种特定但可变通的论调：这是一种基于习惯的、以一系列主题和修辞方式为特点的说话方式。将民族主义当作一种语言论调，还有助于将现代主义理论的"机械化"方式替换为一种更加动态和灵活的模式：我们并未假设民族主义是被各处一模一样的机制所引发的，却可以聚焦其最初构建时的历史条件，然后分析民族主义如何扩张到不同社会，以及民族主义因应不同社会环境的需求而发生的改变。

现代主义理论的另外两个概念上的矛盾，源于将民族主义描述为一种类似宗教的文化现象，并将它定义为一种要求每个民族都建立民族国家的政治原则。这些阐释都不是非常有帮助。前者冒着沦为泛泛而谈乃至显得无足轻重的风险，而后者则过度简化。然而，至少对于现代主义者的初衷，"民族主义的真正目标是建立民族国家"的论断，已经成为几乎毋庸置疑的教条。更加令人惊讶的是，许多主要的现代主义者都曾经（或依然）在英国居住和教学，而在那里，不列颠、英格兰、苏格兰、威尔士和爱尔兰各民族主义之间的关系以及这个国家本身，显然比现代主义理论复杂得多。

即便是在现代，民族国家也只是民族主义者能看到他们民族自由和民族自决的主张得以实现的若干种政治体制之一。在现代之前的时代，民族主义者根本未曾梦想过民族国家。然而，若说任何简化主义（reductionist）的政治概念都必须被抛弃，这还不是唯一的论据。民族主义对诸如荣誉和纯洁性这类高度象征性的价值的追求，正与其对政治上民族自决的要求同等重要。我们若能交叉分析这些不同的方面，必将受益匪浅。

除了伪建构主义和政治简化主义，安德森和盖尔纳理论的一个终极理论性问题就是他们主导性的宏观社会学方法。他们从社会整体的角度对民族主义的出现和功能进行解释，这使得他们无法认识到民族主义可以根据不同的社会阶级、阶层或行业发展出不同的形式和功能，并且能够长期维持某种社会学微观现象的状态，而不必然导致政治上的弱势。结果，宏观社会学理论的支持者未能理解：每个民族，一旦形成，就会与对立群体形成竞争的领域，对方则同样寻求加强对自己"真正属性"的理解。面对这种为掌控民族论调而进行的"内部"竞争，任何更切近的探究，都将展示民族主义作为社会分裂力量的一面。除此之外，它还会动摇"民族身份认同是可确定的"这一宿见。

2.4 现代主义的短视和"传统的发明"

在概述现代主义理论的理论缺陷之后，我还想讲一下它们在史实方面的缺点。由此，人们可以鉴别概念问题和简单错误。让我们从前者开始。盖尔纳和安德森对现代社会的俯瞰，带来了一种关于现代之前社会的更加简单化的观念。较之现代欧洲，中世纪和现代早期欧洲普遍更加乡村化，流动性更低，这是不言而喻的事实。然而，由于现代主义者的概念框架，他们不得不遮掩的是：在1800年之前，欧洲城市流动的少数人口——商人、学者、贵族、外交官等——必然比现代大众的日常流动有着更频繁而丰富的交游活动，而他们在现代之前的民族建立过程中恰恰至关重要。较之较早的运输模式，比如马匹、马车或船只，现代的汽车、火车或飞机旅程仿佛置身不停变换的画境之中；由于速度和物理上的分离，现代的旅行方式无可避免地限制了人与环境的融合，减少了对距离的感知，最终妨碍了流动性经验自身的丰富化。今日，我们实际上可以用几乎察觉不到自己在移动的方式环游世界，高度的流动性到视觉的静止之间不过一步之遥。简而言之，现代之前的旅行方式适合民族主义思想发展的程度绝不低于现代旅行方式，更不必说当代那些旅行方式了。

现代主义者的理论中的另外两个概念性假设，使得民族主义看上去太过现代。其中之一是安德森关于"对时空的新理解是民族主义的前提条件"的妙论。他认为大众媒体，比如报纸，使得人们能够想象自己此时正在做着许许多多素不相识的人也正在做的事。这听起来足够有说服力，但是很难说是民族主义的必要条件。如果我们将民族主义的论调当作基准，民族共同体所依据的最受欢迎的时间模式，恰与安德森的模式相反。它看上去更加古朴，实际上更接近他援引的瓦尔特·本雅明（Walter Benjamin）笔下的"弥赛亚时间"（Messianic time）。民族被想象为一种超越时间的共同体，囊括生者、死者和未出生者，他们全都对彼此负有责任，而且有责任保护共同的自由和荣誉。民族主义的修辞充斥着过去的民族英雄们的布道词，提醒子孙后世：他们拥有共同的事业，并将会给尚未出生的祖国同胞留下共同的遗产。在最初的报纸问世之前，这样的概念在许多国家已经有迹可循；当整个民族一边吃早餐一边读新闻时，这些概念依然强大有力，即便报纸消失很久之后，它们很可能仍会长存。

由此，我们得出了更加普遍的结论：我们无法像安德森和盖尔纳那样，将意识的变动与技术的变化和社会组织的变迁等同起来。如大卫·贝尔（David Bell）所说："语言并不像火山口斜坡上散布的石头一样仅仅对'更深层'的结构性变化作出被动的回应。"[24]

现代主义理论中很可能影响最大的历史误解，首推霍布斯鲍姆创造的新名词"被发明的传统"。在《传统的发明》一书的引言中，霍布斯鲍姆用了术语学上的"花招"将"传统的发明"描绘得特别富有现代气息（尽管它并不全然属于现代）。他首先要求清晰地区别"传统"和"习惯"，这导致了自相矛盾的解答，即"传统"对于"传统社会"而言是非典型的。霍布斯鲍姆辩称，在所有的工业化之前的社会之中，"习惯"占据主导地位。当他随后对照"传统"来界定"习惯"时，这两个术语的确切差异很难把握：发明出来的传统被理解为"参照过去的形势、对新形势做出的回应，或通过近乎强制性的重复来构建自己的过去"，而习惯则"为任何人心所向的变革（或对革新的抵制）提供一种来自历史上表现出来的先例、社会连续性或自然法的认可"[25]。

这并非霍布斯鲍姆文章中唯一在术语上云山雾罩之处，与盖尔纳和安德森一样，他也面临着本质主义上的进退两难——卡在力图回答何时传统应被看作发明出来的、何时应被看作不是如此的问题上。尽管如此，所谓"习惯"和"传统"之间的对比还是起到了重要的作用。它避免了读者偶尔会产生的想法，即"被发明的传统"的宽泛概念，既适用于"现代"

社会也适用于"传统"社会——可能更加适用于后者！

采用"革新的发明"（invention of innovation）这一术语来辨别现代社会的特征会更加恰当，不仅因为现代社会已经引入了一种前所未有的革新速度，还因为它们将革故鼎新推崇为势在必行的实践。在现代社会，"革新"有着如此天经地义的巨大功效，"传统"几乎不再像在现代之前的社会中那样不可或缺或是无所不在，毕竟，现代之前的社会倾向于将旧有的事物神圣化，并谴责新生事物。

这就是为什么有人会辩称"传统的发明"的概念将会更加适合描述中世纪和现代早期的欧洲。现代之前的西方社会在文化上既传统又创新，它一直都需要将创新包装成复古的形式，如果成功了，就会导致"传统的发明"。于是，现代之前的人们在否认他们的创造力方面尤为有创造力。无数有着种种神话和仪式的中世纪修道院、城镇、大学和王朝，叙说着远古或《圣经》时代的英雄传奇式的起源故事，从而成功地遮掩了不那么古老且更加世俗化的根基。这些传统，如果被证明有误或不够吸引人，就会被重新打造，或是被新的取代。当涉及打造一系列固若金汤的传统以便进行剧烈的革新时，比如宗教改革，欧洲传统文化的发明手法可谓炉火纯青。学者们齐心协力将新形成的新教信仰描述为原始的信仰，他们使用的方法论工具在几十年之前就已被证明有效地进行了"民族"神话的构建。这同样的方法论工具就是人文主义文献学。

至于主要现代主义学者们在史实方面的疏漏，此处仅对后文提及的若干主题稍作提示就足以说明：至少有一些"传统的发明"是出自现代主义历史学家自己的手笔。

霍布斯鲍姆把对民族的人格化，比如女性化的日耳曼尼亚（Germania）、法兰西亚（Francia）等，都算作现代民族主义"完全崭新的象征物和手段"，却无视它们之中的许多在很久之前就已经在文本和图像中被广泛使用了，而且确实能追溯到文艺复兴时期的人文主义运动甚至更早，多半参考了"罗马女士"（Lady Rome）这类古代范例。[26]将集体想象成永垂不朽的单一主体，从行业公会［以及其他"社团"（corporations）］到各个王国，实际上在现代之前的文化中十分普遍，并且，民族一旦打造成形就立刻被描画成人的形象，这是司空见惯的做法。早在1492年，德意志人文主义者康拉德·策尔蒂斯（Conrad Celtis）就抱怨说，某些日耳曼人"生活于我们德意志整体之外"（*a corpore Germaniae nostrae separate vivunt*），被外国统治者征服和课税；为了终止这一"民族之耻"（*pudeat nationi nostrae*），策尔蒂斯呼吁用"日耳曼人"（*viri Germani*）的概念"统一完全被撕裂的德意志边境"。[27]

另一个史实疏漏来自盖尔纳提出的说法。他认为现代之前社会的被统治者们要求统治者们"抑制腐败和掠夺，或者说更加公正和仁慈"，而在现代社会，他们则要求统治者是自己民族的同胞。[28]这是一则流传甚广的陈词滥调，在很多方面都简单化了，并且错误地认为现代之前被统治者没有要求统治者属于同一民族。对于被统治者在怎样的政治制度下会有效地提出这种要求，现代主义者们没有深究。尽管世袭君主制中的继承权制度不允许基于民族主义标准遴选王位继承人，但共和制下关于自治政府的概念自然而然地要求统治者和被统治者的民族身份相符合——如果共和国被界定为一个民族的话。然而，更明确地说，这个问题必须在另外一种政治单元下讨论：选举君主制。15世纪，研究神圣罗马帝国的法律专家们就已经在争论：皇位候选人是否必须是日耳曼人。在16世纪早期，随着1519年一场新的皇帝选举逐渐迫近，君王们和历史学家们也加入了论战。就像我们将会在第8章中看到的那样，这场论战被公众热议到了甚至迫使主要候选人（比如法国国王和西班牙国王）基于祖先、习惯和语言等判断标准而假装自己是真正的日耳曼人的地步。最终，面对西班牙国王即哈布斯堡家族的查理（Charles of Habsburg），选帝侯们不仅选择了这个出价最高的候选人，而且认定他是最日耳曼化的候选人。

最后，盖尔纳将工业化当作民族主义（按照他对该术语的理解）的前提条件，也犯了史实错误。在欧洲、美洲、非洲和亚洲，有许多民族国家是在工业化时代之前建立的，更别提常常比这更早发生的民族主义运动了。在论及作为他的理论中主要论据之一的工业主义时，盖尔纳对历史的视而不见更加突显。

3 新型民族主义理论的基础

> 厘清领土范围的益处,宗教统一对政治团结的影响,毕德[①]和阿尔弗雷德[②]这两位天才对民族精神的贡献,通过繁荣的本土文学稳固知识和语言的世界,经济增长和有效的专业王室官僚机构的成长,所有这些促成了对"1066年的英格兰是不是一个民族国家?"这个问题的肯定回答。
>
> ——阿德里安·黑斯廷斯(Adrian Hastings),《民族地位的构建》(*The Construction of Nationhood*),1997年

某些民族主义的心理基础和基本的行为品质,比如集体的领土权、基于(真实或臆想的)亲缘关系的团结一致,以及对外来者的敌视,可能可见于人类历史发展的任何阶段以及许多非人类如狼和

[①] Bede,指中世纪英格兰的诺森布里亚王国(Northumbria)的历史学家毕德(Bede / Baeda / Beda,672/673—735),又称"毕德尊者(Venerable Bede)"或"圣毕德(Saint Bede)"。
[②] Alfred,指中世纪英格兰的威塞克斯王国(Wessex)的国王阿尔弗雷德大帝(Alfred the Great,871—899年在位)。

黑猩猩之中。

——艾维尔·罗什瓦尔德（Aviel Roshwald），《民族主义的持久力》（*The Endurance of Nationalism*），2006年

事实证明，对于研究人类早期历史的专家而言，批判现代主义者在历史方面的目光短浅，要比提出对该问题的不同见解容易得多。他们对现代主义理论的一致反对程度与他们在民族主义起源的历史定位上的分歧程度一样强烈。有些人宣称中世纪早期的英格兰是第一个民族国家；[1]另一些则认为一切始于《圣经》，而将古代犹太民族看作民族主义之父；[2]一些人只提到将历史引向现代民族的前现代"民族"的先驱作用，[3]而另一些倾向于认为现代之前的爱国主义转变成了现代民族主义；[4]一些人，包括我自己在内，将民族主义的初始形式与文艺复兴时期的人文主义联系起来，[5]而另一些人将其当作一种在很多方面与动物行为类似的人类学常量。[6]

因此，与另一些反现代主义者相比，当今许多反现代主义者实际上与某些现代主义者有更多的共同之处。不过，使情况更糟糕的是，现代主义反对者们依然容易将现代主义者与"原生论者"（primordialists）相混同，这个术语反映了对建构主义的普遍困惑，因为它暗示：论证前现代民族形成的方式，与建构主义的思路并不相容。因此，多亏其反对者展现出的这种持续性缺陷，现代主义者才得以一直以来在民族主义研究中

占据统治地位。

此外，对现代主义者在民族主义方面观点的批判受限于另一个常见模式。许多反现代主义者将自己限制在为"民族和民族主义的更早起源"提供证据上，而没有试图解释"民族到底为何和如何产生"。结果，他们无法轻易发展出另一套在阐释力上与现代主义模式势均力敌的理论。

在这样的情况下，能与现代主义模式对立的有效模式应达到的要求可概括如下：(1)一套能够使自身远离现代主义对国家政治的痴迷并适用于各种不同的时间和地点的定义，清晰地界定民族与其他共同体的区别；(2)关于民族主义出现和扩张的历史条件的连贯一致的论述；(3)从当时文献资料中发掘的来自不同时间、地点的广泛历史证据；(4)对民族主义的前现代形式和现代形式的精确比较，既强调连续性也强调不连贯性，并且解释民族主义在现代发挥的更大力量和涉及的更广阔范围；(5)一套将民族主义与其推动者及其利益和动机相联系的方法论工具。

3.1 如何描述民族？

我的理论的起点，与通常的民族和民族主义观念有些差距。为了将民族界定为一个特定的共同体，数代学者竭力构建一种"内部"构想原则。在这一点上，现代主义者们与因使用比如语言和习惯等"客观"标准而被他们抨击的人坐在了同一条船上。然而，所有这些定义的结果，都不够具体入微。一旦文明化的进程开启，相信共同的文化、起源和领土以及自决主张的错综复杂的共同体就开始演进了。它们全都有着不可避免的局限性，其中许多共同体将政治和文化疆界混为一谈。因为它们要么像许多部落那样，对这些不加区别；要么像许多帝国那样，通过文化论据将政治权力合法化，吹嘘自己推动了被征服者的文明化。

相反地，区分民族和其他共同体的更有希望的方式，是构建一种"外部"构想原则，这是一种关于民族如何超越其疆界而构建这个世界的分析模型。这样的定义可能要借助对民族与其他规模大小类似的抽象共同体（abstract communities）的比较研究。为了这个目的，我选择了帝国、有成文法典的宗教和部落。然而，为了避免任何误解，我首先必须强调，我的辨析并非旨在揭示民族和民族主义的"本质"；只是提供了一套工具，用来给种类无穷的抽象共同体分门别类，实际上，这些抽象共同体从未与我划分的"理想类别"完全吻合。

我认为帝国、有成文法典的宗教和部落文化与外部世界的关系表现出明显的两极化和不平等。这是什么意思？我将会从帝国的例子着手，这也是我的论述中最重要的一个类别。帝国主义文化可以被描述为基于执掌一统天下之大权的理想，在文明的自身与野蛮的异族之间展开等级对抗的过程中形成的扩张性实体。帝国主义文化，其中最知名者如罗马帝国，能够区分种种不同的蛮族集群，但是，他们即便能够区分蛮族，仍会把不同蛮族一概归类为"未开化的"，以便维持蛮族的根本他异性以及在大多数情况下在集体自我（帝国）面前极为低下的地位。基于这样不平等的两极化，蛮族与文明世界竞争的观念是很难发展出来的（参见图1）。

图1　这枚罗马硬币是展现从帝国主义到民族主义的文化变迁的四幅图片中的第一幅。它于公元85年为庆祝皇帝图密善（Domitian）对日耳曼地区的卡蒂人（Chatti）发动的（不成功的）军事行动而铸造。右图的人物，是日耳曼尼亚拟人化的女性形象。她袒露的胸部、凌乱的头发和紧身的裤子象征着原始野蛮，她哀悼的姿态和折断的长矛象征着兵败。相反地，硬币正面这位皇帝则象征着胜利（桂冠）和文明（剃须修面，高贵的侧脸）。这枚硬币——其本身就是文明开化的一个象征——仅面向罗马公众传达信息。至于日耳曼人对此次军事冲突的看法，它不以为意。如此一来，双方可以被看作帝国主义文化孕育的、针对外来者的两极化和不平等关系的典型。

帝国主义思维的一个典型例子，就是可追溯到公元前1世纪的、罗马建筑师维特鲁威（Vitruvius）在民族志方面的理论。在下面的段落中，"部族"（*natio*）这个术语在古典拉丁文规则中意指"外来蛮族"，而"民众"（*populus*）则保留给文明开化的罗马人。

尽管南方各部族（*meridianae nationes*）有着最犀利的才智，并且在出谋划策方面智慧无穷，但在展现勇猛的时刻，他们败下阵来，因为太阳将他们所有的阳刚之气吸耗殆尽。另外，在苦寒之国生长的人们确实更加善于勇猛无畏地应对披坚执锐的挑战，但是他们智力如此迟钝，会不假思索地做无谓的冲锋，于是自乱阵脚。大自然对天地万物的安排就是如此，所有这些部族（*omnes nationes*）都被赋予了有欠温和节制的禀性，真正完美的领土，恰在大地中央，环绕的各方扩展为一个完整的世界及属于它的众多国家，那就是罗马民众（*populus Romanus*）所占据的土地。实际上，意大利的氏族（*gentes*）在身体结构和精神活动两方面均是最完美的，这与他们的勇猛相呼应。正像木星本身就十分温和节制，其运行轨道在炙热的火星和寒冷的土星之间，意大利位于北方和南方之间，结合了两边的优点，其优越性得天独厚而又无可争议。就这样，她以智慧击败了蛮族勇猛的攻势，她以勇武的力量挫败了南方来客的图谋。因此，正是天赐的智慧将罗马人民（*civitas populi Romani*）的城市置于举世无双与温和节制的国家之中，使其获得号令全世界的权利。[7]

通过援引希腊地理学家波西多尼乌斯（Posidonius）的记载，维特鲁威用气候学和天文学上的必然性解释了蛮族和罗马人之间不可逾越的鸿沟。他的逻辑是：行星与气候、气候与身体、身体与智慧、智慧与成就之间存在直接联系。只有身处气候温和适中地区的幸福的人们——那些生活在"大地中央"的人们——才能够做到文明开化。在古希腊和罗马，这是一种广泛流行的逻辑，并且确实非常适用于将基于领土之上的文化排他性合理化。

至于有成文法典的宗教，它们也普遍面临不平等和两极化的对立，这与帝国主义文化类似，而且如果它们恰巧是某种帝国主义文化的亲支近派，比如希腊和罗马文明下的基督教，那么它们在这一点上甚至更加趋同。不过，它们所依据的主要敌对意识来自信众和异教徒或异端分子之间。甚至连基督教徒、犹太教徒和异教徒的三足鼎立，也被简化为非此即彼的"不皈依就受罚"（sub specie Dei），因为犹太教徒和异教徒最终都面临同样的选择：皈依或死亡。

另外，部落共同体可能被以更加激进的方式划分开来。这种区分更加难以描述，但可以概述为"人类对应非人类"，因为部落语言中通常没有"人类"这样的术语，只有专指本族的词语。例如芬兰人（Suomi）、因纽特人（Inuit）、马扎尔人（Magyar）、纳纳人（Nanai）、恩加纳桑人（Nganasan）、哥特人和阿勒曼尼人（Alemanni）等集体名词，字面原意全都指

"人"或"人类"。

地理空间呼应了建立在不平等的两极化基础上的各个社群，这种理念可以称为"中心主义式的"（centralist）：就像维特鲁威的论述中所写，一个人自己生活的空间，地处世界的中央，甚至宇宙的中心，而越是远离中央，人类学上的鸿沟就越大；自己的共同体是一个神圣的创造，其成员也是神一般的存在，而身处世界边缘的人则是与禽兽无异的生物或怪物。对空间的这般形象化的看法，从古代波斯到埃及，从希腊到罗马，从中国到日本，随处可见。[8]中心主义者对空间的构建也反映在地理名称之中，比如"地中海"（mediterraneus，意指"大地中央"）或"中央王国"（chung-kuo）。

3.2 平等和多极化

较之帝国、部落和有成文法典的宗教，民族可以被描述为显著的例外。它们与外界共同体的关系既不能称为"两极化"——因为它们面对许多具有独特性的独立共同体，也不能称为不平等——因为这些共同体都被归入了同样的类别，即"民族"（nation）。各民族的"对外关系"也就相应地被认为具有多元和平等的特质，相应的空间理念也可以被描述为具有多重中心。各民族是因它们与其他民族的关系而形成的。

这样一来，民族主义的创造导致了民族（不是一个民族，而是若干民族）的形成，并且，与基于不平等而建立的两极格局相比，一个民族的成员必然与外部世界有着更多的瓜葛。在一个民族林立的世界，人们需要了解其他民族对其自身的看法，以便为自己定位。我们可以再次进行同样的比较：罗马人要把自己定义为文明开化者，就无须虑及那些被他们看作蛮族的人有着怎样的自我认知，恰恰相反，他们必须很大程度上忽视蛮族的自我认知，因为它无法与他们自己视"蛮族"为异类的看法相吻合。同样的道理也适用于有成文法典的宗教和各部落文化。不平等的两极化观念，不是用来促进理解外来异族人的自我认知的。[9]

与此相反，在由各个民族组成的世界上，一个民族的自我形象，只有与其他民族的自我形象并置于一处，方能界定出来。这样就要求相当程度的互相理解，而互相理解则反过来要求相当程度的共同文化基础。

伊拉斯谟（约1466—1536）是率先将民族的自我形象构建描述为类似企业实体的人之一，尤其是因为他对此不满。他主张在基督教世界中实行和平的政治多元主义，在发表于1511年的著作《愚人颂》（*Praise of Folly*）中，他悲叹道：所有的民族，没有一个心怀谦卑，而是沉溺于自我迷恋，并试图获得优异品格和成就的认证：

> 英格兰人认为，除了别的，他们还能独领风骚的有女性之美、

音乐才能以及美食佳肴。苏格兰人以他们的高贵和王族关系以及方言的微妙而自豪。法国人自称彬彬有礼,而巴黎人则要求特别认可他们在神学上的造诣,他们认为自己在这方面无可匹敌。意大利人以文化和雄辩自命,并且因此自吹自擂,称自己是唯一的文明民族……同时,希腊人作为文艺的始祖,觉得自己仍应享受过去显赫的英雄们的余荫;而土耳其人和其他真正野蛮蒙昧的乌合之众则确实要求承认他们的宗教,并对基督教徒的迷信嗤之以鼻……西班牙人自认在战争中天下无敌,而德意志人则自豪于他们的伟岸身材和对奇技淫巧的精通。[10]

这幅众多抽象共同体在共同的名利场中互相较量的景象,如果不是身处民族主义文化背景下,几乎不可能出现。伊拉斯谟对各民族的描绘可能粗枝大叶而且语带讥诮,但是也十分生动地说明:一个民族的特质、领土和历史总是有待商榷,并且在异族和本民族成员中争执不下。鉴于民族论调如此密切的内在相联,民族在相当大程度上被看作一种外来创造。从效果上说,民族主义的极大悖论之一就是:它推崇民族自决权,将其当作至高利益,可是它常常被外来影响改变。

3.3 民族：失败的帝国主义的产物

较之将自己置身于两极化和不平等的对抗之中的共同体，在多极化和平等基础上构建外部关系的各共同体有着严重的不利之处。它们更加复杂和不稳定，而证明自身价值和独特性的任务更加艰巨。因此就有了这样的问题：这般劳心费力又无安全感的制度为何以及怎样得以出现，并且长期以来与两极化的抽象共同体构建并驾齐驱。我将会试图从理论上和历史上回答这个问题。

为了确定民族主义的最基本前提条件，我提议：从被高度发达的单一文化盘踞，而后又分裂成数个政体的广阔空间着手；尽管凌驾其上的文化使得整个区域中受到良好教育的精英之间过从甚密，但其政治版图却注定是一幅权力多极化的景象。而且，我建议特别点明：这种主导性的文化具有帝国主义性质，并且各主要权力主体都势均力敌。由此推导可知：帝国主义单一霸权的理想与政权林立的现实的差异，引发了一场对政治优越性的角逐。但是，由于各大强权都势均力敌，它们能够互相防止对方达成同样的称霸目标。如果它们为对抗最强者而成功缔结短暂的联盟，那么，它们就能全都维持帝国胚胎的地位，同时身陷没完没了的"群雄逐鹿"局势之中。随着时间的推移，它们彼此之间的政治竞争发展出了自己的动态关系；政治竞争扩展成了文化和道德的竞争，最终竞争各方独立地延续着其最初的帝国主义冲动——换而言之，它蜕变成了民族主义。

中世纪的罗马天主教提供了将理论论据应用于历史事实的空间，因为它在一个世纪的时间里同时具有帝国主义式的政治文化和支离破碎的领土结构。换而言之，民族主义的起源可以归结于源自罗马帝国遗产的、挥之不去且强而有力的复古思想。

尽管古代晚期的大迁徙影响了欧洲南部的所有地区，其对欧洲东、西部政治上的远期影响却大不相同。东罗马帝国在当时的外来入侵中几乎毫发无伤地幸存下来，西罗马帝国却无可挽回地变成了实行多元统治的若干区域，它们随后又各自经历了深刻的蜕变。然而，通过所有这些权力结构的变化，权力文化依然为罗马式的理想所塑造。尽管行政管理的需要或领土的变迁要求权力者有所调整，罗马教廷仍然声称拥有罗马帝国的继承权，将其中王国的疆域按照罗马行省的疆界划分。随着希伯来文和希腊文被罗马教廷的神学家们遗忘，拉丁文保留了垄断性的书面文字地位，甚至升华成为神圣的语言。在查理大帝统治时期（768—800），教皇国又有了一位罗马皇帝。因此，中世纪文化，至少在社会上层，可以被描述为罗马文明的派生品。

查理大帝在800年由教皇利奥三世（Leo III）加冕为皇帝，又被历史神学理论事后正当化，其理由是：世界历史在一个接一个试图一统天下的帝国的轮替中推进，而罗马帝国是其中最后一个，直到天荒地老。这种理论的基石已经在古代晚期由教父[①]哲罗姆（Jerome，347—420）在其《但以理书》（Daniel）注疏中奠定。后来增加的理念是：罗马帝国本身不仅可以换地点，而且可以换人，并借此绵绵无绝期。查理大帝加冕后就是这样，记载显示：罗马帝国在君士坦丁大帝（Constantine the Great，约272—337）统治下从罗马人转向希腊人，随后又从希腊人转向法兰克人。这种理论，后来被称为"帝国权力转移"（translatio imperii），其影响贯穿整个中世纪，而且其某些方面（比如随后的各帝国向西推进的理念）依然可以在现代早期的法国、英国甚至美国的帝国主义思维中有迹可循。[11]

尽管"帝国权力转移"的理念在现代人的耳朵中，仿佛天外之音，它却有助于为民族主义思想铺平道路。查理大帝死后不久，他的领土就分裂为三个王国，它们都未能再度一统帝国，但是个个都自称拥有帝位。即便萨克森公爵奥托二世（Otto II, Duke of Saxony）在962年戴上皇冠，而且他的继承者们把持了这个头衔几个世纪，都依然没能阻止欧洲其他的君王们认为他们自己更配得上这个头衔，并用新的理论来支持他们的观点。（参见图2）。

这般另类帝国主义宣传的一个重要结果，就是另一种历

[①] church father，指基督教创立之初至6—7世纪间制订、传播、解释基督教教义，为后世教会奠定神学基础的神学家或教会首脑。按著作语种可分为希腊教父、拉丁教父；按著作内容可分为护教教父、史学教父、哲学教父；按时期可分为使徒后期教父、尼西亚（会议）前教父、尼西亚后教父等。参见《辞海》"教父"条。

图2 这幅来自奥托三世(约公元1000年)的福音书的插图,显示出从古罗马到中世纪神圣罗马帝国时期帝国主义文化嬗变中德意志地位的变化。皇帝和德意志的关系依然被描绘为不平等的,但不再两极化。德意志作为向皇帝进贡的四行省之一在此出现。此时,它就这样以一位金发碧眼的女王的形象出场,而不再是一位蛮族妇女。而且,德意志此时与罗马并驾齐驱,这在古代是不可想象的。罗马只获得了象征性的优先权,即率先向奥托进贡。皇帝本人被描绘为一位凌驾于多元化的不同氏族之上的统治者,各族的政治分量几乎不分伯仲。

史转变理论,即所谓"学术转移"(*translatio studii*)。它原本旨在支持法国国王对帝国皇位的渴望,并且在13世纪获得了政治上的分量。它的论点是基于这般古老的理想,即政治权力的中心必然也是文明和教育的中心。这种论点早早就被罗马学者们如贺拉斯(Horace, *Epistles* 2, 1, vv. 156/57)和西塞罗

（Cicero, *Tusculan disputations* 4,1）推广，他们以此指出：教育已经从败落的希腊人转向了胜利的罗马人。此时，凭借其传说中的创建者查理大帝的功绩，巴黎大学自命为全世界的教育中心。根据传说，在这位帝王的统治之下，不仅发生了来自拜占庭的"权力转移"，而且发生了"学术转移"，巴黎被选作未来基督教神学和文明的宝座所在。由此，法国人不仅被描绘为真正的法兰克人后裔，而且学术被强势引入，成为角逐帝国荣耀的重大要素，而参加了这些象征性斗争的学者们得以在"普世"政治舞台上晋升为重要角色。

3.4 对荣誉和自由的竞逐

查理大帝的统治改变了中世纪早期原本分散零碎的领土结构，使得各大国君王之间对"普世"统治权的角逐更加激烈，而教皇方面的势力则为了自己的利益而力图维持权力均势。即便此时西方君主国的内部整合与权力巩固与时俱进，但他们在意识形态上依然以源自罗马法的帝国主义论断为基础。为了替国王在其领土内的绝对权力辩护，法学家们宣称国王应被看作"其王国内的皇帝"（*rex est imperator in regno suo*）并有权使他的所有臣民担负起无条件地为共同祖国服务的义务，他们所参考的正是《国法大全》（*Corpus Iuris Civilis*，或译为《民法大全》）中反映罗马爱国主义精神的措辞。罗马法在各个不同王国的法律体系中落地生根，巩固了西欧的多极化领土结构，却并没有削弱其帝国主义政治文化；它创造了各种各样的独立的小型帝国，个个都渴望结束被看作不幸的政治分裂的时期。讽刺的是，这也正是这些小型帝国防止彼此成为大权独揽的基督教强权的方式（参见图3）。

中世纪各方势力——帝国、教皇、法国、英格兰以及后来的阿拉贡——势均力敌，这种情况导致了某种动荡的稳定，从而形成了欧洲独特的内部平衡的动态，既反映在政治上，也反映在文化上。随着时间的推移，持续的复古情怀甚至产生了更加强大的离心力，逐渐将各王国之间的政治竞争发展成各领土集群之间全方位的角逐，乃至不再需要任何帝国主义动机。

这就是民族主义粉墨登场的契机。它确保欧洲各国之间的对抗在更加根本的层面上展开，寻求更广泛的观众，并囊括更多的文化领域。同时，从长远而言，它动摇了通过与其他民族竞逐"民族荣誉"和确保"民族自由"而建立起一个单一的基督教帝国的春秋大梦（参见图4）。

在第一个阶段，这场竞争被限制在西欧范围之内，作为一件基督教"内部"事务演进。在这个时候，民族主义也被并无帝国野心的、欧洲较次要的势力所采用，比如瑞士，它在1500年左右被德意志民族主义者拖进了这场竞逐之中，而后来，它利用作为一个民族的立场，避免了自己被周围的君主制国家所蚕食鲸吞，也防止了联邦各州之间的内讧。[12]

图3 在现代早期，德意志坐在王座上。这幅图画是由马克西米利安一世于1513年设计和定制的一幅庆祝胜利的微型彩绘的局部。这位皇帝下旨：这位"德意志女性"应当披散头发并且头戴王冠。在这里，艺术家将一位金发碧眼的女王置于帝国王座之上，并以帝国徽章装饰。她就这样坐在这位皇帝的御座上。这般描绘呼应了马克西米利安自诩为皇帝和"德意志国王"，以及当时"德意志民族的神圣罗马帝国"的组成。通过略去其他欧洲民族，这幅微型彩绘暗示它们脱离德意志单一民族的帝国而独立存在。

随后，在欧洲殖民扩张的第二个阶段，这场竞争迅速上升到全球层面，但是仍被重燃帝国雄心的欧洲各国所垄断，这次他们将目光投向了其他大陆。最终，在第三阶段，从去殖民化运动的开端到如今，它发展成了世界范围内包罗万象的竞

图4　这幅关于印刷术的发明和完善的寓意画，创作于1740年，充分展现了各民族文化竞争的景象。印刷机被描绘为来自天堂的恩赐，由密涅瓦和墨丘利交付给德意志，德意志随后将其介绍到荷兰、英格兰、意大利和法国。各国的拟人女性形象都各自手持其本国著名印刷业者的肖像，由此形成一组彼此竞逐的群像。这样的版画之所以出现，是因为民族主义者竞相主张本民族在印刷术上的卓越性，争论了二百多年。德意志虽被认为是首创者，但是又被描绘为随后为印刷业成就而彼此争执的众多民族之一。这诠释了欧洲各民族之间多极化和平等的关系，而民族主义的竞争性文化由此不断演化。

争，但是至少"从法律上"（de jure）依然受到各个国际组织和国际法的约束。

如果民族主义被看作失败的帝国主义的、无必要的产物，那么，就像我的历史阶段模型所展示的，它并未完全取代帝国主义的热望。正如我将在后面章节中展示的那样，帝国主义和民族主义的冲动常常形影不离，甚至盘根错节、纠缠不清。时至今日，情况依然如此，而我的课题是通过外部构想原则区分抽象共同体，这可能有助于评估这样的问题，比如：当今美国的政治文化从哪些方面来说可以被描述为民族主义的，从哪些方面可以被描述为帝国主义的。

3.5 定义

此刻，我们可以尝试给民族和民族主义下一个初步的定义。民族，可以被理解为一种通过与同类其他共同体（即其他民族）的多极化和平等关系而形成的抽象共同体，它通过自称拥有独特品质——特定的领土、政治和文化独立性以及排他的荣誉感——而区别于其他同类群体。因此，民族既是一种竞争性文化的产物，也是其制造者，并且涉及永无止境的实体和象征性的价值对抗，从战争到体育竞赛，从高雅艺术到国内生产总值，从诺贝尔奖赢家到选美皇后。这些竞争的中心是民族荣誉和民族耻辱的概念，该共同体的所有成员都被认为根据个人的地位和价值而人人有份。国家荣誉"经济"在高度抽象的层次上发挥着作用,因为民族自身是抽象的共同体,其大多数成员彼此不认识也永远不会遇见。

民族主义可以被定义为:创造并维系"民族"作为一种自治价值的论调,其"自治"意味着不屈居任何其他共同体之下(不过也并不意味着必然优越于它们)。至于自治的标准,我建议换掉过去几十年中民族主义的许多版定义中的另一个主要标准,它至少可以追溯到海斯1926年的论文《什么是民族主义?》(What is Nationalism?),[13] 即民族主义是一个"忠诚等级制"(hierarchy of loyalties)中最高层级的、规范着每个人思想和行为的教条。

在这里,我有两条保留意见。第一条是总体看法:我不认为个人的"忠诚等级制"有多少分析价值,因为它意味着人类行为的一种过于稳定的基础。人们倾向于根据周围环境的变换,对他们的价值观和忠诚之心重新洗牌,时不时还与家人、朋友、同事、同胞和同信仰者探讨磋商,而不是谨遵既定的优先项列表。

我的第二条保留意见更加具体,对"民族主义为了保持权力需要打压对其他事项的忠诚"提出了疑问。多数学者使用这个论断时,没有明确说明民族主义只是标榜如此,还是确实凌驾于对宗教、阶层或其他集群的忠诚之上。这个主张自身确实存在并且可以很容易追溯到罗马时代的爱国主义精神,就像我将在后面一章中展示的那样。然而，我相信，将民族主义主张转变为分析性类别，是无法精确描述民族主义的历史的；相反地，我会论证：民族主义如此强大和普遍，是因为它易于与其他种类的忠诚和信条共存甚至融合，它利用它们的象征性资源，而并不必然贬低它们。19和20世纪的爱尔兰人不需要抛弃天主教信仰，就可以成为民族主义者，同样的道理也适用于若干世纪之前的英国新教徒。19世纪末，将天主教同胞指控为"教皇极权主义者"（效忠于教皇）的德国和瑞士新教徒，也无须澄清他们自己到底是偏向于民族主义还是新教教义；他们的情况倒是表明，对不同事物的忠诚，彼此之间并无矛盾，从而揭示出，在"文化斗争"①中，民族主义和教派问题的模糊不清是难以避免的。

这就是为什么我使用"自治"这个词。根据这个术语，民族主义不需要澄清它相对于其他各种忠诚和教条的立场，只要它的宽泛主张不为它们所束缚即可。而这些主张也不应被当作"教条"，因为它们并没有被权威经文所固定，所以其可塑性和适应性比成文法典化的宗教教条高得多。确实，忠诚等级制的整个论断可能都源自一种更加综合性的（错误）理解，它同样也出自海斯，[14]即民族主义被看作成文法典化的宗教的一种文化上的对等品和世俗中的替代品。

---

① *Kulturkampf*，该词常特指1873—1887年罗马天主教会和德国政府之间围绕文化教育和教职任命权进行的斗争，后泛指世俗权威与教会之间的争斗。

在我们能够把下定义这样枯燥的工作抛诸脑后之前，我必须介绍第三个术语——"民族论调"（national discourse）。这包括所有论及民族的表述形式，它们不是我对民族主义的定义所能囊括的——比如，从伊拉斯谟的"反民族主义"到我自己的民族主义研究。考量这些可供选择的不同表述形式之所以如此重要，是因为它们也能够影响民族的构建。例如，在塑造民族共同体方面，一位反民族主义的政治宣传者，未必就比一位民族主义者贡献少。从这个角度来看，将这些各种各样的说法称为"民族论调"并将民族主义当作民族论调的一种特定形式——如前文提到的那样将民族描述为一种自治价值——似乎是恰如其分的。

在后面的各章之中，我将会具体说明：在中世纪晚期和现代早期，从帝国主义缓慢衰败到民族主义逐渐得势之间的转变过程是如何演化的。在这样做时，我将会尤其考虑到为变革做了准备并且很大程度上运作了这场变革的那些人的社会地位及角色，他们便是受过法律和历史学训练的学者。尽管，回顾往昔，这些人是势在必行的变革的推动者，但在此过程中，他们大多默默无闻，只是遵循着他们自己的计划，受到职业雄心和社会约束的指引。因此，他们在中世纪晚期和现代早期社会中的特定地位和功能也需要加以强调，以便我们理解欧洲民族形成的过程。

4 因爱相杀、为爱而亡：共同的祖国

对所有人而言，祖国都如此重要，以至于世界各地的立法者们都用流放作为他们手中最重的刑罚，来惩罚最严重的冒犯行为。不仅立法者们这么想，将军们也只会用以下言辞鼓舞他们为战斗而集结的部队："为祖国而战！"听到这话，没有人想要令自己蒙羞，祖国之名甚至能够令一个懦夫变成一位勇士。

——琉善（Lucian），《祖国颂》（*An Encomium of Fatherland*），约公元160年

我看你不懂得祖国的爱有多么甜蜜：如果是为了保卫祖国或开疆拓土而循权宜之计，那么用利斧劈开他人父亲的脑袋、碾碎他人兄弟的肢体或用剑将未出生的婴儿从他人妻子的腹中剖出，似乎都不会造成什么心理上的负担和困境，也算不得是犯罪。

——科卢乔·萨卢塔蒂（Coluccio Salutati），《致安德里亚·迪·瑟·孔代的信》（*Letter to Andrea di ser Conte*），1366年

"条条大道通罗马"这则谚语在古代可听不到,而且它原本与罗马的道路交通网络没有任何关系。"千条道路永远将人们引向罗马"(*Mille viae ducunt homines per secula Romam*),是神学家兼诗人——里尔的阿兰(Alain de Lille)于1175年左右在他的著作《寓言之书》(*Book of Parables / Liber Parabolarum*)中写下的句子。他创造了一种宗教比喻,用以描述获得救赎的五花八门的渠道。大多数古罗马人甚至根本不会用这样的语言思考,然而,没有他们,这个比喻就不可能存在。可以说,民族主义也是如此。古罗马的大街上可没有半个民族主义者,但是当考虑到民族主义起源的时候,所有的道路却都指向了罗马。

最为重要的是关于爱国主义的言论。它提出了所有国家政体都必须应对的一个基本问题:如何推动个人参与公共事务。今天的爱国主义思想之所以如此成功,主要是因为它用微妙的力量建立起了一个具有强大强制力的体系。爱国主义唤起了人们对该共同体的无条件的爱和经常性的恐惧,使得人们服从于国家政体的指令,它旨在创造为更高利益而自我牺牲的集体意识。

为了制造必要的感情归属感以发挥其功效,爱国主义言辞大量地提到敌人,但是这些敌人未必总是被塑造成外来者,而且塑造这个政治共同体之外的世界,也绝非爱国主义的优先目标。爱国主义,是一种"内部"论调,促进个人和国家之间、私人利益和公共利益之间的联系。它依靠一种与之紧密相关的补充性论调，界定了政体和外部世界的关系。在古罗马，这种论调大体上就是帝国主义，将罗马之外的世界打上"蛮族"的标签；在现代欧洲，主要是（但不限于）民族主义。

爱国主义这种言论，使用了一组带有强烈感情色彩的措辞，比如爱、畏惧、自尊和憎恨，并结合了崇高的价值观，比如自由、警醒、无私和良知。它们全都模糊不清到足以满足各种目的的程度，从抵抗外敌到文学存在的合理化，从对外扩张到褫夺民权；它们全都灵活到足以吸引不同政治制度的程度，从寡头政体到君主制国家，从民主政权到独裁专制。

为了发挥效果，爱国主义不仅需要明确其领土意识，将领土视为不可让渡的集体财产，而且要求树立依附于这片疆域之上的自由理念，即此处为民族完全自决之地。

除了其变色龙一般的适应性，爱国主义在全世界许多社会中成为如此强势的言论的另一个原因就是：它把政治共同体描绘为一幅令父权文化（patriarchal cultures）下的多数人倍感亲切的形象——家庭。爱国主义宣传的基本目标就是说服公民或臣民接受这样的观念：他们属于一个更大的家庭；比起他们自己的小家庭，这个大家庭更值得他们舍生忘死。当然，这是对各个政治势力的过分简单化的呈现，而且从许多方面而言无法自圆其说，尤其是对于复杂的制度，比如罗马帝国和现代官僚制国家。然而，它为一个抽象共同体创造了一个坚固和强大的形象，能够令人联想到它所唤起的情感和价值观。

因此，父权社会型的强烈家庭价值观，是爱国主义宣传能够成功的另一个前提要求。例如，有这样一个颇有道理的推断：20世纪60年代之后，爱国主义说辞在许多西方人耳中显得越来越荒谬，因为此时正是传统家庭观念衰落的时候；同样地，大可以断言，最近几年在同样一批国家中爱国主义热情重燃，部分是因为此时保守的中产阶级家庭理想的复活。[1]

在古希腊和罗马，爱国主义宣传的主要对象是男性家长（kyrios / pater familias），他担负着为家眷谋福利和守护家园及土地的法律责任；在罗马法中，一家之主几乎对他的孩子、妻子和奴隶们有着不受任何限制的权力，即家长父权（patria potestas）。尽管大多数希腊城邦与罗马在体制上存在相当大的不同，但这种政治共同体（polis）的主心骨仍是由每户人家（oikos）的家长构成的。当亚里士多德（Aristotle）描述一位"杰出人士"对他的朋友和祖国的态度时，他给出了一幅含蓄的理想男性家长的肖像，这是一个在私人和公共事业中都遵循相同价值观行事的人：

> 千真万确地，就像他们所言，这位杰出人士为他的朋友和他的祖国尽心尽力，必要时甚至舍生忘死；他可以舍弃钱财、荣誉，总之，舍弃那些为人所竞相争夺的东西，只为了保持自己的高尚。因为他宁愿选择短暂而强烈的快乐而不是持久而微不足道的享受；他

宁可过一年的高尚生活而不选择碌碌无为的漫长人生；他偏爱在高尚而伟大的行动中一飞冲天，而不愿在琐碎的活动中汲汲营营。那些能为他人舍弃自己生命的人大抵如此，他的确总为自己做出伟大而高尚的选择。[2]

从一个了不起的人身上，亚里士多德期待的是牺牲精神，而不是无私无我。他的爱国主义行动不会徒劳无功，相反，一位杰出人士"会通过高尚的举动既帮助自己也有利他人"。这段文字中对牺牲的理解非常世俗化和功利化，但是论证的参考依据有些含混不清。为什么为他人而死是高尚的？亚里士多德许之以一个高贵者的激情和荣誉，其驱动力是以非凡创举为朋友和同胞谋福利的追求。他心目中的理想爱国者是一位贵族人物，渴望自己有别于芸芸众生。为了声望而甘冒生命危险，乃是卓尔不群的标志。

较之亚里士多德对爱国行为的世俗性合理化解释，罗马式的爱国主义蒙上了神圣的面纱。这是笼罩罗马公民此生和来世的复杂"政治宗教"中不可或缺的一部分，这也是为什么许多爱国主义主旋律随后可以轻易融入罗马基督教教义之中。尽管在受到希腊文化影响很久之前，罗马曾发展出一种对祖国的强烈而特殊的狂热崇拜，但是后来作为罗马独特标志并在欧洲历史上发挥了极其重大影响的爱国言论和文学作品，大多可追溯至公元前1世纪，当时罗马精英们正热衷于模仿他们的希腊臣民。的确，正是最希腊化的罗马律师、政治家和哲学家之中的一人，比任何人都更大程度上塑造了爱国主义精神的前景——他就是马库斯·图利乌斯·西塞罗（Marcus Tullius Cicero，前106—前43）（参见图5）。

4.1 西塞罗和理想爱国者的构建

西塞罗的演讲、对话和著述为什么对爱国主义的历史有如此大的影响力？部分是因为他代表着长久以来理想治国者的形象——"雄辩家"（*orator doctus*），而这是由他亲自参与创造和宣传的。"雄辩家"这一术语的意义远远不只是其字面翻译的"博学的演说家"。[3]它意味着杰出学者和杰出政治家的完美融合：由于他对历史、法律和人性的深刻洞察，他有资格为他的政治共同体做出正确的决定；由于他在语言上的造诣和修辞技巧，他能够说服政治程序的所有参与者相信他的见解是正确的。[4]这两种技能相结合于"人文"（*humanitas*）这一术语，它很大程度上也是西塞罗创造的。[5]

尽管西塞罗作为一位政治家最终失败了——在公元前44年恺撒遇刺后，他成了屋大维（Octavian）和马克·安东尼（Mark Antony）之间权力斗争的牺牲品，但他在元老院那段格外漫长的职业生涯中积累了大量的政治成就，这使得他作为理想的雄辩家的形象在同时代人和后世的眼中都显得真实可信。

图5　马库斯·图利乌斯·西塞罗，可追溯至罗马共和国时代晚期的一尊胸像，此为奥古斯都时代的大理石复刻版。

他相对低微的出身［他的父亲在小镇阿尔皮努姆（Arpinum）属于骑士阶层（equites）］，使得他在罗马政坛的崛起甚至显得更加引人注目。

他在政治上最大的胜利之一就是在公元前63年发觉并镇压了喀提林（Catiline）推翻罗马政府的阴谋。当时，西塞罗是罗马共和国的执政官，而喀提林是名门显贵之后，曾与他争夺罗马共和国的最高职位。喀提林不愿接受落败的结局，策划了直接针对西塞罗本人及其追随者的、企图暴力夺权的叛乱（ *coup d'état* ）。

西塞罗在元老院第一次针对阴谋者的演讲中展现出的紧迫感，在听讲的公众面前自然显得真诚无欺，但是对于解决这个事件来说更加重要的是：他有能力将针对他本人的攻击描述成针对祖国罗马的攻击。在喀提林出席元老院会议时，西塞罗直接当面发难，其论述从经典的家庭伦理价值开始。他说道："如果你的父母害怕你、憎恨你，而你又无论如何无法安抚他们，我觉得，这时你就应该离开他们，到别的地方去。"

在接下来的语句中，西塞罗援引了一位令人生畏而又坚定不移的女士的慷慨自陈，从而将家庭和祖国进行类比；她，就是祖国罗马的人格化：

> 现在，你的祖国——我们所有人共同的母亲——憎恨你、害怕你，并且认定：长期以来你心里想的只有一件事，就是把你的祖国摧毁。难道你不尊敬她的权威，不服从她的判决，也不害怕她的力量吗？而她，喀提林，是这样向你恳求的，她虽然沉默着，却仿佛在对你说："这许多年来，除了你，没有人犯下罪行；没有你也就没有暴行；只有你杀害过公民，踩躏和掠夺过盟友，但是没有受到惩处，仍然逍遥法外。你不仅不把法律和法庭放在眼里，甚至还颠覆和破坏它们。对于先前那些罪行我本忍无可忍，但我还是尽量忍耐下来。可是现在，正是由于你一个人，我完全陷入恐惧之中，

乃至随便什么东西发出的声音都会让我害怕,喀提林①理当令人害怕,看来任何谋害我的计划都同你的罪恶勾当有关,这让人不能再忍受了。那么,走开吧,把我从这样的恐惧中解救出来吧。这样一来,如果我的害怕合情合理,那我便不会遭到毁灭;如果我的害怕没有道理,那么到头来,我至少也不必再感到害怕。"[6]

家庭与祖国的类比以西塞罗的总结陈词告终:"如果你的祖国对你说出这样的话,就像我刚才所说的那样,即便她不能诉诸武力强制执行,难道她不应当得到她所请求的吗?"这位女士的呼声最终得到听从,但是首先,她得再度提高嗓门,这次,她是向她选定的保护人西塞罗疾呼。当他强调对他而言,祖国母亲比生命更加珍贵之后,祖国母亲便催促他采取行动打击她的敌人。

当西塞罗结束他的演说后,喀提林试图直接反驳,坚持说他是罗马贵族而西塞罗不过是罗马移民而已。但此举毫无效果;喀提林被众人斥为叛徒和公敌,被责令立即离开这座建筑。第二天晚上,他溜出了城。当时在场且随后写出喀提林谋叛记的另一位博学的政治家撒路斯提乌斯(Sallust)表示:西塞罗的演说"精彩绝伦而且有利于国家"。[7]由于西塞罗通过非常薄弱的法律根据施压,要求不经审判便将一位罗马公民定罪

---

① 此处突然将喀提林转为第三人称,可能是西塞罗在演说中从模仿祖国的指控突转为向元老院参议员们陈述。

和放逐，这位执政官的成功显得愈加不凡。

第二天，在所谓"议事会"（contio）上，即主要行政官员向公民们发布公共事务相关信息、说明元老院政策或提出有待批准的新建议的公开集会上，西塞罗向罗马人民发表演讲。西塞罗在第二次演说中再度申明他为国家的利益而献身的决心，但是接下来的讲话却与第一次演说形成了鲜明对比。由于面对的是并不像元老院成员们那么了解喀提林的公民大众，西塞罗试图将喀提林完全描述为国家的公敌。喀提林的政治行动似乎成了某种淫乱、饕餮、贪婪和野心过度膨胀的人格的直接后果，而且这整场冲突被描绘成了一场善与恶的冲突：

> 我们一方是以庄重正派抗击他们那一方的腐化堕落；这是以坚贞不渝对抗放荡错乱；以正直诚实对抗尔虞我诈；以责任对抗罪恶；以坚忍不拔对抗歇斯底里；以荣誉对抗耻辱；以自我约束对抗自我放纵；这是公正、自制、勇敢、慎重以及一切美德，对抗不公、奢侈、怠惰、鲁莽和一切恶习；归根到底，这是丰裕对抗贫瘠、明智对抗昏聩、理性对抗疯狂，而最终是有理有据的信心对抗彻头彻尾的绝望。[8]

对这件事给出如此非黑即白的陈述，对一位元老院贵族如此一味抹黑，西塞罗是怎样在罗马人面前显得真实可信的呢？他的论证是根据这么一种根深蒂固的逻辑：凡有不爱国举动的人，必是一个颠倒错乱的世界的产物，根本不可能有任何积极的性格特点。我们还会在下面看到，西塞罗甚至有一套哲学基础，使他能够拓展自己的论证。

过了一个月，在阴谋被挫败并且许多涉事者遭到囚禁后，西塞罗又在这个场合发表了一次公开演说。这一次，他带着一种舞台表演式的控制感，组织人手更换了一尊破损的朱庇特雕像，以向人民展示"本城守护神"的新面貌，而这位神明似乎也赐福于西塞罗所恢复的罗马秩序。[9]西塞罗宣称，罗马再一次安全了，多亏"永恒的众神对汝等的挚爱，以及我的辛劳、谋划和以身犯险"，并且，他还要求公民们"不必为美德颁奖，不用赐尊荣以徽章，不要为我树碑立传、歌功颂德——除了一件事：你将会永远铭记今天"[10]。西塞罗的第二篇演讲描绘了一个彻头彻尾的叛国者形象，而他的第三篇演说则旨在将身为罗马执政官的自己描画成一个完美的爱国者。演讲任务就在于声称自己化解了这可怕的宪政危机，达成良好结局，厥功至伟，但却不要嘉奖，由此展现出他完成了一个公民的最高职责——"保卫祖国"（defensio patriae）。他的自我推销很快就取得了成功，因为就在此事之后不久，他被元老院赐予了"祖国之父"（pater patriae）的罕见殊荣——这个头衔暗示了男性家长的角色。

不再担任执政官之后，尽管西塞罗曾被流放一段时间，他依然保持着相当大的公共影响力，某种程度上是因为编辑和发表他成功的演说稿，以及其他关于政治和哲学问题的著述和对话录。这些作品提升了他作为博学的治国者和伟大的爱国者的声望,直到公元前43年去世,他仍是元老院中最有权势的人物之一。在被马克·安东尼的随从派出的追杀者杀死前不久,西塞罗甚至宣称,马克·安东尼早前有机会却不敢杀死他,因为他有爱国者的光环:"人们对祖国的热爱如此伟大,以致哪怕在你的军团眼中我都神圣起来,因为他们会回忆起:我曾拯救过祖国。"[11]

在其文学作品中,西塞罗将自己的爱国辞令拓展成一种政治哲学的萌芽,它的基础部分源自希腊文献。西塞罗的作品不仅面向罗马城的市民,而且面向所有的罗马公民——无论是居住于首都还是外省城镇的少数拥有特权的自由男性。

在他的对话录《论法律》(*On the Laws / De legibus*)中,西塞罗赋予了每个像他这样并非出生和成长于罗马城之中的人两个不同的祖国。第一个是"自然祖国"(*patria naturae*)或"自在祖国"(*patria propria*),是他出生并成长的地方。"这里就是我们祖上最古老的源头,"对于家乡阿尔皮努姆,西塞罗这样说道,"这就是我们家庭的仪式和我们的家庭,这里有我们祖先的许多痕迹。"第二个是他的"公民祖国"(*patria civitatis*)或"共同的祖国"(*patria communis*),指法律所规定的共同祖国,包括整个罗马共和国的全部领土,并且属于"全体公民整体"(the entire citizen body)。两个祖国都值得热爱,但是,自在祖国与对父母的爱和田园牧歌式的愉快童年回忆息息相关，而共同的祖国则要求至高的责任感和献身精神，她是这样一个政治体，"为了她，我们有义务舍生忘死；为了她，我们应当全心全意，并且将我们的一切置于其中，几乎为其奉献所有"[12]。

西塞罗对两个祖国的区别迅速成为罗马政治文化不可或缺的一部分，在随后若干世纪罗马帝国的迅速扩张过程中依然是其核心所在。它被证明是一种稳定新获得土地或被征服地区的有效工具，因为它并未剥夺当地精英阶层传统的忠诚和情感，同时又毫无疑问地承认他们是崭新的罗马公民，他们必须无条件地接受共同祖国的至高地位，并且据此转变他们的态度。

至于在现代历史上的影响，西塞罗对"自然祖国"这个术语的使用，被当作后来所谓"地方性爱国主义"（local patriotism）的一个模板，并且，也许更重要的是，他所说的所有人对"共同的祖国"的普遍从属关系，为民族主义（以及学术界的）关于忠诚等级制的老生常谈提供了核心主题，而其中民族占据了制高点。在《论法律》的段落中，西塞罗将两个祖国描述为彼此并行不悖的集合体，并无矛盾冲突；然而，在他的专著《论义务》（*On Duties / De officiis*）中，他却强调了公民在处理他的各种从属关系时可能面对的潜在冲突。有趣的是，在这段以问答对话形式呈现的论述中，他将自然祖国换成了家庭：

> 在履行各种义务时,难道对祖国的义务不处于优先地位吗?是
> 的,确实;但孝敬父母有利于祖国的福祉。如果父亲企图篡夺大权
> 或背叛祖国呢?儿子应该保持沉默吗?是的,但是,他要恳求父亲
> 不要这么做。如果这也徒劳无功,他要诚恳地责备他,甚至威胁
> 他;然而,最终,如果存在极大地危害祖国的危险,他就要将祖国
> 的安危置于父亲的安危之上。[13]

没有什么比要求人们为了国家安危而大义灭亲更能突显爱国主义的无情伟力了。多少世纪以来,博学广识的人们对这个观念十分着迷,并且窝在书房中沉溺于为了热爱祖国而杀死自己全家的白日梦。本章开头所引用的佛罗伦萨人文主义者科卢乔·萨卢塔蒂(1331—1406)在文字上的血性狂热,并非孤立的个案,而萨卢塔蒂是中世纪晚期历史中重拾古罗马雄辩家理想的先驱之一,这绝非巧合,他也是佛罗伦萨共和国(the Republic of Florence)的执政长官(Chancellor)以及杰出的学者,他的功绩还包括发现了散佚的西塞罗信札。

4.2 禁欲主义之爱

然而,萨卢塔蒂采用毫无意义的杀戮狂欢来表达他的爱国狂热,却曲解了西塞罗和其他罗马学者所表达的经典爱国(amor patriae)理想。对于他们,尽管对"共同的祖国"的忠

心耿耿必须是不可妥协的、无限的，但这也不应是一种盲目的激情。它不是不受控制的疯狂之爱（amour fou），而是在责任感和理性的深思熟虑指导下的献身精神。如果祖国被拟人化为一位女性，她几乎从未以一位令人爱慕的少女形象出现；其标准形象是一位高贵却又脆弱的年长女士，一种母亲式的形象，她需要被保护，而不是被占有。第一次喀提林阴谋时的西塞罗的祖国——罗马（patria Roma），提供了一个基本范例，古代末期的诗人们，比如克劳狄安（Claudian）和普鲁登修斯（Prudentius），得以据此将拟人形象更加具体化。[14] 赋予祖国一个尊贵的女性身份，是另外一种微妙的、巩固爱国主义的家长制原则的方式。

总之，在爱国主义观念的共鸣中，几乎没有任何情色成分；正好相反，它完全是关于自我控制和自我约束的。对祖国的爱，本意在于一种禁欲苦修主义（asceticism）的做法，就像西塞罗的作品也曾指出的那样。他所谓"爱国"伴随着两种强调利他性的美德，献身（pietas）和仁慈（caritas）；[15] 因此，爱国之情应当表现在效劳（officium）和关爱（cultus）的行为上。[16] 后文中我们将会看到，同样的词汇后来被用于编纂基督教的美德目录，鼓励信徒用宗教信念取代个人利益。

西塞罗心目中的理想公民反对一切种类的情欲和享乐。在《论义务》中，他论述道："将享乐与道德正气相结合"简直就是"将人与禽兽相匹配"。[17] 这种观念受到斯多葛学派哲学思想的启发，也是对盛行一时的伊壁鸠鲁主义①教条的犀利反驳的一部分。伊壁鸠鲁主义推崇一种有着朴实乐趣的平静生活，从而避免卷入政治。对于西塞罗而言，将生活如此私人化，简直近似于叛国，而他对喀提林的如上描绘，的确堪称一副堕落的享乐主义者的漫画像，此人沦为了自己欲望的牺牲品，最后到了试图为一己私利而奴役祖国的地步。

将爱国之情描绘为自愿牺牲自我，这个定义从两个方面来说至关重要：它使得爱国人士在道德优越感方面卓尔不群，并且创造了自我牺牲所需要的精神状态。对物质需求和享乐的一概否定，为实质上的超脱铺平了道路，似乎与为公益而自杀也不过一步之遥。

至此，尽管亚里士多德展现了为高贵英雄主义行为而死的爱国意愿，但西塞罗走得更远。在《论共和国》(*On the Commonwealth / De re publica*) 末尾、著名的《西庇阿之梦》(*Dream of Scipio / Somnium Scipionis*) 中，西塞罗宣称：对于"凡是曾经维护、保卫过祖国，并且帮助祖国发展壮大"的人，死亡不仅能够使他们"逃脱肉体的牢笼"，而且让他们"在天堂中占有一席之地，从而永享幸福"。[18] 如此一来，西塞罗将爱国主义发展成了一种政治性宗教信仰。因此，像走后门一样，西塞罗寄望于生活清苦的爱国者死后必得善报。

---

① Epicureanism，即享乐主义。

爱国者履行保卫祖国（defensio patriae）的责任、必要时视死如归（pro patria mori）的最初的舞台，是战场。然而，由于公元前2世纪和前1世纪时领土的扩张和军事威胁的减少，政坛斗争愈演愈烈。西塞罗，这么一位早年就已经放弃军旅生涯的非军界人士，投入了大量精力和辞令以便将政治家的工作抬升到与军人的功勋并驾齐驱的地位，同时尽管并未想要却还是进一步获得了共和国时代晚期频繁的政治动荡的支撑，此时，元老院的地板变得几乎与战地一样危机四伏。

然而，除了这两个履行爱国责任的平台，还有第三个，它基于另一种义务——"赞颂祖国"（laus patriae），并且通过演说和文学作品传播开来，而其理想的表演者是博学的演说家、诗人、哲学家或历史学家。对于西塞罗，最伟大的博学者们"尽管没有亲自治理国家，却值得我们崇敬，因为通过他们的调查研究和写作，他们行使了某种行政官的职能"[19]。他的政治对手撒路斯提乌斯，还有后来的罗马历史学家们不厌其烦地一再强调：那些通过书面记载纪念英雄壮举的人，确保了类似的壮举将来还会发生。[20]于是，他们把政治学者视为爱国美德的宗师，而政治写作则是为国谋福的积极贡献。这就是早在罗马共和国时代晚期的学者们使自己成为爱国事业的关键角色的方式。

4.3 政治因爱国而扭曲畸变

爱国主义，这个由共和国时代晚期的罗马人在希腊文化基础上构建起来的概念，是一个由大相径庭的理念交织而成的复杂合成物，旨在为了几乎任何政治目而动员和规训这个国家的所有成员。我们不知道它具体到底多么管用，但有大量证据表明，使用它的人强烈相信它的速效性；我们甚至还有更多证据显示，其长期效果超乎他们的预期。

然而，无论当时还是后来，爱国修辞的力量都经历了极大的扭曲畸变。首先，爱国主义言论的主调那时（而且现在仍然）是防守，这是基于一个自由人为他的家园和家人遮风挡雨的观念；爱国者被描绘为女性和孩子的护卫者、贫困弱小者的保护人——为正义而战的斗士。爱国辞令并不宣传咄咄逼人的侵略和领土扩张，这一事实为爱国主义至今为止的积极形象做出了极为重要的贡献，也产生了令人困惑的结果：即便最不折不扣的民族主义者也只将自己说成是爱国者。

不过，广泛存在的"爱国主义是邪恶民族主义的善良对应项"的假设实在根基不稳。大多数爱国主义的支持者视而不见的事实是：有鉴于其模糊性，爱国主义言论在历史中一直助长鼓动政治扩张和侵略的宣传。通过将自己伪装成保家卫国的爱国者，罗马人征服了整个地中海以及西欧的大部分地区，此外，一个最晚近的例子就是美国和英国对伊拉克的入侵。

的确，爱国主义修辞是帝国主义政策的绝佳补充，因为它有助于遮掩他们在法律和道德上的含混之处。根据它的逻辑，一个国家自身的侵略行为仿佛成了自卫，而别的国家的自卫仿佛成了侵略，这样一来，爱国者左右逢源、不可能出错。这般扭曲畸变可能有助于动员、约束公民和臣民以达到政治和军事目的，但是模糊了对自我和他人的感知与评估，这可能是有害的，通常是在向政治灾难大步迈进。

爱国主义言论所引发的第二种更加盛行的扭曲畸变，是将政治权力描绘成公共服务，而将掌权者描绘为公仆。为成为合格的爱国者，统治者或官员必须展现出自己从未为一己之私谋求权势、只是为了大众公益服务的模样；他执政的方式必须看似是在为人民牺牲。存在这种限制的原因是："赢得个人权力和影响力作为投身政治的动机，在道德上并无不可"这一想法被全盘否认。结果，政治被看成了极大程度上一分为二的事务，成了正邪两股势力斗法的场所，对阵的双方分别是：自私自利的野心家，比如喀提林；大公无私的谦卑公仆，比如西塞罗。

再一次，依然是西塞罗生动地展现了这种态度在宣传鼓动上的有效性以及实际操作上的矛盾性。在《论义务》中，他宣称：一位足以担任政府要职的可敬公民"会将自己的一切奉献给国家，既不追求财富也不追求权力；他会这样看顾整个国家以便顾及所有公民的福利"，他宁愿直面死亡也不愿放弃他的原则。他在总结时还说道，"通过竞选活动和你争我夺决定官职归属，必然是一种最可鄙的习惯"。西塞罗颇需要一点自我否定的精神才能说出这样的观点。他本人年轻时，也曾为竞选拉票和争夺职位而花费了大量的时间和精力，而且，在规则允许的最年轻的时候历任的"一系列高官显职"（cursus honorum）一直是他巨大自豪感的来源。然而，为了将自己塑造成一副爱国者的模样，他不得不对自己的私人目标以及为达成目标而采用的手段遮遮掩掩。

大公无私的爱国主义法则造成的结构性功能失调，甚至比对个人两面三刀、虚伪矫饰的限制严重得多。如果政策制定者之间的分歧导致各自受卑劣动机驱动而互相指控不爱国的风险，那么政治决策可能严重受阻；而如果对手之间必须互相抹黑，那么政府职位的争夺过程就会极为艰险。诚然，在精英阶层因强大的共同利益而团结一致且职位的竞争受到资格制约的稳定寡头政体中，极大地源自斯多葛派哲学思想的爱国主义的道德僵化几乎没多少害处；在像罗马帝国的许多皇帝那样、统治者没有内部劲敌且不容置疑地享有"祖国之父"的声望的独裁政体中，它的危害甚至更加微小。然而，同样的道德僵化，会使像罗马共和国晚期那样动荡的寡头政体更加不稳，并且对于多元化宪政的运作，比如现代多党民主政体，它的功能障碍甚至更为严重。故而，爱国言论和现代民主国家之间的关系，远远比当代多数政治家和许多政治学家及政治思想史学家所愿意承认的，更加剑拔弩张。

4.4 爱国主义从共和制向元首制的顺利转变

西塞罗拼命维持的政治秩序随着他的离世一起逝去了，但是他的爱国主义修辞显然能够适应环境的变化。元首制一建立，爱国主义宣传就得以再度为维持现行政体、反对任何变革的尝试的保守目标服务。西塞罗死后40年，也就是公元前2年，奥古斯都被元老院授予了"祖国之父"的头衔，从那时起，这个荣衔专门保留给了被认为出色地为国效力的皇帝们。

爱国主义向崭新政治制度的过渡，得益于这样的事实：共和国时代的大多数政治机制和职位都被保留了下来，尽管其许多权力和职能都不在了；因此，一位罗马公民依然能够至少象征性地参与政治程序并相信自己有作为公民为国献身的义务。在皇帝哈德良（Emperor Hadrian，76—138）统治时期，一位罗马法学家重申：为了祖国，父子之间也可大义灭亲、自相残杀，而他的主张后来成为查士丁尼（Emperor Justinian，约482—565）命令编纂的罗马法大全中的诸多爱国原则之一。[21]

甚至连生活在罗马帝国鼎盛时期的、放诞无礼的讽刺作家——琉善（Lucian，约120—180），在想到祖国时，也收敛起他的戏谑。他的《祖国颂》（*Encomium of Fatherland* / Πατρίδος Ἐγκώμιον）是一篇诚挚甚至堪称庄严的作品，默念着爱国主义精神的力量，重申着每一点可能的老生常谈，从慈母般无与伦比的柔情到祖国的道德权威。综观他的所有讽刺作品，正统爱国者只是被罕见和随意地调笑了一下，就像在他为一位同时代的愤世嫉俗者所写的传记《德谟那克斯生平》（*Life of Demonax / Δημώνακτος Βίος*）中，他写道："一旦要洗澡，他就犹豫着要不要下水，因为水烧得滚烫，而当有人笑话他胆小懦弱，他就反问：'告诉我，难道是祖国在期待着我尽责吗？'"[22]

这类言论对于法律典籍的编纂者显然不是非常有用，而西塞罗关于斯多葛式良知的训诫就大不相同了，尽管他的训诫原本目的在于维持共和制，但在帝国时期它们扶摇直上，成了法典化的爱国主义官方立场。古代晚期的罗马法与爱国主义伦理的元素发生了共鸣。例如，《查士丁尼法学阶梯》（*the Institutes of Justinian*，或译为《法学总论》）就记载了"为国（*res publica*）而战的人被认为彪炳千古、永垂不朽"[23]，而《学说汇纂》（*the Digest*）则吸收了西塞罗对"共同的祖国"和"自在祖国"的区分——以便将其运用在关于流放和驱逐的法律中。[24]许多可追溯到共和国时代晚期的爱国主义原则在罗马帝国统治下获得了法律的地位，其中一些发生了重大的改变，这一事实清晰地表明：爱国主义和共和体制之间的联系，比通常设想的弱得多。

4.5 中世纪：尘世天堂去又回

由于古代晚期两个彼此重叠的进程——基督教化和西罗马帝国的逐渐分崩离析，爱国主义言论经历了益发深刻的转变。几个世纪以来，西罗马帝国崩溃后的政治秩序保持着小国林立的状态，其中许多国家的存在极不稳定，而且，除了意大利的某些城邦社会，大多数国家有着建立在封建领主和封臣之间忠诚等级制基础上的封建结构。在这幅中世纪早期的政治图景中，罗马的爱国主义核心观念几乎没有适用之处。贵族的政治牺牲被看作出于对其领主忠心的个人行为，而不是因爱国精神而采取的公义之举。[25] 东罗马帝国编纂的罗马法大全，在西方却很快就被废弃不用，而且到 7 世纪时就几乎全被遗忘了。同时，西塞罗的《论义务》依然是贯穿中世纪的最有影响和被传抄最多的经典文献之一，部分是借助教父们的重塑和传播；然而，其斯多葛派的要旨没有被用于指导统治者和政治生活，而是指向了神职人员和修道院文化。

如果罗马式爱国主义的要素依然被用于中世纪早期的政坛，它们通常源自"自在祖国"的概念，即家乡故土，此时可以用来指家庭以及封建纽带，但是不再与更加庞大的、要求更多的、政治上的"共同的祖国"相联系。[26] 诗人和学者们继续使用"祖国"（patria）这个词，仿效着古代范例，比如维吉尔（Vergil）的《埃涅阿斯纪》（Aeneid, IV 660ff.）或贺拉斯的名句"为祖国而死是幸福和光荣的"（dulce et decorum est pro patria mori）；[27]不过，他们几乎从未提到他们所处的政治体制。总体而言，在中世纪早期，由于政治结构发生了深刻的变化，无法与之调和的经典爱国主义思想迅速遭到废弃。

那么，爱国主义是怎样经受住几个世纪的冷落的？它是否就这样消失于台面之上、深埋于土层之下，以待有朝一日重新绽放？并不完全是这样。共同祖国的措辞，原本意指首都罗马，历经考验，修辞上几乎未变，然而语义上却完全变了。新的"共同的祖国"，就是这个转化的结果，它与旧版本截然相反，而此时西罗马帝国仍然存在。

教父奥古斯丁（Augustine of Hippo，354—430）反问道："试问一个垂死之人，若政府不强迫他做不虔敬、不公义之事，由谁来统治又有什么关系？"[①]为了完全废除古代的爱国主义文化，奥古斯丁论述道：罗马公民热爱他们的"祖国故土是为了人类的荣耀"，即便他们不惜杀死自己的儿子来拯救和祭拜她，他们依然是"现世的热爱者"，脑子里想着的是肉体出生的那个错误的祖国。[28]真正的祖国，是作为上帝之城的圣城、神圣的耶路撒冷的"永恒祖国"（patria aeterna），其公民对所有卷入世俗事务中的人都心怀敌意。在写于公元5世纪早期

[①] 完整原句为："如果考虑到人生是多么短暂，对一个再过几天就要死去的人来说，如果统治者不强迫他反对上帝和做坏事，那么由谁来统治又有什么关系呢？"见［古罗马］奥古斯丁《上帝之城》（上册），王晓朝译，北京：人民出版社，2018年，第186页。

的、极具影响力的著作《上帝之城》(De Civitate Dei)第五卷中，奥古斯丁通过将祖国重建于天堂之中，把"共同的祖国"的政治意义改得天翻地覆。因此，就像恩斯特·康托洛维茨（Ernst Kantorowicz）在他的经典著作《国王的两个身体》（The King's Two Bodies）中所写："蒙福者和圣人们的共同体，是灵魂渴望加入的、天上的祖国（heavenly fatherland）的公民的集合。"[29]

为了表示对尘世的放逐的蔑视，奥古斯丁强调：天堂中的祖国不会强迫任何人做出罗马式的牺牲，因为是上帝"对原罪的宽恕，才将公民们聚集在天上的祖国"。[30]然而，在这一点上，他的影响力依然有限。中世纪的政治神学走向了另一个方向，在经历了几个重大转折之后，导致了人们重新走向经典爱国主义，尽管条件大不相同。在西方君主政体漫长且常常十分关键的巩固时期，决定性的步骤，从12世纪起步。首先，"祖国"（patria）这个术语重新获得了独特的政治意义，意指一位君主所拥有的全部领土——或者至少是其号称因世袭继承而拥有的领土；这一发展的早期范例，可见于蒙茅茨的乔福瑞（Geoffrey of Monmouth）写于1136年左右的《不列颠诸王纪》（History of the Kings of Britain / Historia Regum Britanniae），在这里，在亚瑟王（King Arthur）统治下的祖国，被定位为"全岛的君主国"。[31]对法国和西西里诸王国的类似描述也效仿此例。

第二项发展甚至更加意义深远。它开始得更早，并且自从7世纪和8世纪就颇具重要意义了。这与伊斯兰教远至西班牙的迅速扩张以及当时罗马教廷将北欧基督教化的努力有关。858年到867年间在位的教皇尼古拉一世（Nicholas I）颁布了一道敕令：任何为永恒的祖国而与异端作战、捍卫信仰的士兵，都将成为天堂的居民。[32]这种观念呼应了西塞罗在《西庇阿之梦》中所写到的经典爱国主义的宗教承诺，并且推翻了奥古斯丁将基督教和罗马祖国截然分开的做法。只有从11世纪下半叶开始、在几次十字军东征时，这种观念的全部可能性才被充分利用，不过再一次发生了重大变化。尽管"祖国"依然被认为是十字军成员希望借其殉道之举得以进入的天堂国度，现在"罪孽被宽恕"却成了"保卫"一片世俗领土的奖赏，虽然这片领土——也就是圣地（the Holy Land），具有神圣性。因此，十字军展示的使命召唤，终究一如"保卫祖国"（defensio patriae）的传统军事义务，其动机和回报依然是宗教性的。由此看来，这只是使天堂祖国再度降临的一小步，并且这次有多个版本。

4.6 层出不穷的新以色列和新罗马

缺失的联系在十字军的大后方出现了，在那里，罗马教廷为了"保卫圣地"（pro defensione Terrae Sanctae）而提高了税收。在13世纪,许多十字军被挑唆卷入了远在耶路撒冷几千英里之外的冲突,并且为了相当世俗又污浊的理由而大打出手。从这一点上看,这只是世俗权力者"为了保护这个王国"(*pro defensione regni*)迈向征收税赋的一小步。如果这个王国已经被打上了"祖国"的标签,就像英格兰、法国和西西里这样,那么向国王缴纳税金就迅速成了一种保家卫国的爱国行为。2008年,美国副总统乔·拜登(Joe Biden)在巴拉克·奥巴马(Barack Obama)的竞选活动中,为向富人增税进行辩解时,可能并不知道他正在仰赖着一种古老的传统——这是"展现爱国情操的时候"了——从而令"财政上偏保守"的共和党人大为惊骇。

尽管这种真金白银的爱国主义可能貌似粗俗,但至少在中世纪,它承载了古典时代所未知的神圣意义。早在13世纪中期,法国"为了保卫祖国"(*pro defensione patriae*)而提高税收时,也曾竭力将圣地的全部宗教分量转移到法兰西王国身上。法国以"上帝赐福的王国"(*regnum benedictum a Deo*)的面貌出现,或者干脆说成"对上帝而言神圣的法兰西"(*Francia Deo sacra*),并且,通过将它描述为"国家的奥秘之体"(*corpus rei publicae mysticum*),将其比作基督(以及教会本身)的奥秘之体。法国国王之于其"祖国",就像上帝之于天堂故土,法国人民被赋予了新一代上帝"选民"的身份。[33]这种对世俗祖国的神圣化,被证明不仅有助于对王国内的平信徒和教士征收新的赋税，而且有助于向士兵们许诺：爱国殉身将会获得永恒的报偿。1300年之后，那些为国王及其王国而死的士兵们，用当时的一位传道者的话来说，有望"被上帝赐予殉道者的冠冕"，而法国的敌人则被说成是在挑衅万王之王耶稣、圣地和天主教教义。[34]

这样的爱国宣传，在现代人听来，可能太过激进，但是我们需要记住：这是为几乎没有体制性权力的政治体制打造的。中世纪时的法国国王或欧洲任何一位君主，都没有可用的政治工具去通过行政管理实施其主张；因此，增加税赋是一回事，而收缴税赋又是另一回事，同样的道理也适用于军事行动。从现实观点出发，中世纪的政治宣传必须倾向"中央集权"，以便弥补政治管理制度的缺陷，并且有迹象表明，它至少达到了一些预期的目的。在法国，爱国主义宣传的突破口发生在"英法百年战争"（the Hundred Years' War，1337—1453）时期，当时法国国王一再陷入危急，他们几乎别无选择，只能呼吁"保卫祖国"。"法兰西母亲"（Mère France）在法国的政治文化[35]中登场，而在法国人一溃千里的阿金库尔战役（Agincourt，1415）和韦尔纳伊战役（Verneuil，1424）中，法国国王亲近的贵族们要么为了法兰西祖国舍生忘死，要么就是在事后营造出对爱国烈士的狂热崇拜。[36]

在中世纪，将尘世中神圣祖国的概念与僭称"新以色列国"的自我标榜结合起来，绝非法国人的专利。在讲捷克语的波西米亚（Bohemia）地区，胡斯战争①之前和战争期间，这两个概念紧密地结合起来，却又有着显著的区别，即作为上帝选民的集体自我概念，此时在神学上却又基于另一场基督教运动，而波西米亚则在语言上被界定为所有以捷克语作为母语的人的唯一祖国（vlast / patria）。[37]

至于如何仪式性地展现结合了宗教上"上帝选民"观念的爱国主义的自我牺牲精神，瑞士士兵们在屠戮敌军时倒是在这方面显示出创造性。在进入战斗之前，他们集体跪地祈祷，他们的胳膊伸展开来"呈十字架状"（in modum crucis）。这般宗教行为极为不同寻常，常使他们被怀疑为异端，部分是因为它没有区分神职人员和世俗人士，另一部分是因为它招摇过市地以"新以色列"自命，由流行歌谣和关于过去胜仗的传奇故事传扬开来。尽管如此，这种宗教行为在1479年获得了教皇的承认，当巴塞尔城（Basle）在1501年加入瑞士联邦时，其首批官方举措之一就是请求天主教教廷允许他们用同样的方式祈祷，甚至特别优容，就像瑞士其他各州过去曾被允许的那样。[38]

---

① Hussite Wars，1420—1434年。约翰·胡斯（John Huss，1369—1415），亦作"扬·胡斯"（Jan Hus），捷克神学家、宗教改革家和爱国志士，因反对天主教会和外族压迫、主张宗教改革，在受邀参加1414年的康斯坦茨宗教会议时遭逮捕，随后被判为"异端"，并被处死。胡斯的死激起了捷克民众的愤怒，几年后爆发了这场带有宗教色彩、促进民族独立的农民战争。

爱国主义言论从尘世到天堂再折返尘世的中世纪之旅，不仅带来了若干"新以色列"，而且还有层出不穷的"新罗马"。1070年左右，当第一次十字军东征开始成型时，早已被遗忘的《学说汇纂》的一份手抄本在意大利被发现；几十年后，罗马法成为新近建立的博洛尼亚大学研究和教学的内容，从此，它迅速扩张到阿尔卑斯山以北和以西的各个学术机构、主教教区和王宫朝廷之中。在随后的几个世纪中，罗马法的重现和重新制度化成为欧洲君主国作为民族自治政体的最关键的法律基础，无论是对于内部势力还是外部势力。

欧洲诸王国向法律上独立和平等的地位迈进，这得益于中世纪晚期两股传统的普世势力（神圣罗马帝国和罗马教廷）史无前例而又旷日持久的衰弱。1250年之后，帝国经历了长达20年的名副其实（同时也是比喻义上）的群龙无首，随后又有70年时间落入一系列软弱的统治者之手；而另一方面，教廷在1309年被迁往阿维尼翁（Avignon），受法国的摆布长达将近70年，直到1378年至1417年的西方天主教会大分裂[①]结束为止。

[①] Great Western Schism，教皇格里高利十一世将教廷从法国阿维尼翁迁回罗马之后不久便去世了，法国和罗马分别各自选出一位教皇。他们都自称正统、各结外援、彼此攻讦并互相开除教籍。有权选举教皇的枢机主教团为结束纷争在比萨开会，又选出了一位教皇。结果，竟造成了三位教皇争夺宝座的情况。直到在康斯坦茨会议上选出各方都接受的教皇马丁五世方才结束这次分裂。参见本书5.2和7.2章节。

4.7 法学家：国王的爱国公民

即便如此，要将曾适用于单一帝国的罗马法转变成适用于多元化的各王国的法律，还需要做大量的重述工作。完成这项转化的人们迅速形成了一个崭新的学术专家群体，与传统的学术精英（神学家）迥然相异。尽管法学家们也是教士，并且常常在结束大学学习之后在教会内升任显职，他们却常常不是像神学家们那样作为"思想精英"（spiritual elite），以倡导更高真理和净化罪孽的灵魂、引导人们获得救赎作为主业。相反，他们是"职能精英"（functional elite），负责为（无论是世俗的还是教会的）政权当局提供特殊的统治工具，并且，在对这些工具的运用中将自己置于不可取代的地位。这种新型学术角色要求对政治程序有深入研究，最好直接作为顾问或法官参与统治实践，于是，法学家们创造了自己的新角色，在几代人的时间之内就发现了通往欧洲权力中心的途径。这些法律专家使经典爱国主义理论适应了中世纪晚期的环境变化，他们常常为彼此过从甚密的特定政治权威当局捉刀代笔。16世纪，在文艺复兴时期人文主义思潮的影响下，他们甚至开始将他们担任的顾问和官僚角色与西塞罗和其他罗马学者所引领并拥护的积极政治生活（vita activa）相提并论。[39]

罗马法的专家们在中世纪的司法管辖领域内迅速形成了一个独特的群体，称为"法学家"（legists）。他们与精通教会法的"教会法学家"（canonists）截然不同。为了确保他们的国王们独立于教皇和皇帝，他们把中世纪之前、古代晚期的帝国至高权力扩增为多个，并且将它们分配给不同的君王。伴随着"国王是其王国内的皇帝"（*rex est imperator in regno suo*）和"君王至高无上"（*rex superiorem non recognoscet*）这两个规则，他们将君主国界定为相对于外国统治者而言拥有自决权的领土，而君主是统治其臣民的唯一掌权者。然而，这种安排却并未得到各国主权者的互相认同。领土有限的帝国的多元化，被法学家和统治者们视为权宜之计，因为，正如一位法学家宣称的那样，"今日的帝国已经四分五裂"；[40]即便在普世权威衰落几个世纪之后，建立政治上统一的基督教王国的理想，在西欧所有地区都依然强烈，尽管条件是它们自己的王国获得统治世界的大权。因此，许多君主只要一有机会就渴望从政治自治走向一统天下，尽管坚称自己拥有刚刚树立起来的君主权威，却为了帝国主义梦想而轻易无视他国君王的同样的权利。[41]这加剧了势均力敌的帝国主义王国的多极化僵局，我在前文中已经指出，这是民族主义出现的一个关键前提（参见3.3）。

正如各种版本的箴言名句所展现的，对罗马法的操控常常与爱国主义修辞相关，比如"国王是其祖国境内的皇帝"。[42]为了将君主国定位为有古罗马那般分量的"共同的祖国"，法学家们必须突破若干障碍。首先，这个术语依然与罗马城相关，而这个概念此时基本上以教皇（其次是皇帝）为代表，而且至少对一些法学家而言，似乎不可能将两者分开。在1260—1280年间担任奥尔良大学法学教授、同时也是法国国王的支持者的雅克·德·莱维尼（Jacques de Révigny），建议将共同祖国的头衔留给罗马，但是将忠诚等级制度的层级顺序倒置；当回答与罗马开战时将听命于哪个祖国的问题时，他说道："你应当偏爱自己的祖国胜过共同的祖国。"[43] 从长远来看，莱维尼的建议只是过渡性的中间步骤。时至1300年，英格兰、法兰西、西班牙和西西里全都被打上了"共同的祖国"的标签，于是，在这些祖国之内主张拥有皇帝地位的各位国王得以享有完全的"祖国之父"的法律地位。

古典的共同祖国概念是由一座城市而非一片领土构成——这一事实，引发了另一个困难：保有"共同的祖国"名号的，是罗马，而非帝国。在这里，法学家们采取了两步走的策略来解决。他们首先将这个头衔给了各王国的首都，比如，将巴黎称为"法国的罗马"，而王国的其他地区便成了不同的"自在祖国"；然后以此为出发点，他们将其扩大到了整个王国，准予王国内王室的所有臣民作为"公民"象征性地参与共同祖国的事务。

当然，这种向君主政体的集体整合，并非毫无代价，因为它牵涉到将爱国义务强加给王室的所有臣民。第三个障碍就源于此。爱国主义言论，传统上强调同心同德，挑战了中世纪的封建主义文化以及中世纪社会的三级分化：布道者

(*oratores*，祈祷和讲授教义的神职人员）、战斗者（*bellatores*，负责保卫和战斗的贵族们）以及劳动者（*laboratores*，负责耕作和供养的农民以及从事手工业和贸易的市民）。因此，法学家们必须解决义务之间冲突的若干问题，而那些声张王权的人却发现法律偏向对共同祖国的爱国义务。约翰奈斯·条顿尼克斯（Johannes Teutonicus，卒于1245年）和奥多弗莱德斯（Odofredus，卒于1265年）是颇具影响的罗马法评注专家，两人都宣称"保卫祖国"的责任高于封臣对封建领主的义务，而且巴尔都斯·德·乌巴蒂斯（Baldus de Ubaldis，1327—1400）这位14世纪最杰出的法学权威论述道：一位士兵为国杀敌，就是完成了一项神圣的工作，因为他是出于"公共的仁爱"（*publica caritas*）——这个词凌驾在封臣对领主效忠（*pro fide*）而做出的个人牺牲之上。[44] 法律权威从由贵族做中间人变为直接由国王掌握，与忠于王室的爱国主义的崛起息息相关，也反映在13世纪学术上的正义战争理论上：宣战和进行战争的权威是君主们的特权，保卫祖国被明确当作可接受的"开战理由"（*casus belli*）。[45]

4.8 帝国和教廷的降格

身为第二等级的贵族，不是以祖国名义进行的王室立法的唯一标靶。至少在法国，更加激烈的是王权与第一等级（教士阶层）的冲突。1300年前后，为了向英格兰和佛兰德斯进军而筹措资金，法王腓力四世（King Philip IV，1268—1314）以满足国库之需、保卫祖国的名义，反复试图对其王国内的教士阶层征税。他还敦促法国的主教们顶住教皇卜尼法斯八世（Boniface VIII）的激烈抗议，支持自己的主张。国王和教皇之间的这场冲突升格成了旷日持久的外交斗争，为此，腓力和他的首相兼法律顾问诺加雷特的威勒汉姆（Wilhelm of Nogaret，卒于1313年）付出了被革除教籍的代价，而那位教皇则因此丧命。他去世后不久，教廷就成了这位法国国王的"巴比伦之囚"，被"拘禁"于阿维尼翁。于是，天主教会成了中世纪第一个体会到爱国主义宣传可不仅仅是几句空谈的机构。

　　帝国也一样，在忠于王室的爱国主义精神崛起和欧洲君主国的法律转型过程中，绝非毫发无伤。在教廷被迁往阿维尼翁后，罗马皇帝们发现自己身处窘境，他们凌驾于其他世俗权力之上的法律先例，正面临历任法国国王和法籍教皇们的两面夹击。更有甚者，他们基于"权力转移"（参见3.3）而在传统上对普世至高地位的坚持，如今遭到欧洲所有国王的挑战，这些人被手下的法律人称为其王国内的皇帝。

　　更糟糕的是，德意志各王朝君主在中世纪晚期轮番登上帝位，却都迅速在两个至关重要的领域被西方各君主国甩在了身后：他们无法掌控帝国模糊边界之内的各片领土，因此，他们的权力基础被限制在其家族领地之内，同时，他们周围没有能够聚集起一批博学的法学家,这些人本可以帮助他们继续掌权。在14世纪中叶,法国国王和教皇身边各有数以百计的法学家可供差遣,其中大多数是精通罗马法的法学家,而皇帝御前却只有几位法律学者围绕,大多还是教会法专家。因此,如果皇帝真的收到法律建议,那些建议也常常是来自高级神职人员,比如教会中的权贵,他们是帝国内首先雇用受过法学训练的顾问的人——甚至他们本身在爬上教会高位之前就曾研习过罗马法。但是,面临维护皇帝、抵御外来挑战的问题时,他们当然自行其是。

身处这般微妙的境地,坐在帝位上的人能做些什么呢?为了避免被孤立,他们不能只拘泥于旧式的神学历史证据来证明他们一统天下的权利。相反地,他们必须适应这场新的法律游戏,与主要对手身边的教会法学家和罗马法专家斗法。面对教皇和对皇帝宝座虎视眈眈的各国君王,为了扭转乾坤所做出的最重要的努力,来自皇帝路易四世(Emperor Louis IV, 1282—1347)。他在1314年被德意志选帝侯们选为"罗马人的国王"(rex Romanorum),但是教皇却拒绝让他登上皇帝宝座,后来教皇英诺森二十二世(Innocent XXII)①甚至还革除了他的教籍——这位教皇是个受过法律训练的法国人,身在阿维尼翁,在法国国王授意下、力图维护教皇凌驾于皇帝的权威。教皇的法学立

---

① 原文笔误,应为教皇约翰二十二世(John XXII)。

场不仅是对皇帝本人的蔑视，而且也冒犯了诸位选帝侯，促使他们在德意志罕见地（多少算是）齐心合力地采取了行动。

从1338年起，两项努力齐头并进。路易四世和选帝侯们颁布敕令，削弱了教皇对新皇帝选举结果的批准权。当时国王宣称由德意志王公们选出的候选人是"真正的国王和皇帝"（*verus rex et imperator*），从而将教皇的批准权降格到在法律上无关紧要的地步，这些王公自身采取了更加谨慎的路线，授予被选定的国王不顾教皇方面的反应而统治帝国全境的一切权力，但是却没有提及皇帝的头衔或至高无上的尊贵地位。至此，为了防止教皇干预皇帝选举，帝国的地位已然略微向君主制国家靠拢。

几乎与此同时，还有第三项非官方的尝试，试图使皇帝不再受教皇权威的牵制，这是由当时担任维尔茨堡主教法律顾问的班贝克的卢博德（Lupold of Bebenburg，约1297—1363）实施的。他的手段是这三项努力中最精巧世故的，而且极具鼓动性。根据这位作者自己的说法，他受到"为德意志祖国而产生的狂热热情"（*zelus fervidus patrie Germanie*）的推动。卢博德曾在博洛尼亚学习法律，与选帝侯们志同道合，却又有过之而无不及。在他于1339年完成的论文《论罗马人的王国和帝国的权利》（*Treatise on the Rights of the Roman Kingdom and Empire / Tractatus de iuribus regni et imperii Romanorum*）中，他论述道：德意志选举罗马人的国王的选举程序，与世袭制君主国家中的王位继承的法律地位并无二致。[46]一旦选帝侯们以"德意志人民"(populus Germanie)的名义选出了新王,他就完全掌握了他的王国,因为,一如卢博德对这句著名法律格言的稍做改动的版本:"国王或当选的国王不承认任何凌驾其上的权威"。[47]换而言之,教皇对选举的赞同在法律上无关紧要,并且教皇加冕皇帝的权利也不再具有法律效果。根据卢博德的说法,罗马人国王的王国应当拥有帝国的称号,因为它包含通过"权力转移"传承至查理大帝的三个王国:意大利、勃艮第以及最终的德意志——罗马真正的继承者。

卢博德的解决方案可能有效地应付了教皇对皇帝的攻击,但是也使皇帝降格到了几乎与西方诸国君王相等的水平。它承认了皇帝没有凌驾在其他诸君王之上的权力,更不用说什么天下之主的地位了;皇帝唯一的特殊之处是其名号的象征性分量以及随之而来的保护基督教教会的传统责任。

为了在其他向往帝位的君王面前捍卫其象征性的差别,卢博德做了更进一步的论述,尤其直接针对法国人,因为他们也声称他们的王国直接承袭自查理大帝统治时期,而他们的国王是加洛林王朝的后裔。为了驳斥这种主张,卢博德发展出了一系列的推论,这些推论在150多年后德意志的人文主义者之中盛行一时。一方面,他暗讽法国人不是查理大帝的子民——法兰克人的纯正后裔,而是与当地高卢人混血之后的后代;他由此将他们打上"法国杂种"(French bastards/

Francigenae）的标签，并且，他称法国国王为"高卢人的王"（*rex Galliae*）而否认了其"法国国王"（*rex Franciae*）的头衔。另一方面，他进一步进行文化方面的论证，这甚至更有分量地回答了这个时空倒错的问题：查理大帝和法兰克人实际上是日耳曼人还是法兰西人？在过去若干世纪的文献的基础上，他提出了语言学、地理学和谱牒学上的证据。卢博德坚称：查理大帝的父亲是日耳曼人，出生在美因茨附近的英格海姆（Ingelheim），给风和月份命名时用的是德语名字，立法文件也用德语写成。"由此可知，"他总结道，"那位法兰克铁汉是个日耳曼人，于是，帝国不仅传承给了法兰克人的国王，而且传承给了日耳曼人，因为它传入他的子孙手中，他们也是德裔。"由此，文化手段已在塑造政治理论，并且，我们甚至发现后来的理念在这里便早早出现，即统治者和被统治者自然而然地拥有一脉相承的谱系、法律和语言。

不过，卢博德将罗马人的国王和皇帝从外来干涉中合法地解放出来的尝试，存在一个严重的缺陷：为了宣称自己是自己王国内的皇帝，他必须无视德意志诸侯们所享有的广泛自治权。换而言之，在对德意志诸地区、意大利和勃艮第的统治方面，这位罗马人的国王甚至不及外国君王的地位；在王国的大部分地区，他没有足够的权威去征税，对于大多数德意志诸侯和市镇，他也无法依靠他们的军事支持，更别提从位于法国和意大利的帝国领土获得什么支持了。

卢博德在他的论文中没有提到这个困境，但是他发表的另一篇作品中提供了某种平衡，文中他急切地号召德意志诸侯们担负起爱国责任。此文属于一种饶有趣味的文学体裁，对其最恰当的描述是"法律诗歌"(juridical poem)。它的标题是《关于如今罗马人的王国和帝国的转折与缺陷的抒情悲歌》(*Lyrical Lamentation about the Present Turns and Defects of the Roman Kingdom and Empire / Ritmaticum querulosum et lamentosum dictamen de modernis cursibus et defectibus regni ac imperii Romani*)，共有180个韵句，附带31处页边注释，进一步阐发了此诗的法律含义。尽管它早在1341年就被他人译成了德语，却迅速被历史遗忘，直到1841年才得以重见天日。

此诗的故事是这样的：在一次春日散步的途中，"我"（卢博德在诗中的角色）遇到了一位形单影只的美丽女士，她雍容华贵，头戴三重王冠。这位美丽的女士自称"神圣罗马帝国"并自述了身世，从罗马向德意志的漫长迁徙开始，直到当前日耳曼人的绝望现状。造成她不幸的元凶很快被查明，但是与卢博德的论文中的说法相反，它们就在帝国内部，而不是帝国之外。使得这位女士愤懑不平的就是德意志的王公贵族。她抱怨说，曾几何时，他们犹是帝国的中坚力量和帝国权利的热忱主张者，如今，他们却对她轻忽怠慢而且待她不公："唉！这些离经叛道者已经成了流氓和劫匪，不少人还成了背弃我的叛徒。"[48]德意志贵族追求私利而不是公益，导致了全体人民对

帝国崇拜的弱化：

> 日耳曼人不再以我为尊，几乎不再支持我，甚至连我是谁也不晓得。你能看到意大利人奚落取笑我，为了取悦他们的暴君而随意蔑视我。这些侮辱给德意志祖国脸上抹黑，但他们[日耳曼人]却并未举剑回击。尽管保卫祖国是人们的法定责任，他们却无意为我而战、维护祖国的权利。[49]

随后，罗马帝国直接向"我"发话，呼吁"我"提醒德意志王公贵族要给她应有的尊重，并联合起来领导邻近人民重新为她效劳。

与法国和其他西欧君主政体的效忠王室的爱国主义宣传截然相反，卢博德将罗马式爱国主义转化为中世纪晚期德意志式爱国主义的大胆尝试却几乎无人聆听。政治言论和政治文化之间的鸿沟一度太深。不过一个半世纪之后，当帝国王座被强大的哈布斯堡王朝占据时，情况变得有利得多，而德意志式的爱国主义宣传终于站稳了脚跟。

随着帝国从法律上被降格为一个地区性强权，欧洲各王国之间争夺"普世"统治权的竞争白热化到前所未有的程度，既体现在政治方面，也涉及意识形态领域。在早期，日趋激烈的竞争也使得爱国主义言论发生了转变。法学专家们以互为竞争对手的各个王国的名义写作，不仅赞颂自己的祖国，而且指责其他国家的学者对他们自己的国家心怀偏私之见；主要的做法就是互相给对方的评注作（不利的）评注。为了回应约翰奈斯·条顿尼克斯的一则评论——"名字即预兆"（nomen est omen），法国教会法学家蒙特洛赞的威勒汉姆（Wilhelm of Montlauzun，卒于1343年）冷冰冰地表示，在维护皇帝凌驾各国国王之上的优越性的时候，他的日耳曼同行"偏向其祖国"（favor patriae），即他"血肉之躯"所在的地区。[50]可怜的条顿尼克斯早前也曾遭到一位同时代人士的嘲弄，此人即著名的评论家文森提乌斯·希斯帕努斯（Vincentius Hispanus，卒于1248年），他的名字也反映了他的爱国倾向。① 在言辞浮夸地谈及条顿尼克斯时，希斯帕努斯向他表明"日耳曼人因自己的愚蠢而失去了帝国"，却声称西班牙的情况完全不同：

> 可是，单单西班牙人凭借他们的勇猛获得了帝国……难道西班牙人没有凭借他们对上天庇佑的女士——西班牙的治理而统治法兰西、英格兰、德意志和君士坦丁堡吗……？因此，西班牙人得益于他们的功绩和品格。与日耳曼人不同，他们不需要一套条文与习惯构成的体系。[51]

希斯帕努斯对"高贵的西班牙"（nobilis Yspania）的描绘，在他的外国同行看来，可能有点令人愤怒，这不只是因为他在对西班牙的赞美中夹杂着对他国的令人不快的评论。事实上，当

---

① 他的名字 Hispanus 与拉丁文中的西班牙（Hispanica）为同根词。

时并不存在西班牙王国，而且中世纪大部分时间里都不曾存在过。在希斯帕努斯生活的时代，西班牙半岛盘踞着若干王国，其中最重要的是阿拉贡（Aragon）、卡斯蒂利亚（Castile）和莱昂（Leon），还有葡萄牙；在1229年希斯帕努斯被选为伊丹哈-古阿达（Idanha-Guarda）的主教之前，他自己就曾是葡萄牙国王桑丘二世（Sancho II, King of Portugal）的廷臣。因此，他为什么要为一个尚不存在的政治实体开展法学研究，甚至为了它与支持其他国家的法学评论家们唇枪舌剑呢？希斯帕努斯必然是遵循了以中世纪早期广为人知的西哥特人王国［Visigothic Kingdom，对此，塞维利亚的伊西多尔（Isidore of Seville）留下了颇负盛名的描述］为模板的、政治统一的议程，它受到了阿拉贡和卡斯蒂利亚近期在西班牙南部征讨摩尔人（the Moors）的军事胜利的激励。对希斯帕努斯而言，对遥远过去的援引和当前的模糊愿景似乎足以构成用诗文比较西班牙和其他国家的理由，另外，他也没有忘了自己专业领域的成就：

> 哦，西班牙，你的光荣谁可估量？良驹成群、食物丰饶而又金银满仓；坚毅、明智，人人称羡；法学昌明、高瞻远瞩的世之栋梁。[52]

为了在爱国主义言辞方面与其他国家竞争，希斯帕努斯可能在一定程度上仰仗古代"赞颂祖国"（patriae laus）的动机，即公民赞美祖国的义务。然而，在他的论调中，比较的意识是如此突出，若说还有什么独特之处，顶多只有对自在祖国（*patria propria*）即出生并成长的地方的赞颂。在这些颂词之中，故乡当地的自然和文化禀性时常被看得优于罗马帝国的其他地区，尽管几乎不带有任何政治色彩。相反地，被希斯帕努斯及其法学同行们频繁提及并用以解析他们爱国论调的、经典的"共同的祖国"概念，不允许与外国政治共同体进行比较，只因为这个概念指的仅限罗马而已。罗马式爱国主义确实包含的比较因素与共同祖国内部较小的共同体如家庭、家乡、本省等关联起来，将忠诚等级制度这种不容置疑的观念灌输进公民们的头脑之中。

因此，尽管在中世纪，爱国主义言论的灵活性得到证明，但其政治适用性依然仅限于约束和动员本国的精英阶层，以及抵御外国影响、实施自治主张。面对中世纪后期纷纷涌现的国家之间日趋激烈的竞争，基于古罗马模式的爱国主义只能发挥有限的作用。为了适应这种多极化的动态，爱国主义论调必须与某种补充性论调相融合，后者将利用爱国主义的动员力为欧洲各种势力之间的竞逐推波助澜。这般论调在古典时代未曾得见，更不要说在《圣经》中描述的以色列。它必须被重新打造一番，但并不需要太多的发明创造，只需因形就势、因势利导：从多元的环境中截取所需的既存片段，拼凑成前所未见的崭新形状。其结果就是民族主义的第一种形式，而其复杂的形成过程将会在下一章中得到说明。

5　荣誉的争夺：中世纪晚期欧洲各民族的缔造

> 由于各民族间对教皇大权的嫉妒，教皇宝座在各个民族之间流转……难道不是权宜之计吗？于是，与反对者的意愿相悖，如果编年史记载下他们每个人，那么就会出现哪个民族拥有最佳候选人的争议。
>
> ——无名氏，《劝告》（*Avisamentum*），康斯坦茨会议，1415年

> 别了，所有的日耳曼人，不要让我们的赞誉、我们的光辉和我们的荣誉被言辞，尤其是被武器所毁！
>
> ——海因里希·贝拜尔（Heinrich Bebel），《反查士丁尼之辩》（*Apologia contra Iustinianum*），1509年

从古代到中世纪晚期，"部族"（natio）这个词几乎没有什么积极肯定的政治或情感意义。较之"祖国"（patria），它

需要在更短的时间里发生更多的转变,方能最终成为主流术语和"民族主义"得名的来源。这种转化是从15世纪开始的,并在该世纪结束时告终。

"部族",源自"出生"(nasci)这个词,意指"降生于世"。罗马人用这个词表示他们在罗马帝国内出生的省份。一个人可以属于某"部族之人"(natione)①,即"因出生"而成为西西里人(Sicilian)、马其顿人(Macedonian)或达尔马西亚人(Dalmatian)。这个词是简短墓志铭中的常用词。它很少意味着某个人属于某个同名共同体,其成员有着共同的历史和习惯。在一个流动的社会,这是个人地理上出生地的标识,大多数时候没有更深层的政治或文化意义。

然而,在另一种语境下,部族可能确实代表一种有着独特语言、谱系和生活形态的文化共同体。不过,在这个意义上,它通常带有"蛮族"(barbara)、"外界"(externa)或"外来"(aliena)的属性。它意味着来自这个"文明"世界之外的外来者,并且强调了将罗马人与其他人类族群相区分的文化隔阂。[1]罗马民众(populus Romanus)被认为是由法典化的成文法和理性的政治构成的群体,而"部族之人"则是所谓基于血脉和盲目的感情的群体。

"部族"概念的贬抑含意,并未随着基督教化的浪潮和随

---

① natione 为拉丁文中 natio 一词的夺格(或称离格)。

后罗马帝国的分裂而消失，反而残存了下来，因为这个术语陷入了新的二元化对立。哲罗姆在4世纪末将《圣经》翻译为拉丁文时，率先将犹太–基督教世界之外的所有族群称为"部族"。很快，基督徒（populus Christianus）成了异教"部族之人"的对立面。伴随着这番语义重置，"蛮族"这个术语也成了化外番邦和外教异端人士的代称。由此，天主教会得以用罗马人为其征伐辩护的同样一番言论来将它的传教侵略活动合法化。中世纪早期教皇给法兰克人的国王写的信中，包含着这样的例行祷告词："愿主恩准他将所有野蛮民族置于我们的永久和平之下。"[2]

如果"部族"是用于将外来陌生人贬称为奇禽异兽的这么一个古老而根深蒂固的概念，那么，15世纪的学者和统治者们为何常常提及他们的"光荣的部族"（natio inclita）出身，或者用他们相应的母语来说——"著名"或"知名的民族"？[3]到15世纪末，罗马皇帝自陈为"日耳曼民族的热爱者"，且号召帝国各阶层为"日耳曼民族的荣誉"而抵制"外族语言"，这是如何实现的？[4]为了回答这些问题，我们必须回到罗马人墓碑上铭刻的"部族"这个词的含义。这个词长期被用于表达个人的地理出生地，进而被灌注了政治和情感上的意义，并且转变成既指集合意义上的自我，也指集合意义上的他人的词语。

5.1 社团荣誉：中世纪大学中的"各部族"

人们普遍认为中世纪社会是静态的，与之前和之后的情形形成鲜明对比。这样的评价可能反映了中世纪的理想，但却远非中世纪的现实。在中世纪的大部分时间里，信仰罗马天主教的居民们就像他们的祖先一样具有流动性，甚至流动性更强。不过，他们的人口流动组织方式有所不同。根据旅行的不同目的，流动中的人们会被区隔开来；这有时发生在路上，有时只发生在目的地。在访客络绎不绝的城市中，旅客们有着不同的住宿之处，甚至不同的区域，分别应对商人、朝圣者、骑士和学生。

从12世纪开始，接待了许多外来者的商会、大学和其他城市机构，开始将外来者进一步细分为不同的群组，每一个群组划分到整个托管区的某一个区块。这些群组被称为"各部族"(*nationes*)[①]。由此，这个术语从意指个人变成了意指集体共同的地理出身。然而，这依然与现代意义上的民族相去甚远。一个部族的成员身份，仅在逗留于相关城市机构时存续；换而言之，它继续代表异乡人的含义，直到他们启程回乡。

此外，当命名、界定和实际使用"部族"概念时，每个机构都遵循着它自己的规则——从实用主义理由到神学数秘主

[①] 此处之后，natione、nationes 与 natio 均译为"部族"，因为自此开始，它们正式被当作集合名词使用，而不再是表示一个个部族成员的单数或复数形式。

义。在学术的新殿堂——大学之中,"部族"的建立规则呈现出最广泛的多样性。例如,牛津大学中建立了两个"部族",称为"北方人"(*Borealis*)和"南方人"(*Australis*),以特伦特河(Trent)为界,并且仅覆盖不列颠诸岛,因为那时几乎没有几个来自欧洲大陆的学生;它们对大学日常活动的影响有限,也不享有任何程度的自治。[5]相比之下,那时更加受推崇的博洛尼亚大学引入了19个"部族",其中3个归属于"本地人"(*citramontani*)——意大利半岛的居民,而16个属于"外乡人"(*ultramontani*);这些数字和名称可能随着时间的推移而变化,但是各群组自己发展出了稳固的结构。"部族"的其中一个主要功能就是给予城墙之内的外来学者们法律的保护。[6]

牛津和博洛尼亚大学就数字而言仅代表两个极端,而有着4个"部族"的巴黎大学占据了中间阵地。巴黎大学将各部族标注为"高卢人"(*Gallican*)、"皮卡迪人"(*Picardian*)、"诺曼人"(*Norman*)和"盎格鲁人"(*Anglican*),并且本着实用主义精神对他们进行限定:高卢部族(*natio Gallicorum*)被界定为"法兰西岛"地区①,盎格鲁部族(*natio Anglorum*)包括欧洲中部和东部的广大地区。[7]尽管巴黎大学对数目的选择成为其他许多大学遵循的范例,但它的模式也有独具一格的特

---

① *Île-de-France*,俗称"大巴黎地区"。

点。其"部族"不是由学生组成，而是由导师们（masters）组成，并且他们仅从人文科系中招募，然而，高等学科（医学、法学和神学）与此无关。

尽管与后来的"民族"没有多少共同之处，中世纪大学中的这些"部族"仍然意味着向"民族"迈进了一大步。就像行会和同业公会这样的其他城市社群一样，至少在欧洲大陆上，多数"部族"都按照社团的模式组织。他们有着一种制度化的结构，有一位代理人作为他们的首领；他们孕育出了独具特色的仪式，并且选择他们自己的节假日；他们崇拜守护社团的圣徒，并且拥有一座圣祠，祠内存放着圣徒的印玺、旗帜、长袍和登记簿。

通过采取公司社团的形式，一个"部族"主张享有在社群成员中世代传承的集体荣誉，以此敦促他们保持可敬的举止，至少在公众场合如此，并且反击任何来自外界的潜在挑战。因此，成为一个光荣可敬的社群，是许多冲突的缘由；由此，大学中"部族"的历史充斥着各"部族"之间的暴力斗争，甚至出现"部族"与市政当局之间的冲突。[8]

保持社团荣誉的初衷可以从一则决议中解读出来，这是奥尔良大学的"阿勒曼尼部族"（natio Alamanniae）在1382年通过的。它限制社群成员在公开场合露面，其措施很可能不大受学生们的欢迎：他们不应当在酒馆和其他公共场所会面，因为他们可能因卷入争执而有损本部族的"荣誉"（decus）和"尊严"（*maiestas*）；他们不可于夜间在城中会面，因为"此时黑暗和毁谤更容易压倒真实的证言"；也不可在晚餐之后立刻会面，因为"此时酒足饭饱，神智昏聩，更容易陷入争吵"。[9] 最后，这一命令，甚至要求成员们不再在公共场合使用德语，因为它听起来生硬而粗砺。这最后一个要求显示出方言土语也可能成为一个"部族"的特征——尽管在这种情况下人们并不以此为荣。无论如何，随着语言进入讨论之中，更庞大社群的影子已经赫然笼罩在大学社团的狭小舞台上。

5.2 从具体到抽象的共同体：康斯坦茨会议上的"部族"

不过，并不是在各大学，而是在中世纪晚期的天主教会的诸次宗教会议上，具体的社团转化为了抽象的共同体。决定性的事件，发生在1414—1418年的康斯坦茨宗教会议上。这次宗教会议"存在的理由"（*raison d'être*）是解决西方教会大分裂问题，该问题自从1376年教皇格里高利十一世带领教廷回到罗马，就愈演愈烈。当这次宗教会议开始时，三位教皇同时自称是独一无二的那位，而且三人均有世俗势力的支持。永久解决这一危机，不啻于对天主教会进行彻底改革，因此这次宗教会议的进展，实际上关乎整个基督教世界的命运。国王和诸侯们派出了最杰出的顾问前往康斯坦茨，以便施加对他们有利的影响，而且有些王侯甚至在辩论中不请自来，想要增强影响力。

在这种情况下，康斯坦茨宗教会议成了西欧前所未有的政治冲突和思想交流的焦点所在。至于知识分子，但凡是个人物，都必须出席。最著名的参与者，有神学家让·戈尔森（Jean Gerson，1363—1429）和皮埃尔·达-埃理（Pierre d'Ailly，1350—1420）、法学家弗兰西斯科·扎巴莱拉（Francesco Zabarella，1360—1417）和纪尧姆·菲拉斯特（Guillaume Fillastre，1348—1428），以及人文主义者波齐奥·布拉丘利尼（Poggio Bracciolini，1380—1459）和曼纽埃尔·克利索罗拉斯（Manuel Chrysoloras，1355—1415）。克利索罗拉斯抵达康斯坦茨不久就去世了，而波齐奥则一头扎进附近的修道院图书馆中，搜寻古代文献［其最可观的战利品是昆体良（Quintilian）的《雄辩术原理》(*Instituitio oratoria*) 全本］。教会法和神学理论专家们在这次宗教会议的一系列激烈辩论中，建立起了正式的审议和决策程序。

这些程序的核心要素是将投票的参与者分为4个"部族"：高卢人、意大利人、盎格鲁人和日耳曼人。这般建制没有遭到任何反对，因为各部族已经在此前的教会宗教会议中发挥了作用。"部族"建制在1274年的第二次里昂宗教会议（Second Council of Lyon）上首次被引入，以法国各大学的范例为初步模板。随后一直到康斯坦茨会议，在每一次宗教会议上，它们都被以这样或那样的形式引入，不过，它们总是未能发挥官方正式制度的功效，因而显得无足轻重。

在1414年，这种情况发生了剧变。首先，这次宗教会议决定招募各部族人士成为各审议委员会的成员，而不是像之前那样，从教会诸省招募。其次，由于意大利人在开始时拥有数量上的优势并且几乎全体支持（对立）教皇约翰二十三世（John XXIII），许多来自欧洲其他地区的教士试图赋予各部族重大表决权，以规避在整个大会中按人头计票的情形。在激烈的斗争之后，他们旗开得胜。每个"部族"都得以选举出他们自己的主席，选择自己的代理人，制作自己的纹章，在会议室内举行自己的会议，派遣代表前往各委员会，最重要的是，代表所有成员投上统一的一票。

然而，赋予各部族如此史无前例的权力，被证明只不过又是一场以城市中的修道院后堂为舞台、以演讲和论文为武器的新斗争的前奏。这次，各势力围绕各个部族的控制权展开了多极化斗争。最大的乱局是强大的世俗参与者引发的：法国、英格兰、卡斯蒂利亚和阿拉贡各王国，以及神圣罗马帝国。在此进程中，"部族"的含义发生了根本性的转变。

这次宗教会议开始时，皇帝西吉斯蒙德（Emperor Sigismund）宣称：他会凌驾在各部族之上以便担当这个教会大会的赞助人，毕竟这次大会是在他的帝国境内的城市中召开的。当这位皇帝意识到一旦身处这样的超然地位就会失去一切影响力，他改变了策略，宣称：他将会在三个不同"部族"中扮演领袖角色，因为他的统治涉及日耳曼、高卢和意大利的人民和土地。然而，当西吉斯蒙德在1415年3月19日参加高卢人的一次会议时，法国教士们毫不客气地挑起一桩丑闻——他们拒绝在一个外人面前进行审议活动，要求这位皇帝离开会场，并获得了成功。仅在这次宗教会议开始一年之后，这位皇帝就被迫意识到：他的权力基础仅限于一个"部族"——日耳曼人。[10]

这次宗教会议已经进行了两年，伊比利亚半岛（Iberian Peninsula）的教士使团和世俗使团方才抵达。他们人数很少，却在城中造成了很大动静。他们提交申请，要求建立第五个投票实体——西班牙部族（natio Hispanica）。高卢人嗅到了借此挑战盎格鲁人地位的机会，马上给予大力支持，所以这个要求得到了批准。新组成的西班牙部族却迅速被卡斯蒂利亚、阿拉贡和葡萄牙诸王的明争暗斗耗得精疲力尽，而高卢部族则提议将盎格鲁部族与日耳曼部族合并。为了达到这个目的，高卢人部族的成员们主要是用数字说话。他们表示，盎格鲁人没有足够的主教区、居民、城镇和教省，不能成为一个独立的投票实体，而基督教世界只有四部分组成，最小的那个部族必须消失。[11]

高卢部族的成员究竟是受到什么驱使？很大程度上，他们是在为英法百年战争开辟第二战场。仅一年之前的1415年，英军在阿金库尔战役中以少胜多，法国遭到重创，此时仍元气未复。在这次宗教会议上,法王查理六世(Charles VI)被描绘为高卢部族中"益发可敬和超凡的角色",并且通过法国教士们的协助,他试图在政策制定过程中将敌人的影响最小化。[12] 由于盎格鲁部族确实相当大程度上受到英王亨利五世(King Henry V)的控制,摧毁盎格鲁部族的势力,会使达成该目标的希望大增。

毫不奇怪,英格兰教士们对此坚决反击。他们发表了一份备忘录,罗列了在这次宗教会议上作为一个"部族"所需要具备的主要条件:共同的祖先和生活方式、与其他各部族类似的地理范围以及若干语族(language groups)。[13] 这些要求没有什么更高级的逻辑,它们主要是用于装模作样、自我粉饰。这份备忘录采纳了高卢人的定量理论并替换了其部分标准,从而在高卢人面前转败为胜。为了反驳法国人关于规模不够的指责,备忘录的作者们将爱尔兰、威尔士和苏格兰教士们也囊括进来,尽管他们即便出席了康斯坦茨会议,恐怕也对此毫不热心。[14] 此时,盎格鲁人得以吹嘘拥有一个多种语言并用的社群,通过将阿基坦地区①也算进英格兰的财产,更加显得如此了。这就是为什么语言的数量迅速被抬升为衡量部族的一个主要标准。

---

① Aquitaine,法国西南部的一个大区。曾为法国王后的阿基坦女公爵埃莉诺(Eleanor of Aquitaine,1122—1204),在婚姻解体后于1152年嫁给英王亨利二世,生下了狮心王理查一世,从而使英格兰国王自此也享有阿基坦公爵的头衔。

尽管英格兰人的机智回应是即兴发挥的，法国人在辩论中却再说不出什么来了。再一次，远离康斯坦茨湖的事件打破了僵局。多亏虚情假意的精明结盟和进一步的军事胜利，英王亨利在幕后施加影响，由此确保了在这次会议随后的时间里，部族数量保持为五个。

所有关于"部族"定义、成分和构成的不休的争执都清晰地表明：它们无法形成那些主张强大而独立教会的人士所希望的那种组织，即能够抵御来自世俗势力的压力的自治社团。哪怕是那些遵从王室号令并在论战前沿口诛笔伐的人之中，也有一些人责备国王和诸侯们在各部族之间引发敌意。例如，皮埃尔·达-埃理曾论称：关于诸王优先权的争端蔓延到了康斯坦茨的修道院之中，因为各部族都太过依赖统治者（regna）。为了重塑此次宗教会议的宗教自治性，他建议将来根据教省对参与者进一步细分。[15]

达-埃理已经触及要害，却没有意识到这一点：一旦各部族获得了政治权力，它们就会被认为是基督教世界（*nationem, quae habeat vocem seu auctoritatem repraesentativam quartae aut quintae partis Christianitatis*）各个部分的代表（*representative bodies*）。[16]正是代议制的观念使得各部族与大学的"部族"有了决定性区别。并且，也是这个观念导致了这些冲突，因为伴随它而来的是一个未解决的问题：基督教世界的哪个部分需一个"部族"来代表？它是否构成一种世俗或宗教的单位？它是否表达了国王、教士或所有基督教民众的想法？尽管人们几度尝试澄清这个术语的意义，辩论只是增加了它的模糊性和情感性。部族，被作为一种实用分类法引入，没有任何意识形态上的意义，却在几年之间成为一种高度政治化和极富对抗性的概念。

当教皇马丁五世（Martin V）在1418年与"在康斯坦茨宗教大会上代表和形成了（repraesentates et facientes）日耳曼部族的神父、教士、博士等"达成了一份宗教协议时，他甚至认为各部族既是代表也被代表。对于教皇，这种充满了内部张力的构想，是一次拯救在这次宗教会议之内和之外作为教会一部分的各部族的尝试。这是一次徒劳无功的努力，因为它们很快成为抽象的共同体，立刻被世俗统治者所代表。

这个过程是如何展开的？它也是在康斯坦茨会议上开了头，并且其开端是另一次试图解决"部族"语义的模糊性的尝试。早前，这次宗教会议上的神父们注意到，较之现有的四五个部族，还有更多的野心家对部族的地位虎视眈眈，于是，他们对"部族"做了一个区分，后来广为沿用。当提到本次会议的正式投票实体时，他们指的是"主要部族"（nationes principales），当讲到这次会议之外的更大社群时，他们提到了"特定部族"（nationes particulares）——由共同的祖先、领土或语言界定。所谓"特定部族"在康斯坦茨会议上只作为"主要部族"（natio pincipalis）的一部分而被代表。他们推断出的

"特定部族"数目变化幅度很大，最多高达36个。[17]

最初看似一清二楚的区别，迅速变成了更加复杂的事项。这两个术语被证明尤为混乱，因为个别享有特权者得以主张双重地位，号称既是"主要部族"，也是"特定部族"。在法国和英国教士的争端中，这两者一再被混淆。而随后，包括帝国大部外加斯堪的纳维亚、波兰、拉脱维亚、克罗地亚、匈牙利和波西米亚的"主要部族"日耳曼人，都无法清晰地区分自己的不同部族，这两个术语就注定要被废弃了。然而，"主要部族"和"特定部族"互相融合的方式，却可以被看作民族主义出现的突破口。

这次宗教会议接近尾声时，日耳曼部族的一员、皇帝西吉斯蒙德的顾问——德高望重的日耳曼法学家乔布·维纳（Job Vener）写出了一部雄心勃勃、主张改革的论著，文中他将"部族"按照"主要部族"的线索来界定："我理解部族，是根据在神圣的康斯坦茨宗教大会上各部族的划分，并且根据它们在未来的宗教大会上的划分。"[18]然而，当他批判在教廷中法国和意大利的教士们比例过高，并要求选举日耳曼人进入枢机主教团时，他又切换使用了至少包括日耳曼土地上所有教士的"部族"的概念：

> 如果某人这么说，也无关紧要：日耳曼人拥有帝国，……因此，他们必须宣布放弃享有精神之父——教皇资格，并且对奥秘之

体——枢机主教团也是如此……如果有人这么说，也毫无意义：日耳曼人不想当枢机主教，因为美因茨大主教、科隆大主教和特里尔（Trier）大主教都被反复授予枢机主教之职，却都没有接受。我对此的回答是：如果枢机主教之位曾被授予杰出的神学博士们，或是给教省大主教、传道者、大师或各修会的教牧人员，或是日耳曼部族中的类似人物，或许许多人原本会接受！[19]

好像对某种处心积虑歧视日耳曼部族成员的行为含沙射影地指控还不够似的，维纳随后又将他针对意大利的控诉扩展为经济和文化上的阴谋论。此时，所有日耳曼人，无论其阶层或等级，似乎都成了意大利剥削和毁谤的牺牲品：

德意志如今缺金少银，甚至连居住在德意志的、作为天下之主的皇帝，也缺金少银；波西米亚、匈牙利、戈斯拉尔（Goslar）附近以及德意志其他地方的矿藏都耗尽了。在意大利，却能够看到金银。此外，一些堕落的意大利人憎恨和奚落日耳曼人。他们说道：意大利人用双眼观察，法国人用一只眼看，日耳曼人根本有眼无珠。的确，他们甚至说：哪怕一头意大利骡子也比一个日耳曼人聪明。[20]

维纳似乎认识康斯坦茨会议上的某些早期意大利人文主义者，他们追随彼特拉克（Petrarch）树立的风范，在阿尔卑斯山以北和以西的所有学者面前炫耀他们在文化上的优越感。

很难说清维纳实际上认为谁属于日耳曼人,以及他所谓"日耳曼尼亚"指的是什么,例如,匈牙利既不是神圣罗马帝国的一部分,也不被德语民族所掌控。但是,可以清楚地看到的是:他将日耳曼部族在康斯坦茨会议上受到的待遇看作文化和政治共同体之间的一种更大的冲突的征兆。结果,维纳再也无法区别日耳曼部族中的代表人和被代表人,于是将两者用一模一样的言辞进行描述。这样一来,这次宗教会议上影响了日耳曼教士的因素,也关乎所有日耳曼人的命运,反之亦然。

使得如此千差万别的社群能够融合的文化逻辑,是荣誉观念。与大学中的部族类似,康斯坦茨会议上的部族以社团自命,声称代表所有成员的集体荣誉与尊严。这种理解在这次宗教会议所用的官方措辞上有所反映。1416年,英国代表们为反抗法国人而为"众所周知"的"盎格鲁或称不列颠部族"(natio Anglicana, sive Britannica)辩护,教皇马丁五世则在1418年与"众所周知"的日耳曼部族缔结了宗教协议。[21]可能令维纳称心如意的是,这份宗教协议特别授予了各位候选人枢机主教的职位,而这么做的理由,据称是"部族荣誉"(pro honore nacionum)。[22]"众所周知"或"闻名遐迩"在拉丁文中的用词为"尊荣"(inclitus)。古代和中世纪学者用它来强调某个政体或社群的独一无二的荣誉,但是他们可没想到这个词竟会用在"部族"这个名词上。[23]这样的词语搭配,只有在中世纪将某些团体打上"部族"标签后,才成为可能。随着对部族作为代表性实体的新理解，以及康斯坦茨会议上对"主要部族"与"特定部族"意义的混同，社团的集体荣誉才得以蔓延到"抽象共同体"这个跨越了中世纪社会秩序樊篱的概念上。

在康斯坦茨宗教会议上，显而易见，将部族理解为荣誉共同体，可能存在严重的不利后果。它进一步加剧了文化竞争，而关于教会改革的磋商正在这样一种文化背景下进行。如果这次宗教会议的所有重要决定都关乎令一个部族荣耀或耻辱的风险，那么找到解决方案就越发困难了。为了降低集体荣誉竞争的不必要的副作用，一位属于日耳曼部族的匿名作者提议让教皇之位在各部族间暂时轮替。他希望"各部族之间对教皇宝座的嫉妒"能够在受约束的竞争中得到抑制，因为"如果编年史记载他们每个人，那么就会出现哪个民族拥有最佳候选人的争议"。[24] 通过引入职位轮替和公共评估来疏解可能具有毁灭性的竞争，不失为一条良策，而且在民族主义的历史上有很大的发挥空间。然而，在康斯坦茨会议严重政治化的背景下，它却没有机会实现。

这次宗教会议上各部族的斗争效果立竿见影并且持久绵长：民族荣誉和耻辱的措辞迅速进入了世俗政治的舞台，并且重塑了欧洲国王和皇帝的书面宣传辞令。如此一来，部族成了一个政治、文化和语言学上的共同体，居住在自己的土地上，其成员之间共享为该群体所专有的荣誉。

5.3 民族荣誉的新维度

民族享有荣誉，被其所有成员共享和珍惜——这个观念，也是现代最强有力的观念之一。数以百万计的人为此而生，也有数以百万计的人为此而死。尽管这个观念在20世纪的两次世界大战之后稍微褪色，但今日依然为人们所熟知——除了多数民族主义研究专家。民族主义者为何如此频繁地提到荣誉和耻辱？它们所指的实际上到底是什么？——这在民族主义研究中很少被问到，更少有回答。

至于现代主义理论家，我们可以理解为什么他们回避这个课题。几代社会学家和人类学家都认为荣誉基本上属于现代之前的文化，对于现代文化而言不太重要甚至根本无足轻重。马克斯·韦伯（Max Weber）在1922年出版的极富影响力的遗作《经济与社会》（*Economy and Society*）中，将现代的"阶级状态"（Klassenlage）与现代之前的"秩序状态"（ständische Lage）进行对比，并且将前者看作"纯粹由经济决定"，将后者看作"由特定的、积极或消极的、与许多人共同拥有的品质相关的社会荣誉评价决定"[25]。50多年之后，皮埃尔·布尔迪厄（Pierre Bourdieu）在他同样影响重大的《实践理论大纲》（*Outline of a Theory of Practice*）中论述道："荣誉的观念，仅在那些认为存在值得守护的东西的人心中，才有意义和功能。缺乏神圣意识的人可能免受荣誉观念的影响，因为，他在某种意义上无懈可击。"[26]

将荣誉归结于"秩序"和"神圣"的东西，符合更加晚近的研究者的观点。例如，弗兰克·汉德森·斯图亚特（Frank Henderson Stewart）提到现代的"荣誉崩塌"。[27] 对于他和其他人而言，荣誉的观念似乎根本与现代社会格格不入；它扰乱社会关系、阻碍法律制度运作并妨害经济效率——总之，它是一个理性世界的非理性入侵者。有些历史学家认为，只有一种荣誉规则是符合现代社会的要求的，即个人化和内在化的荣誉观念。据称，在一个常与陌生人互动的社会中，这种观念确保了人类行为的某种可预见性。他们将这种荣誉观描述为18世纪和19世纪浪漫主义思潮的产物，而在现代之前的欧洲无根源可寻。

在如此情境中，民族荣誉的观念必然既惹恼了现代主义者之前的荣誉理论家，也刺痛了现代民族主义理论家。前一种人很可能将民族荣誉解释为一种现代功能失调的返祖现象，而后者则可能将其看作民族主义"意识形态"所表达的一种"虚假意识"。依照盖尔纳的主张，民族主义言论根本不反映民族主义的性质（参见2.1）[28]。

两种方式都无法令人满意，因为它们无法解释：为什么"民族荣誉"的观念在过去两个世纪中对各个阶层、不同受教育程度和职业的人士而言——无论是现代化的赢家还是输家——都如此具有吸引力。我们需要重新从整体上思考荣誉的历史，才能看到民族主义在这幅图景中所处的特定位置。首先，与其论证现代社会的荣誉崩塌，不如充分理解"转型"（transformation）的概念，根据这一概念，个人和集体的旧有荣誉形式，为适应更强的流动性和更加复杂的环境要求而做出了调整。从这个视角看，现代对传统荣誉的非理性和毁灭性（以世仇、决斗和血腥复仇为代表）的嘲弄，并未带来一个理性的新时代，却带来了另一种（并非更理性的）荣誉形式。其次，与其推断荣誉经济（economy of honour）在18世纪末发生了内部的急剧变化，不如假设这是一场从中世纪末期开始的缓慢异变，并且导致在现代早期出现了恰恰相反却并存不悖的荣誉观念。

正如接下来的数章将会展示的，依靠传统学术机构之外的学者们的拓展，15世纪的民族论调不仅引入了集体荣誉的新观念，而且与个人荣誉的新形式联系起来。不过，在本章中，我们只探讨属于集体的民族荣誉，并回答这样的问题：鉴于与中世纪社会旧有荣誉形式的关系，这种观念意味着什么。为此，我们首先必须看看中世纪晚期荣誉经济内部发生的总体变革。

中世纪荣誉文化体现了社会秩序中的等级制度，同时为我们提供了窥探其内在动态的机会。它展现了稳定社会体系的理想（其中每个人都有预定的位置并稳固不移）与日益动荡的社会现实（必须处理许多个人乃至整个群体在社会阶梯上上攀下行的问题）之间剑拔弩张的紧张态势。中世纪的荣誉，堪称一个竞争门类，尽管它限制在相同的等级和序列的人士之间。有荣誉，意味着值得挑战；受到挑战，则提升人的荣誉。然而，来自社会等级制度中较低或较高阶层的挑战的尝试，对于挑战者和被挑战者双方都是有损荣誉的。在一位农民和一位贵族之间不能有竞争，一位基督教徒和一位犹太人之间也是如此。

这般规则绝非中世纪专享。18世纪初，它依然有效。当时，资产阶级出身的伏尔泰（Votaire）和德·罗昂骑士（Chevalier de Rohan）互相侮辱，以致落得两败俱伤的局面：伏尔泰首先蒙受耻辱，遭受这位贵族的仆人殴打，他向罗昂提出决斗挑战，随后被囚于巴士底狱（Bastille），但是这位骑士自己也遭受了被降格到年轻的不入流贵族地位的耻辱。

阶层不同的人之间涉及争夺荣誉之事，不仅令他们的个人荣誉受损，而且威胁了其所属阶层或社团的集体荣誉。在中世纪时期以及后来，个人和集体荣誉彼此有着不解之缘。因此，荣誉的竞争有双重功能：它们向外界展示了某个阶层或社团的尊严，并且向内部成员个人分发"象征性资本"。为了发挥这些功能，荣誉在公共场合得到展示，原则上要让整个社会都能看见，并且有必要让较低阶层看见（参见图6）。每个荣誉共同体都发展出了一套仪式、象征和姿态，以便在他人面前炫耀集体荣誉，并且要求其成员担负起遵循一套荣誉规则的义

图6 这幅画描绘的是康斯坦茨宗教大会中的一次会议,从空间上重现了社会等级制度。教皇坐于图中最高高在上的位置,左右各有一位枢机主教。主教们则位于两侧,不过仍坐在与枢机主教们相同的高度,而学者们坐在他们脚边,由此显示出略逊一等的尊荣。处于最低位置的则是来自康斯坦茨城的世俗观众,他们与打开的门一起,代表了教士阶层内部荣誉和等级制所呈现的公共属性。

务,基本上就是一系列公共行为准则。从9世纪到19世纪,这个方面值得效仿的范例,要数所谓荣誉阶层本身——贵族。

截至中世纪晚期,荣誉文化到底已经发展得何等复杂和精妙,通过一种充满种种迷思的中世纪发明可见一斑,那就是骑士比武大会(the tournament)。与流行观念相反,这种马上比武大赛的全盛时期恰是中世纪晚期,此时骑士在战争中的地位已经衰落。15世纪末,各方齐心协力保留拥有纯净贵族血统的男人们参加比武大会的权利,这些人的列祖列宗从未辱没过家族的名誉。每种对抗都有既定的规则,并且指派了裁判负责监督。这些规则中的许多规定暂时搁置了贵族阶级内部(日益增长的)等级分化。例如,在一场马上长矛打斗(joust)中(这种著名的战斗是指两位骑士各跨战马并持钝头的长矛互相冲刺),一位骑士有权利挑战一位国王,反之亦然。相比之下,贵族等级和平民等级之间的阶级差异,则暴露无遗。多数比武大会在城镇中举行——如果可能的话,将城镇民众排斥在外,他们仅被允许从外面窥视这壮阔的场景。在这些经济和政治势力日益增长并已经扩展到周边乡村地区的"城墙中的农民"面前,贵族阶层依然装模作样地拥有对最高荣誉的领域——武装对抗的绝对垄断(参见图7)。[29]

骑士比武大会也提供了窥探中世纪晚期传统荣誉文化所面对的挑战的机会。就像前文所述,它在贵族阶层中的普遍流行,与这样的事实密不可分:它代表了一种骑士战争的理想,而这与旨在造成巨大杀伤力而由平民组建庞大步兵军团的军事现实,越来越格格不入。在这个层面上,贵族在荣誉经济中对骑士比武大会的投入,与其说是对毫无疑问的优越感的自信展示,倒不如说是试图抵挡来自下层的威胁。贵族显然拒绝与城镇居民竞争,这实际上恰恰表明:他们已经在更广泛领域内被拖入了与这些人的竞争。许多乡镇和城市的大族首户,不仅在

图7　这幅木刻版画发表于1566年,描绘了德意志地区一座城市中的一场马上长矛比武,展现了传统的荣誉经济。它描绘了按等级组织起来的公众,围观两位骑士在市镇广场的比武大会上持矛冲刺的场面。长矛比武的隔栏周围设有栅栏,以便隔开贵族竞赛者和来自平民阶层的旁观者。两边巨大而拥挤的、供城镇居民观看的站台,建在栅栏之外;而栅栏之内则是两座为上层观众设立的高台,一处在主建筑的门廊上,另一处在右侧的木柱上。此外,高台架得更高,使得贵族观众能够俯视平民。尽管长矛比武被看作两个贵族个人荣誉的排他性竞争,但在城镇居民们眼中,比武大会作为一个整体,却是贵族阶层较为优越的集体荣誉的展示,而他们通过观看这场表演,象征性地接受了加之于他们身上的社会等级制度。

财富上超越了层级较低的贵族,而且在国王和诸侯们面前也更加重要——既作为纳税人,也作为顾问。

的确，一旦社会内部的权力平衡发生了变动，而社会动态开始打破单一秩序的樊篱，那么，传统的荣誉经济就很容易"过热"。只有在不同层级的人们对彼此之间的社会等级制达成总体共识的时候，它才能运转良好，并且因此避免潜在可能发生的有损荣誉的对抗。这是一条规则——一个传统社会越是稳定，就会有越少的能量被荣誉冲突所吸收，人们之间的冲突越少，冲突也就越会遵循更严格的仪式规范。反过来看，当社会中向上爬的人变得过多，而无法轻易被较高阶层吸收时，旧有的精英们就要面对相反的挑战：他们不得不与来自下层者一决雌雄，以便将其压回原本的位置，与此同时，还必须拒绝承认他们是在竞争。

这种情况的唯一解决方法，就是含蓄的侮辱，用漠不关心的姿态表达抨击之意。另外，对于崛起的阶级，其目标在于通过仿效老一辈精英脱颖而出的方式，公然挑战精英阶层的成员，从而获得荣耀的竞争者的地位。结果，荣誉之争在不同的条件下爆发了，这些冲突更容易愈演愈烈，因为它们不受彼此曾经接受的作为惯例的仪式性程序的限制。伏尔泰与德·罗昂骑士不受控的冲突，是这种情况的一个晚近的典型例子。

在许多方面，15世纪的欧洲堪称被史无前例的社会动荡所撼动的传统荣誉社会的范例。富有的显贵和商人以放弃商业或掩盖他们的商业经营活动的方式，通过购买地产和寻求贵族头衔，来谋求贵族的地位。由于许多教士尤其是教会上层偏好养尊处优的宫廷环境胜过故作谦恭简朴的精神权威状态，就算引发反教权主义的抬头也在所不惜，教士阶层也偏向了世俗化生活方式，阶层之间的界限进一步模糊。而且随着新一代的人文主义学者的大声疾呼，煞有介事地代表比第二等级的"世袭贵族"（nobilitas sanguinis）更加高贵的"精神贵族"（nobilitas animi），整个贵族精英阶层，尤其是低层贵族，感到其传统上高人一等的荣誉和位阶受到来自各方的挑战。

这种情形产生的一个结果，就是城市精英和广有土地的精英阶层之间、教士和世俗人士之间的冲突越发白热化；另一个结果，则是许多群体和个人对他们自己在社会中的地位和位置越来越感到不安；而第三个结果，是对集体和个人荣誉的新理念冉冉上升，它承诺提供比传统荣誉更加稳定的社会地位。

在如此背景下，15世纪时民族荣誉概念的创造可以被理解为：既是传统文化失控的一种征兆，也是试图补救的一种尝试。但是，在我们能够了解民族荣誉如何以及为何凝聚了这两种相反的功能之前，我们必须通过民族荣誉与传统荣誉文化的对比，阐明民族荣誉的新维度。

与主要指向（无论对上还是对下的）社会等级关系的旧式集体荣誉概念相反，民族荣誉将其他民族视为平起平坐的主体。它根据语言（lingua）、行为（mores）、领土（regna）以及宇宙结构的标准的可变组合，而不是等级和阶层，划出了共同体的疆界。换而言之，它包括了王公贵族和农民、士兵和教士、受教育者和无知者。这并不意味着它抹平了社会等级制；它只是对荣誉的等级制观念进行了补充，而没有对其进行质疑。一位手艺人作为手艺人，一位贵族作为贵族，一位君王作为君王，都可以为民族增光添彩。当一位手艺人做出了有用的创新，他就能够与同一民族的贵族和君王们同享盛誉。

这种观念的一个早期表达，可见于1460年印刷机发明后的首批印刷品之一的末页题署上。它将"压印和字体的奇妙协调、匀称及和谐"与"因上帝垂爱并赐以如此高超的天才和慷慨馈赠而在世间民族之中脱颖而出的、众所周知的日耳曼民族"联系起来。[30]这本书的印刷者很可能就是约翰奈斯·古腾堡（Johannes Gutenberg），他在几十年后竟成为文艺复兴时期人文主义者所称颂的德意志民族英雄。

唯一不能完全融入民族的，是那些被普遍认为无法拥有荣誉的族群：没有自由的人。这里指的是奴隶，还有较轻程度上，指女性。自由的法律地位是个人和集体荣誉的前提条件，因为只有那些能够可靠地做出自己的独立决断，并为自己的行动负全责的人，才能以荣誉为奖赏、以耻辱为惩罚。依赖他人者，最多只能被动地享有或承受他们的主人在荣誉领域所作所为的影响。因此，将民族构建为一个荣誉共同体，也解释了为什么对民族主义而言，自由的概念曾经并且至今依然如此至关重要。就像个人必须有自由之身才能分享和增进民族荣誉一样，民族共同体作为一个整体，必须摆脱外来影响才能作为一个有荣誉可言的主体行事。

5.4 民族荣誉：荣誉经济过热的征兆

如果民族荣誉的概念与传统荣誉经济中的那些概念如此不同，那么它为什么会被看作荣誉经济过热的征兆呢？这种看法至少有三个理由。首先，此概念很快就被用作延续不同阶级之间先前斗争的新工具。例如，在德意志地区，教士、商人和法学家被指控有损日耳曼民族的荣誉——因为教士遵从外来指令，商人引进外国商品和习俗，法学家用罗马法取代德意志法律。这样的指控在15世纪就已经提出来了，[31]然而，在16世纪初，它们被人文主义学者们所扩展和激化，并且在宗教改革的最初几年里流行一时。

此处仅举几例。士瓦本人文主义者海因里希·贝拜尔（Heinrich Bebel）在1509年发文，对德意志各大学中查士丁尼律法的信徒们恶言相向，他声称该文的写作是出自"对祖国的爱"，并在文末对"全体日耳曼人"发出不要允许"我们的赞扬、我们的荣光和我们的荣誉被毁"的呼声。[32]阿尔萨斯的雄辩家雅各布·温普菲林（Jacob Wimpfeling）和他在斯特拉斯堡（Strasbourg）及奥格斯堡（Augsburg）的人文主义友人们试图毁谤德意志的托钵僧们，称他们为"半个法国人"（*semigalli*）以及"德意志祖国的叛徒"。[33]还有一位桂冠诗人康拉德·策尔蒂斯（Conrad Celtis）在他1502年发表的对纽伦堡（Nuremberg）的优美描绘中，将这座帝国城市中的商人蔑称为堕落生活方式的引入者，他用这样的辞藻描述他们对市民们的影响："结果……他们不是依靠土壤、天空和空气生存，而是只靠金钱。"[34]

所有这些文本都是用拉丁文写作的，但是在路德发起对罗马教廷的反抗之后，人文主义者的小册子也都开始用德语了。帝国骑士、政治活动家和人文主义者乌尔里希·冯·胡腾（Ulrich von Hutten），从1520年到1523年他英年早逝之前，发表了一系列广泛流行的文章，文中他攻击教士、律师和商人，既在字面上也在比喻义上将他们称为德意志民族的抢劫者。例如，教士阶层被描述为"整个民族的障碍和耻辱"（ein verstellung und vnzyer der gantzen nation），由一群"根本不算日耳曼人"的生物组成（haben nichts teütsches an jn）。[35] 相应地，胡腾在另外一本小册子里呼吁"对教士们宣战"（bellum sacerdotale），[36] 也就不足为奇了。

尽管人文主义者们竭力通过将某个社会或职业群体描绘为外国利益的代理人而贬损他们，他们却以相反的论调自命，声称用两种方式为民族增添了荣誉：一方面，通过公开纪念过去民族英雄们的壮举而教导本国同胞们如何为本民族增光添彩；另一方面，创作经久不衰、深受推崇的文学经典作品。换而言之，他们的民族荣誉论调最终服务于以自我中心、获得荣耀地位和政治权力的目的。

第二个将民族荣誉的概念看作传统荣誉文化升级的表现的理由，是民族主义论调的修辞与言论影响范围之间的鸿沟。尽管所有自由的本国同胞都获得了一份本民族的荣誉，但只有很少几位真正有机会知悉他们新近赢得的殊荣。没有证据表明，欧洲人口中的压倒性多数——那些生活在乡村地区、很少四处移动且根本未受多少文字教育的人——对民族论调有任何知觉，更不要说了解荣誉观念能有什么用处了。如果他们生活在文化和领土边界处，他们当然可能存在恐外思想，但是，这依然与相对复杂的民族竞争观念相去甚远。

很大程度上，民族论调依然为同样受过教育的、政治化的精英阶层所保留，他们曾主导了康斯坦茨宗教会议上的讨论，后来也担任了国家和教会官职。他们用自己的母语谈起民族荣誉的论题时，却几乎不对人民大众演讲，而是对王公贵族述说，因为这些王公贵族的受教育程度不足以用拉丁语交流。总体而言，民族荣誉的论调依然限于那些被认为拥有政治、文学或艺术上的影响力的群体。除了统治者、学者、艺术家和手艺人，只有军人常被计入其中。即便在宗教改革期间，除了少数例外，民族主义措辞依然是一种带有精英主义色彩的东西，尽管较之此前，它在城市各阶级中变得更加广为人知。宗教宣传越是想要平民主义，就越要减少民族主义色彩。

总体而言，现代之前关于民族的修辞形塑和实践范围之间的鸿沟,以比本尼迪克特·安德森所想象的还要激进的方式,创造了一个"想象的共同体"。

将民族荣誉概念推定为荣誉经济"过热"的征兆的第三个也是最后一个理由,就是:民族之间的竞争,正如措辞上所援引的那样,在当时的环境中,只能在有限的范围内发挥作用。如前文所述,荣誉的冲突必须在公众面前进行,虽则公众并未直接卷入,但他们却担任着证人和法官的角色。在某些情况下,这些角色划分得很清楚,比如在骑士比武大会上,那里的裁判们监督着这场竞逐,而贵族公众则负责确认结果。总体而言,传统的荣誉经济依赖种种小规模的竞争,而外部观察者得以享有显赫的位置。

这个基本前提被民族荣誉的概念所抹杀。由于所有的自由人都被认为应当参与这场竞争,没有人能够以局外人的立场来评断。结果,除了在战场上胜败通常无可争议,民族间竞争的输赢必然处于悬而未决的状态。没有双方都接受的权威来评估哪个民族能够公正地主张自己拥有最伟大的文学财富、最宏伟壮丽的教堂、最高的山、最宜人的气候、最肥沃的土地、最文明的居民,等等。[37] 于是,早期民族主义者常常试图既扮演竞争者又扮演裁判的角色,主张他们的民族拥有优越地位,然后直接向本族同胞确认这一点。通过这一捷径,他们创造了一种竞争性的话语,哪怕根本没有竞争也照样能发挥作用。

5.5 如何衡量一个民族的地位？

有鉴于这样的矛盾，人们可能很容易做出这样的定论：民族主义言论曾经（并且依然）只有在人为创造民族形象的时候才管用。但是，那样就会错过重点。中世纪晚期，民族间竞争在相当大程度上必然处于空转状态的主要原因，蕴藏在民族荣誉观念带来的大规模创新之中。相较于传统荣誉经济，它太过复杂而无法顺利运作。以其放诸四海皆准的原则，即每个有荣誉的人都是这场竞争的一部分，它会不可避免地创造出超民族的实体，由所有民族的代表组成，一同作为规则制定者和裁判员。如我们所知，还要再等几个世纪，加上两次世界大战中各民族失控的冲突，外加巨大的财政和政治投入，这样一个超民族规范框架才能终于开始成型。从这个角度来看，联合国（UN）、世贸组织（WTO）、联合国教科文组织（UNESCO）以及更早的国际体育运动基金会组织，比如国际奥委会（IOC）和国际足联（FIFA），这些国际组织得以建立并获得授权，并非标志着民族主义时代的终结，而是意味着它正如日中天。

然而，即便在15世纪和16世纪的条件下，仍可以设立起初级衡量方式，至少对于某些种类的竞争而言，可以做出相对其他民族立场、对本民族地位的一份不带偏见的评估。由于印刷术的发明，一份这样的测评成为可能。在试图借助外国学者的著述确认他们自己民族的伟大时，不少文艺复兴时期的人文主义者已经受到了"国际认证"的英雄和成就的观念影响。其论证千篇一律：如果一个外国人都给予自己民族一些积极肯定的评价，那一定是真实的。当然，这是一种粗略的结论，基于不正确的假设，但是其背后自有一套逻辑。由于所有外国人都被视为民族主义者，他们想必不会倾向于取悦除他们自己的民族之外的任何民族，因此，当对某外国给出一则积极评论时，他们必然是受到真理的引导。[38] 尽管如此，为了给出更多这样的证据，学者们需要获得别国文献为己所用，特别是当代作品，而这只有靠印刷术的革命才成为可能。例如，德意志的人文主义者们可以骄傲地看到，1500年左右，在发明创造的领域，日耳曼的天才（*Germanum ingenium*）领先于其他民族。[39] 不仅在印刷术方面，射石炮也被普遍认为是日耳曼人的成就。

另一种衡量民族地位的方式，是观察那些被挑战者的交流互动行为。它粗略地遵循了传统荣誉经济的规则，根据这些规则，被挑战者的反应让挑战者赢得荣誉或蒙受耻辱。15世纪意大利的人文主义者、画家和建筑师认为法国人和日耳曼人犹如蛮族，囿于恶劣的品位、粗野的举止和低下的创造力，他们很快就完全有理由把外国对这番侮辱的接受理解为对他们高调主张的本民族文化优越性的肯定。在法国和德意志地区，艺术家和作家们以一种矛盾的双重策略回应：他们强烈否定这般指责，同时急切地效仿指控者。而当他们在一个不同的领域（最好是道德标准和宗教虔诚度）发起反攻时，意大利洋洋自得，居高临下，笑而不语。因此，无论他们以何种侮辱反击意大利，日耳曼人和法国人作为被挑战者所损失的，都未能在充当挑战者时扳回一局。然而，意大利在外国冒犯者面前的不慌不忙、装聋作哑，也只在北方民族的挑战是诉诸纸笔时才会奏效。15世纪末，局势开始不妙了，当时多数意大利城邦忽视了惨遭法王和皇帝军队蹂躏的迫在眉睫的危险。1517年，这再度引发了惨重的代价，当时意大利主导的罗马教廷完全低估了路德宗教改革运动的危险，并且将其嘲弄为"修士们的口角"，直到为时已晚。

对比其他民族、评估民族地位的可行衡量方式中，最清晰的、也是最政治化的一个，是外交优先权。在传统的荣誉经济中，一个人或团体在公共事件中所占据的空间位置，被视为其荣誉的直接表现。因此，对具有象征性价值的公开位置的争夺格外激烈，就像在巴塞尔宗教会议（Council of Basle，1431—1449）上，在那里的教堂中，卡斯蒂利亚国王和英格兰国王的代表们互相坐到了彼此的大腿上，因为他们都想要得到某一处坐席。到15世纪末，教皇廷制定了罗马公共游行的通例，明确规定了每一位统治者及其外交代表在队列中的位置。1504年，根据教皇朱利叶斯二世（Julius II）手下的一位礼仪专家起草的规范，教皇居首，随后是皇帝，接着是罗马人的国王、法国国王、西班牙国王，等等。[40] 教皇颁行的通例，展现了对基督教世界所有君主和国家的权力及地位的官方排名。尽管多数统治者将通例当作一份权威公共礼仪规范很快予以接受，有些人却热切希望自己占据更高的地位，而降低竞争对手的排位。结果，发生了许多象征性的战斗，法学家和历史学家们以学术性宣传进行了口诛笔伐，同时外交官们为了在队列中占据上座而钩心斗角，当各方互不相让时，甚至会发生流血事件。

这些斗争中提出的论断，与文艺复兴时期人文主义者之间为民族荣誉而打的笔仗存在很大程度上的雷同，有的时候，卷入其中的人也是同一批。16世纪50年代末期，罗马教廷的西班牙外交家为外交位次挑起了很可能是历时最长和最激烈的争论，他们声称自己有权排在法国人之前。为了论证这一点，他们提出一系列的比较衡量意见。堂·路易·德·雷克森斯（Don Luis de Requeséns），这位受过人文主义教育的西班牙驻教廷大使，抱怨说：目前的顺序，无法反映近来西班牙因国家统一和征服"西印度群岛"而扩张的权力、领土和声望。他进一步坚称：教皇没有考虑到西班牙因其王国古老性和基督教化的时间而具有的资历。[41] 所有这些论点都以西班牙荣誉的名义做出，因此，即使雷克森斯和他的同僚们认识到自己是在做无望的抗争，他们也不愿无功而返。

罗马教廷之外，西班牙为外交位次挑战法国，一直持续到17世纪60年代早期，此时它忽然以一种很能说明问题的方式戛然而止。1661年9月，瑞典驻英格兰大使将在白厅

(Whitehall)受到正式接待。法国和西班牙特使双双立刻要求占据这位贵客的马车之后的首席位置。当时作为主人的英王查理二世(King Charles II)拒绝为此做出裁断,双方便摩拳擦掌,准备一争高下。招待会当天,法国和西班牙的马车提前几个小时就到达了待命地点,有荷枪执剑的士兵护卫,伦敦民众则在一旁围观。多亏一条妙计,西班牙的马车紧跟着瑞典的马车,身后抛下一片数人死亡、几十人受伤的城市战场。然而,西班牙的胜利转瞬即逝。法王路易十四(Louis XIV)厉兵秣马,以战争威胁西班牙,由此逼迫已衰弱的西班牙王国最终投子认负。再一次,外交位次中的顺序,成了国家尊严和民族荣誉的正式展现。

5.6 民族荣誉:荣誉经济过热的补救措施

证明民族荣誉的竞争确实发挥了一定作用之后,我们如今必须确定它是否真的有助于补救"过热"的传统荣誉经济带来的影响。为了追寻这种影响的踪迹,我们需要转而审视15世纪政治宣传中民族主义修辞手法的运用。民族荣誉言论一进入世俗政治领域,就融入了由来已久的爱国主义论调。参加巴塞尔宗教会议时刚刚开始为皇帝腓特烈三世(Emperor Frederick III)效劳的意大利人文主义者埃尼阿·希尔维奥·皮科洛米尼(Enea Silvio Piccolomini),1443年出版了一本对话录。在这本对话录中,作者自己化身的角色呈上了皇帝在德意志各地诸侯群集的帝国议会(Imperial Diet)上的一份演说草稿。在他编造的演说中,腓特烈宣称,在"我们民族中非常庄重而又审慎的人士"的恳求之下,他谨基于以下两点接受了帝国皇冠:"珍惜日耳曼人的荣誉"(Hornori Grmanico consulerem)和"拯救祖国"(patrie retinendi)的意愿。[42]

正如我们在第4章中看到的,爱国主义思想将政治共同体看作一种抽象实体,其成员自愿牺牲自己以保卫共同的自由。强调公民献身精神的自愿性以及作为最高福祉的集体自由,这种爱国主义言论被证明是对民族荣誉论调的理想补充。通过两者融合,爱国主义思想变得更具竞争力,而民族荣誉的概念使其动力倍增。

15世纪后半叶,这种言论越来越多地用于强调:为逼退国外敌人,需要政治上的团结统一。在德意志各地,皇帝及其顾问们逐渐垄断了集体荣誉和恐惧的说辞,并以那个时代的官方宣传体裁(命令和公文)传播这类言论。[43]有趣的是,他们几乎完全只在对德意志诸侯和王公们的交流中使用这种言辞,而在外国统治者面前则只字不提。[44]这种分而治之的策略的理由,在于民族论调的政治功能。它主要是被用来补充皇帝有限的法律手段,强迫国内附庸势力支持他在帝国境外的军事行动。诉诸民族荣誉和爱国责任,意在增大对王公诸侯们施加的心理压力,迫使他们为他们自己的决断而出钱、出兵。若说这条计策大获成功，那未免有些夸张。腓特烈三世和他的儿子马克西米利安一世都得到了极为消极的回复，但是这些回复的措辞表明对方确实感受到了压力。德意志王公诸侯们竭力用皇帝曾经用过的说法来为他们自己辩护，以表明自己接受了民族论调加之于他们身上的道德责任，尽管他们拒绝了皇帝提出的具体要求。

15世纪末，当德意志的人文主义者参加政治宣传时，他们成了皇帝的坚定支持者。贝拜尔、温普菲林、策尔蒂斯等人呼吁停止德意志各地区的一切争斗，为民族荣誉和祖国自由这样更大的利益而奋斗。在德意志土地上，任何因争权夺利和争强好胜而浪费政治能量的举动都被斥责为自私和自毁之举。在这个意义上，这时候的民族荣誉被用于平息传统荣誉经济的争端，以增强民族共同体之间的竞争。这可以被理解为：将愈演愈烈的社会侵害行为集合起来，并重新导向政治共同体的边际的早期尝试。尽管这项尝试被宗教改革挫败，关于内部和平与外部扩张的民族主义理想却最终胜出。

我想以马克西米利安在国外的许多劳民伤财、损兵折将的军事冒险活动中的一则逸事作为本章的结尾。1516年秋，在将法王逐出伦巴底地区的努力以徒劳无功告终后，这位年事已高的皇帝遭遇了他的日耳曼士兵的一次叛变。凛冬将至，在国库空虚和供给不足的情况下，他绝望地试图将部队整合起来。根据奥地利贵族乔格·柯什迈尔（Georg Kirchmair，

1418—1554）在这位皇帝死后的1519年出版的《大事记》（*Memorabilia*）记载，马克西米利安被他的手下嘲笑为"苹果王"（*apfelkunig*）和"稻草王"（*strokunig*），随后他对他们说了下面的话：

> 听我说，我亲爱的日耳曼人！我亲爱的、著名的和亲近的雇佣兵们！……如果你们不想要缓解我的痛苦，那就记住日耳曼民族的荣誉吧！毕竟，你们是日耳曼人，除非在过去的五年中，这里［意大利］的空气给身处此地的你们移植了意大利人的心脏和立场。记住，你们是雇佣兵而不是瑞士人！[45]

最后的比较提到了瑞士雇佣兵的声誉，他们效忠于更高的出价者，只要另一位君王给得更多，他们就会立刻倒戈。我们不一定要相信马克西米利安真的一字一句地以这般措辞对他的士兵发表了讲话，但是，他完全可能这么做——这也足以说明问题。

6 民族主义对边界和语言的转化

大自然在一切有声之物中都讲着我们的德语。于是，不少人希望能够认为：第一个人亚当（Adam）只能用我们的词语给所有鸟兽命名，因为他是根据万物的内在之声进行表达；故而，毫不奇怪地，我们的大多数根词与这神圣的语言相符。

——乔格·菲利普·哈尔斯多佛（Georg Philipp Harsdörffer），《论关于德语的著作的保护》（*Treatise to Protect the Work on the German Language*），1644 年

语言、习惯甚至常用名的纽带，使得人类以这样一种坚固而又无形的方式凝聚起来，并且仿佛创造出了一种亲缘关系。关于我们民族的一封信函或一则札记也能冒犯或取悦我们。

——戈特弗里德·威勒汉姆·莱布尼茨（Gottfried Wilheilm Leibniz，1646—1716），《日耳曼人的劝诫书》（*Exhortation to the Germans*），1679 年

在康斯坦茨会议上，英格兰和法兰西部族的成员们眼看就要刀兵相向时，一位来自北方几百英里①之外的小镇比勒费尔德（Bielefeld）的神职人员完成了一部题为《世界史》（Cosmidromius）的编年史著作。他的名字叫戈培林努斯·珀森（Gobelinus Person），在此书的前言中，他这样写道：

> 古代人根据河流、山脉、森林和海洋的边界和起止划分省份，而今人根据各地方言口音的差异来做这样的划分。[1]

随后，戈培林努斯写道，一个本地社群，根据不同的衡量方式，可能分属两个不同的省份。他将以语言为标准确定疆界的同时代人称为"乡野村夫"（vulgares），从而暗示自己不赞同这种变化。他将用文化域界取代自然疆界的行为看作一个自下而上的过程，这在中世纪晚期的社会被普遍视为缘木求鱼。

如果将戈培林努斯明确的区分与15世纪其他论及方言土语的政治意义的作品相比较，我们就会得出相反的结论。政治和语言疆域方面的身份认同，似乎是自上而下地引入的，从宫廷到诸侯王公的领地，从城市议会到乡村，等等。在接下来的段落中，我会说明德意志各地的情况，以此作为西欧的一个更普遍进程的范例。

---

① 1英里＝1.609344公里。

把政治边界与语言边界等同起来,在今天看来似乎是显而易见之事。然而,这是长期大规模用武力手段划分疆界的结果;教育和移民将各族民众在语言上统一起来,而疆域边界的变动,则将说着不同语言的族群分隔开。

这个过程在15世纪初才刚刚开始,当时戈培林努斯注意到了政治疆域的观念的变迁。在中世纪的大部分地区,讲不同语言的群体比邻而居,常常生活在同一个地方社群之中。"语族"这个术语本身就有问题,因为大多数地方语言都不是标准语言,从而无法使来自不同地区的人们彼此理解。马丁·路德翻译的《圣经》,对于德语的标准化发挥了巨大的影响,他与他那些博学的朋友们在《桌边谈话录》(Table Talks)中反复讨论了这个问题。有一次,他们骄傲地宣称"德语是一切语言中最完美的",但是也承认"德语中有许多方言和讲话的方式,以致人们无法完全彼此理解,比如巴伐利亚人、萨克森人等,尤其是那些未曾移居迁徙者"。[2]

至于政治边界,它们很少能形成官方认可的清晰边界线;相反,它们会形成边境地区,以双方重叠的领土主张为标志,而地方当局对两边的统治者都负有忠诚义务。总体而言,戈培林努斯的记叙没有反映他那个时代的政治现实,但是它预见了在未来几个世纪中完全改变了政治版图的新发展——其开端将比民族国家的时代早很多。例如,早在1552年,地位较高的德意志王公诸侯们就决定将帝国城市康布雷(Cambray)、图勒（Toul）、梅茨（Metz）和凡尔登（Verdun）永久地拱手交给法国国王，仅仅是因为它们的市民讲的不是"德语"。[3]

6.1 作为政治空间结构（space）的"口音"

中世纪末的学者们，比如戈培林努斯·珀森，如何能够预见他们生前几乎未见端倪的历史进程？如果讲德语的人几乎不能彼此理解，那就更别说共同效忠于某个政治共同体了，他们需要来自外界的刺激，以便将自己界定为一个语言和政治上的整体。这就是千真万确的实情。可以说，德意志人的概念是意大利人发明出来的。在中世纪，讲德语的王公、骑士、商人和僧侣，经常出现在意大利半岛，尤其是因为它是神圣罗马帝国的一部分。甚至早在10世纪末和11世纪，当地民众就开始将来自北方的造访者打上单一语族的标签，称他们为条顿人（*Teutonici*）。当地人之所以能够这么做，是因为他们无法理解这些外来者的语言。相反，他们将外来者的语言视为一种单一的声音。随着时间推移，来到意大利的、讲德语的访客们采纳了当地人赋予他们的属性，又翻过阿尔卑斯山将这种属性带回了他们的故土。

早在1200年左右，"德式口音"（*tiutschiu zunge*）的说法，在当地语言中得以使用。"口音"（*zunge*）可能指语言，也可能指将这种语言当作母语的人。瓦尔特·冯·德尔·福格威德

（Walther von der Vogelweide，约1170—1230）的政治诗歌，甚至用"德式口音"对神圣罗马帝国宫廷的负责人们讲话。[4]然而，还要再过200年，这个术语才能成为政治语汇中的标准措辞。15世纪中有几十年时间，"口音"（Zunge/Gezung）等同于拉丁语中"部族"一词，直到这个世纪末被德语的新词"民族"所取代。

到那时为止，"口音"常常一语双关地意指一个语族及其据此占据的土地。换而言之，这个术语精确地表达了这样的观念：语言和政治地域是一致的。德意志王公诸侯们和皇帝曾讨论"德式口音"如何能够抵御"其他语言的粗鄙及过度的破坏和侵蚀"。[5]从1450年到1490年，根据政治情况的不同，"外国口音"（fremde gezung）者可能意指匈牙利人、法国人以及土耳其人。重要的是，它并未区别基督教和非基督教势力。

在同一时期，德意志南方的各城市和公国的管理者们吸收了书面化的地方语言，用于官方信函、法律事务和公开声明之中。在奥格斯堡、纽伦堡和斯特拉斯堡等帝国城市的带动下，上德意志（Oberdeutschland）和阿尔萨斯（Alsace）地区，绝不仅仅是神圣罗马帝国经济和文化的火车头，它们还成了德意志的政治中心。从1440年起就占据帝国皇座的哈布斯堡王朝，在德意志南部拥有许多盟友和世袭领地，而在北部却少有存在感。由此，帝国管理者们在吸纳地方语言进入官方语汇的过程中，扮演了主角。[6]另一个重要因素，是通过定期召开帝国会议、建立外交网络和扩展书面交流，将超地区的政治形态制度化。[7]这个语言吸收融合的过程，到底是受到政府当局的大力推动，还是单纯因如上的结构性变革而发生，尚不清楚。无论如何，它帮助身涉其中的人们远在印刷术革命给中世纪末的政府带来重大影响之前，就将"德式口音"想象成了一个政治地域。

"德式口音"也被定性为一个荣誉共同体，反映了根据康斯坦茨宗教会议界定的"部族"的意义。在1454年的雷根斯堡帝国会议（the Diet of Ratisbon）上，面对皇帝的代表们，选帝侯们的特使——法学家约翰奈斯·莱苏拉（Johannes Lysura）辩称：德意志的选帝侯们拒绝帮助腓特烈与土耳其人战斗，正是在追求"可歌可泣的德式口音者的荣誉、利益、进步和福祉"（des loblichen Deutschen gezunges ere, nutz, frummen und wolfarn）。在同一篇演说中，莱苏拉将德式口音（的地区）称为"如此风度优雅而高贵的国家"（solich fürnemig und edel land, als Teutsch gezunge ist）。[8]大约40年之后，马克西米利安推动增税以资助对匈牙利人和土耳其人的战争，防止这"两个异域风格、非基督教和外国口音"者损害"德意志民族"的"荣誉和尊严"。他的用词将一个弱小的基督教势力排除出信众之外，而将最有威胁性的非基督教势力说成是众多口音中的某一个"口音"。皇帝的文书所用的"德意志民族"（Dewtsch nation）措辞，同时也反映了"口音/腔调"（Gezung）这个词的不再流行。[9]从语义上说,"民族"更不准确,不过如此一来,在政治上更加合宜。那些使用这个术语的人,可能是为了政治上的一时之便,强调语言、血统、习惯或领土的标准,而他们似乎都在讲同一件事。

将一个语族当作一个荣誉共同体,并不意味着语言本身被当作了一种集体荣誉的来源。在中世纪末期,只有很少的迹象表明人们对地方语言持有积极的态度,而其中多数来自托斯卡纳(Tuscany)。博学的德意志人发现要想对自己的母语毕恭毕敬,特别困难,因为它的生硬粗野和不加纹饰早已名声在外——简而言之,它是一种蛮族语言(lingua barbara)。

少数人试图重塑大众对德意志方言的普遍看法,其中一位是苏黎世出生的多明我会修士菲利克斯·法布里(Felix Fabri,1438/39—1502)。他进行过各种朝圣之旅,足迹远至耶路撒冷和亚历山大港(Alexandria)。在他的拉丁文游记中,他时不时地插入一则逸事,凸显了他对德语的推崇,他将德语视为"最高贵、最明晰和最精妙的语言"(lingua nobilissima, clarissima et humanissima)。[10]根据他的说法,甚至连动物们也同意这种看法。其中一则逸事这样写道,当法布里在威尼斯等待一艘前往圣地的船时,他待在一座被恰如其分地称为"德意志屋"(The German House)的客栈。这座客栈就坐落在"德意志商馆"①附近，那里是德意志商人的总部，传统上用于接待来自阿尔卑斯山以北的朝圣者，当时店里有一只著名的看门狗，它看家护院，确保一切如常。当讲德语的外国人（无论来自他们国家的哪个地方）进入这座厅堂时，这只狗都摇着尾巴、开心地欢迎他们；而当意大利人、法国人、斯拉夫人、希腊人和其他非德语人士迈入其中，这只狗就气势汹汹地狂吠，拒绝让他们进入。[11]

6.2 "亚当是个日耳曼人"

法布里书中那只热爱德语的威尼斯看门狗，不过是只无害的生物——较之一位匿名的沙文主义者而言，这个人在1500年左右写了本《百章之书》(Book of a Hundred Chapters)。这本书直到19世纪晚期才被发现，而作者后来起了一个误导性的书名《上莱茵革命》(Upper Rhine Revolutionary)。这位德意志作家全然不是在呼吁用暴力革新政治和社会秩序，他根本就反对"事物可以变化"的观念。令他尤其不快的是拉丁语凌驾于德语之上的统治地位，他认为这是非常晚近才发生、因此大错特错的事。根据他的说法，"神圣的德语"(heilige dudesche sproch)是世界上最古老的语言：

---

① Fondaco dei Tedeschi，坐落在意大利威尼斯运河之畔的一座历史建筑。

"亚当是个日耳曼人"，他声称，这也是为什么日耳曼人被称为"阿勒曼"（Almans），即所有人。这位作者如此说道：当上帝在巴别塔前将语言搅乱时，第一个日耳曼人——挪亚的儿子雅弗（Japheth），已经带着他的人移居德意志地区了，他们从此世居于此。[12]

相反地，"有害的拉丁文"（*schedlich sproch Latin*）是一个名叫"拉丁努斯"（Latinus）的奴隶在日耳曼人依然统治着世界的时候发明出来的。根据这位匿名作者的说法，拉丁语将奴隶们聚集起来，反对他们的主人们，并订立了不法之法，其原则就是"这是我的，那是你的"（*das ist min, das ist din*），而且最终帮助一个民族篡夺了统治世界的权力，而这些人的祖先——罗慕路斯（Romulus）是一个娼妇的儿子。[13]时间的终结到来之前，罗马人所创造的这种堕落秩序的一切痕迹都必须被消除，当前的教会组织首当其冲。最终，这个世界将会回归最初的状态：一个说德语并且由日耳曼人说了算的世界。

《上莱茵革命》一书的作者，想必是一位受过法律训练的学者，但是他在思想上完全无力应对他那个时代的现实的变化，这使得他与同时代的多数民族主义作者截然不同。他的观念格外不受欢迎，而其中一些全无新意，例如，讲德语的亚当已经在13世纪的一份拉丁文献中出现过了。[14]然而，1500年左右的其他作者都无意使用这个观点，将其当作民族荣誉的一个源泉，更别提将其当作日耳曼人是上帝的选民的语言学证据了。因此，《百章之书》在其成书400年之后才被发现，也不完全是偶然。

宗教改革之前，多数赞美德语的学者们偏爱用拉丁文来写赞颂之词，由此表明，他们不认为挑战官方学术和文学语言的地位有何意义。还有其他一些原因使他们坚持用拉丁文。因为，这是唯一向外国读者宣扬德语之伟大的工具，并且因此支持了民族间竞争的观念。

在德意志文艺复兴时期的人文主义者中，只有几位提起了本地语言，以便宣扬他们民族的声望。[15]然而，这些人文主义者所引入论述的要素，在接下来几个世纪中将会被民族主义者深入利用。他们这么做是受到两个启发。主张语言纯洁性的人文主义文献学者力图重振古典拉丁文原本的美好，此其一。另一个启发，来自1450年后在德意志的一座修道院中发现的些许民族学文献；它很快被认定出自科尼利乌斯·塔西佗（Cornelius Tacitus）的手笔，并且被命名为《日耳曼尼亚志》（*Germania*）。我们将会在下面的一章中审视它对人文民族主义的影响，但在这里我们需要知道的是：它将古代的日耳曼人（*Germani*）描述为一群未受外来影响的原住民。

年轻的士瓦本人文主义者弗朗西斯库斯·艾瑞尼卡斯（Franciscus Irenicus，1494—1553）在他1518年的《德意志释义》（*Explanation of Germany / Germaniae exegesis*）中，将这个迷思扩展到了族谱世系的纯洁性上。他辩称，意大利的本土语言曾经被大夏人（Dacians）、伦巴底人和哥特人的方言沾染，而德语只采纳了拉丁文和希腊文中由未被征服的日耳曼人认定恰当的那些词语；由此，它保持了它原本的丰富性。此外，艾瑞尼卡斯宣称：德语比拉丁文更古老，且后者也曾被认为是一种蛮族语言。[16]

巴伐利亚的人文主义者约翰奈斯·阿文丁努斯（Johannes Aventinus，1477—1534）在用德语修订他的《巴伐利亚编年史》（*Annals of the Bavarians /Annales Boiorum*）时，采取了一种更加纯粹主义（purist）的立场。在前言中，他解释了将拉丁文文本翻译成"古老、天然、普遍可理解的德语"（*das alte, natürliche, iederman verstendige teutsch*）的理由，谴责对"粗俗的拉丁文（*kuchenlatein*）——一种充斥着拉丁词汇的德语"的任何使用。[17]在一些篇章中，他进一步添油加醋地讲出了这样的故事："我们的祖先，古代日耳曼人，在这方面更加大胆和迷信。他们拒绝外来、外国、难解的词汇，将它们看作带来厄运的东西，绝不能指望它们蕴含任何好意或能带来任何好处，因此他们只使用他们自己语言的词汇。"[18]在这里，语言的纯洁性已经与民族的健康兴旺联系了起来。

6.3 净化德意志的语言（以及德意志人民）

几代人之后，在17世纪，德意志文学界突飞猛进，赋予了本地方言以民族主义意义。对于这一点，他们曾需要从法国人那里汲取一些灵感，而法国人则曾从意大利人那里获得过启发。从但丁（Dante）在1300年左右成书的《论俗语》(*On the Eloquence of the Vernacular / De vulgari eloquentia*) 开始，意大利哲学家们已经缓慢但成功地将"通俗语言"（volgare）转化成了一种堪与拉丁文并驾齐驱的标准书面语言。1530年后的几十年中，法国人试图对自己的本土语言如法炮制时，还加入了一个重要的因素：拉丁文如今转化成了一种外来语言，必须被驱逐，并且，对法语的重新评估被宣扬为一件关乎民族荣誉的事。

约阿希姆·杜·贝莱（Joachim du Bellay，1525—1560）、皮埃尔·德·隆萨（Pierre de Ronsard，1524—1585）等人创作了用法语写成的、题为"善良法国人"（*bons François*）的作品，同时抨击法国的拉丁语学者们是"法兰西之名的敌人"（*enemys du nom Françoys*）。[19] 那时，这些"善良法国人"中的一些人，就语言起源问题颠覆了标准年代顺序。依靠这种方式，拉丁语成了法语的一个私生子。一些野心过大的学者甚至辩称：法国值得拥有传统上属于希腊人的盛誉。对于皮埃尔·德·拉弥（Pierre de la Ramée，1515—1572）而言，无疑法国人的祖先高卢人"是首批写出哲学作品的人"（*les Gaulloys fussent premiers autheurs de la Philosophie*）；埃蒂安·帕斯奎尔（Étienne Pasquier，1529—1615）则强调了以下这一为他的祖国同胞们所秉持的观点:"希腊字母表也是高卢人的发明。"[20]

富有讽刺意味的是,参与其母语的民族主义重估的法国作家中的多数,都受过人文主义熏陶,在将法国本土语言转化成标准化的文学语言时,都依赖着他们对拉丁文的熟练掌握。有些人甚至还继续用拉丁文写作和发表文章。这表明,在现代早期,纯粹主义的措辞和功利主义的实践并不一定相互排斥。

当17世纪德意志作家们同心协力地尝试将自己的母语转化成标准书面语言、为本民族增光添彩时,法国人既是模仿的范例,同时又是需要攻击的敌人。[21]到那个时候,法语已成为欧洲许多地区宫廷中和外交上的主流语言,尤其是在神圣罗马帝国。将德语的培育教化当作涉及民族荣誉、爱国责任以及道德净化的问题提出来,是一种通过文化手段发表政治批评意见的适当手段。

一些旧有的论断已经足够达到这个目的。在消失了很长一段时间之后,德意志亚当再次出现,而"德语比仅为德语同源方言的希腊语和拉丁语更古老"的说法也出现了。[22]然而,语言的谱系此时与民族的世系更加紧密相连。菲利普·冯·泽森(Philipp von Zesen,1619—1689),也就是上面所引用说法的作者以及1643年成立的"德意志思想协会"(*Teutschgesinnte Genossenschaft*)的建立者,甚至还在他的语言学报告中加上了这样的评论:希腊人和拉丁民族也是从日耳曼人中"萌发"的(*von dem Deutschen volke entsprossen*)。[23]

同时，讲德语的亚当还会发现自己身处至今仍不熟悉的意识形态的领域之内。乔格·菲利普·哈尔斯多佛（Georg Philipp Harsdörffer, 1607—1658），这位纽伦堡的显贵和诗人，将上帝创造的首个生灵融入了对德语之为自然之声的细致入微的刻画。在他1644年的《论关于德语的著作的保护》（*Schutzschrift für die teütsche Spracharbeit*）中，他坚称德语"讲究自然腔调"，清晰地表达出一切声响：

> 天空中雷鸣，流云间电闪，冰雹在拍击，随疾风挥溅，逐波浪绽放，弄锁闩作响，应气流鼓噪，令大炮轰鸣；它犹如雄狮的怒吼、公牛的沉吟、熊黑的咆哮、牡鹿的呦呦、绵羊的咩咩、猪豕的哼哼、犬獒的狂吠、骏马的嘶鸣、蛇蟒的嗞嗞、猫儿的喵喵、鸭子的嘎嘎、蜜蜂的嗡嗡、母鸡的咯咯、鹳鸟的喳喳、乌鸦的呱呱、燕子的呢喃、麻雀的啁啾。[24]

若要主张语言的可靠性，将一个民族的语言比作动物的鸣叫声，是个危险的策略，因为这可能被外国学者解读为对德语的原始主义风格（primitivism）和野蛮发音的确认。不过在哈尔斯多佛的论文中，自然（naturalness）意味着彻头彻尾的清晰明了、最大程度的丰富多彩和最悠久绵长的历史。这就是为什么讲德语的亚当对他而言如此受欢迎：

> 大自然在一切有声之物中都讲着我们的德语。于是，不少人希

望能够认为：第一个人亚当只能用我们的词语给所有鸟兽命名，因为他是根据万物的内在之声进行表达；故而，毫不奇怪地，我们的大多数根词与这神圣的语言相符。[25]

德语不仅是亚当所讲的语言，也是整个伊甸园通用的语言。[26]通过宣称恢复原本的德语，哈尔斯多佛和其他语言改革者们为重建了天堂的一角而弹冠相庆。当然，没有其他国家能够完成同样的任务。

在尝试宣扬德语是事物的纯粹反映方面——以现代措辞来说就是一种"能指"和"所指"相一致的语言，哈尔斯多佛并非孤军奋战。乔格·肖特利乌斯（Georg Schottelius，1612—1676）用更加抽象的措辞表达了同样的观点，他说道："德语是发自内心最深处本质的命令（*Geheiß der innersten Eigenschaft*）。"[27]

如果自己的语言拥有如此独一无二的品格，其明显易受外来词影响的状况，必然引起极大关注。许多学者将外来词，尤其是源自拉丁语和法语的那些词，看作对德语明晰性的损害、对德意志式道德纯洁性的威胁，以及对德意志自由的限制。那些使用这些词的同胞们被责难为"自然母语的背叛者"（*Verräther ihrer angeborenen Sprache*），并且被认为比任何其他"非德意志式的德意志人"（*Unteutschteutsche*）还差劲。"法国人，"出生于埃尔福特（Erfurt）的语文学家加斯帕·斯蒂勒

（Kaspar Stieler，1632—1707）怒吼道，"可以招收德意志士兵并付给他们钱，但是他不会再接纳任何德语词。"[28]他影射说，那些德意志人反倒接纳外来词。

一些作者将外国词语描述为"溜进"（sich eingeschlichen）他们母语中的非法移民，此时需要将它们揪出来、去除掉。结果，他们宁愿创造出德语新词，也不愿意采用既存的带有拉丁文词根的词。在这方面，冯·泽森很可能是最高效的。他大获成功的发明包括"时刻"（Augenblick，取代 Moment）、"距离"（Abstand，取代 Distanz）、"图书馆"（Bücherei，取代 Bibliothek）、"地平线"（Gesichtskreis，取代 Horizont）、"基本"（Grundstein，取代 Fundament）、"激情"（Leidenschaft，取代 Passion）、"正字法"（Rechtschreibung，取代 Orthographie）以及"悲剧"（Trauerspiel，取代 Tragödie）。他还创造了其他新词，比如"植物学家"（Krautbeschreiber，取代 Botaniker）、"女眷"（Frauenburg，取代 Harem）、"鼻子"（Gesichtserker，取代 Nase），却没能流传多久。冯·泽森甚至建议放弃"自然"（Natur）转而采用"母体"（Zeugemutter）的说法，但是对此，连身为他的同族伙伴的民族主义者们也无法苟同。[29]无论如何，如果这场造词运动的目标是将德语中以拉丁语为语源的词语换成纯德裔血统的杂交词汇，那么这场运动总体上失败了。甚至那些沿用至今的新造词也未能将他们所反对的词挤兑出局。它们增加了德语的词汇量，但是没能"净化"德语。

更加温和的民族主义学者们建议采取一种程序，授予某些外来词语"德籍"（Teutsches Burgerrecht）。[30]根据哈尔斯多佛的说法，词语想要"归化"德籍必须具备三个条件：德语中没有相同意义的词；该词人尽皆知；它必须"循规蹈矩"（sich Burgerlich halten），也就是说需要采取德语式的拼写和词尾。这就是他对于如何一面净化、一面丰富其母语的想法。[31]

总体而言，17世纪的德语改革者们一面悲悼母语遭受腐蚀毁损的状态，一面又赞颂母语是所有语言中最完美的。第一个判断指的是一个暂时的、即将被打破的局面，第二个判断则主张一种无懈可击、亘古长存的优越性。[32]哈尔斯多佛认为德语"比希伯来文辞藻更丰富、比希腊语的结构更灵活、比拉丁文更意义重大、比西班牙语的发音更加绚丽、比法语的风范更优雅"。[33]与一个世纪前大多数文艺复兴时期的人文主义者截然不同，他不仅强调德语对民族荣誉竞争的关键作用，而且强调它在保存民族历史方面的重要意义：

> 它是日耳曼人的荣誉和信条。它是日耳曼人的宝藏和避难所。它是效忠德意志的保证和纽带。简而言之，它是祖国至高的荣耀和合法的财富。通过它，所有铭心刻骨的事件都得以永垂不朽、免遭遗忘，得到保护并被珍藏。[34]

绝大多数卷入这场将德语变成民族主义武器的活动中的学者，都是新教徒，他们的写作时间正处在或是稍晚于"三十年战争"(the Thirty Years' War，1618—1648)时期。尽管他们不遗余力地试图隐藏自己国家深刻的教派分裂，他们作品的一个重要功能实际在于证明：所谓"非德意志式的德意志人"(un-German-Germans)大多可见于天主教阵营中。的确，德意志的天主教学者们，远远不是那么想要让德语与拉丁语相对抗。在实践中，他们双语并用，以达到不同的目的——这与他们的新教对手如出一辙。事实上，就像16世纪的许多"善良法国人"(bons François)依然用拉丁文写作和发表文章一样，17世纪的德语改革者们也基本上没有放弃使用拉丁文（甚至法文）。他们之中的一些人，比如马丁·奥皮茨（Martin Opitz，1597—1639），实际上恰是他们那个时代最杰出的拉丁语专家。

后来的德意志文人喜欢取笑巴洛克时代的这些语言改革家们炮制出来的这等稀奇古怪的语言学。然而，他们却只是在用嬉笑避谈这些学者对自己著作的挥之不去的影响。其中一人就是戈特弗里德·威勒汉姆·莱布尼茨，他只比冯·泽森及其同时代人小了一辈。他用冷嘲热讽的态度对待关于"德意志亚当"的叙述和语言纯粹主义，却也热切地确认了标准化语言和民族福祉之间有着深刻联系的信念。他在写于1679年的《关于日耳曼人更好地使用其心智和语言的劝诫书》(*Exhortation to the Germans to better use their Mind and Language / Ermahnung an die Teutsche ihren Verstand und Sprache besser zu üben*，下文简称

《劝诫书》）中坚称：

> 语言、习惯甚至常用名的纽带，使得人类以这样一种坚固而又无形的方式凝聚起来，并且仿佛创造出了一种亲缘关系。关于我们民族的一封信函或一则札记也能冒犯或取悦我们。[35]

莱布尼茨没有将语言当作民族荣誉的一个组成要素，而是将其视为一个先决条件。语言有助于在陌生人之中创造牢固的凝聚力，进而促使他们关注共同的荣誉和福祉。为了加强论证"民族的成功构建与语言教化密不可分"，莱布尼茨诉诸古代历史。"希腊人和罗马人，"他解释道，"达到其权力巅峰时，正是德摩斯梯尼[①]和西塞罗分别生活在他们之中的时代。"在当时的欧洲民族之林中，法国人是两位先贤最热忱的学生。根据莱布尼茨的说法，法国人用"一种……几乎就是西塞罗风格的写作方式，这就是为什么这个〔法兰西〕民族在战争与和平时期都如此出人意料地、几乎难以置信地出类拔萃"[36]。

因此，从法国人那里学到的第一课就是："做一个真正的德意志人好过一个山寨版的法国人。"[37]第二课更具挑战性：德意志人必须学习和培养他们的母语，遵循"德式思想社团"（*Teutschgesinte Gessellschaft*）所提供的指导——这类社团尚有待学者组建，研究范围可能涉及有关"维护或重树德意志荣

---

① Demosthenes，生活在公元前4世纪的古希腊雄辩家。

光"的一切。[38]这是一个旨在惠及该民族所有成员（无论男女、贫富、富有教养还是蒙昧无知）的教育项目，其总体基本原则在《劝诫书》接近末尾处被提了出来：

> 在这些充满欢乐和希望的社团（*Völchern*）中，对祖国的热爱、民族的荣誉、美德的报偿、一种几近开明的思想，以及油然而生的语言准确性，甚至惠及普通民众，并且让人觉得几乎无处不在。[39]

让博学者莱布尼茨享誉于世的，是随后主要用法语和拉丁语写成的哲学和科学著作，但在《劝诫书》文末的几行文字中，他进一步勾勒出关于标准化本国语言对民族福祉的重要性的理论，这将会最终通过其他渠道对现代民族主义文化产生巨大的影响。莱布尼茨写给日耳曼人的《劝诫书》直到1846年才出版，比其成书时间晚了近170年，但是其重大意义几乎无与伦比。在19世纪下半叶，许多欧洲国家的政府，包括在普鲁士统治下、统一后的德国，在一种与莱布尼茨的思想相当契合的语言民族主义启发下，发动了摧枯拉朽的教育改革。他们有着这样的信念：一个民族，只有全体人民讲着和写着自己的标准化语言，方能统一和强盛起来。

6.4 浪漫民族主义的有限原创性

如果我们思考15世纪中期到17世纪晚期所发展和讨论的

整个范围内关于语言和民族的观念，就会得出这样的结论：在18世纪末浪漫主义者登上历史舞台时，主要的思想工作已经完成。那些将语言民族主义转化为一种武器、用以对抗（所谓）启蒙的普世主义思想的浪漫主义思想家，无须在语言和民族之间建立新的深刻关系。约翰·戈特弗里德·赫尔德（Johann Gottfried Herder，1744—1803）在1795年宣称"通过语言，一个民族成长起来并受到教育；通过语言，它珍重秩序和荣誉，行止端庄、得体、亲和、出名、勤勉和强大"[40]，这并没有多少原创性。约翰·戈特里布·费希特（Johann Gottlieb Fichte，1762—1814）于1808年在被法国占领的柏林发表了《对德意志民族的演讲》(Addresses to the German Nation / Reden an die deutsche Nation)，他也在演讲中毫无新意地将德语称为"最初的语言"（ursprüngliche Sprache），而德意志人是"最初的民族、人民本身"（das Urvolk, das Volk schlechtweg, Deutsche）。[41]通过这种主张，赫尔德和费希特不知不觉地双双站在了17世纪语言改革者的肩膀上。[42]费希特世俗化的语言民族主义之中，德意志亚当的幽灵可谓阴魂不散。

虽然德意志的浪漫主义者并未从根本上重新界定语言对民族意识形态的影响，他们却对语言民族主义进行了相当大程度的改造。这么做的原因之一，是他们缩小了意识形态上的激进主义和实践上的漫不经心之间的鸿沟。几乎没有一个浪漫主义诗人、哲学家或语言学家倾向于用拉丁文或法文写作，更别提再出版作品了，尽管其中许多人依然精通这两种语言。他们创作和推崇只由当地语言文献组成的文学史。这意味着出自德意志作者的绝大多数著作被逐出了这个民族的"文学档案馆"，同时一些隐藏的珍宝被发掘出来，比如《尼伯龙根之歌》(Nibelungenlied)——它很快获得了"北方的《伊利亚特》(Ilias)"的赞誉。[43]通过实施这场摧枯拉朽的变革，浪漫主义学者们塑造出了一个处于中世纪顶峰时期，以英雄诗篇、哥特式建筑和城市繁荣为特色的崭新的"德意志古典时代"(Deutsches Altertum)。

浪漫主义的语言民族主义转型的另一个方面，是彻底将语言研究历史化的努力。浪漫主义语言学家构建起了一套语言历史，强调了不可逆转的语音变迁，据此，各种语言在各特定时刻被划分开来，或者被抬升到全新的进化发展水平。以浪漫派民族主义者和语言学家雅各布·格林 (Jacob Grimm, 1785—1863) 命名的"格林法则" (Grimm's Law)[①]，很可能被证明是这项运动中最有影响力和最恒久长存的理念。

然而，浪漫民族主义的第三项创新，得到了更为重大的

[①] Lautverschiebung, 格林定律或格林法则，由德国语言学家雅各布·格林提出，用来描述印欧语系各种语言中语音的递变。该作者的其他代表作还包括与其弟合作的《儿童和家庭童话集》，即《格林童话》。

成果：词语推广。最重要的是，这构建了语言的现代性。许多一流的浪漫主义学者在大学中度过了大段生涯，其中以演说著称者，常常定期给由学生、官僚和城市精英阶层组成的听众做讲座。换而言之，他们不仅有机会向下一个世代的学者、教师和新闻工作者灌输他们的想法，而且也有机会向已经在政治和经济领域发挥影响力的人们进行宣传。由此，在几十年时间之内，语言民族主义的核心思想散播到了德意志全境所有受过教育的公众那里。最终，由于公众信念在政治上的影响力比以往大得多，德意志的统治者们若想要作为合法的民族领袖被接受，就需要用各种方式适应这变化中的意识形态格局。

7　人文主义者的民族主义

> 理所当然地，每个法国人都是野蛮人，但是并非每个野蛮人都是法国人。
>
> ——彼特拉克（Petrarch），《对诋毁意大利者的驳斥》（*Invective against the One who Maligns Italy*），1373年

> 我们的胜利，是哥特人、汪达尔人和法兰克人的胜利。我们的荣耀，是他们在最辉煌显赫的罗马行省，乃至在意大利和被誉为"众城女王"的罗马城上建立的帝国的荣耀。
>
> ——比亚图斯·雷纳努斯（Beatus Rhenanus），《给博尼法斯·阿梅巴赫的信》（*Letter to Bonifaz Amerbach*），1531年

时至今日，没有多少人会说"人文主义"和"民族主义"这两个术语是天造地设的一对，恰恰相反，多数人会觉得这两个词是相互抵牾的。基于对人文主义的一般理解，这种判断似

乎是正确的。在最近几十年中，"人文主义"和"人文主义者"被明确地与促进人类福祉、肯定人类尊严或相信人类有能力通过教育自我完善等各种各样的思想和行为联系起来。由于语义如此模糊不清，等候获得"人文主义者"荣衔的候选人可谓形形色色，既包括人道主义援助工作者，也有资深政治家和知识分子。这些候选人需要满足的条件，通常只包括公开露面、利他主义的态度，以及反民族主义的立场。的确，自私自利、道德麻木和有头无脑的民族主义者的漫画像，有助于理解今日所谓人文主义者的"反面"（*ex negativo*），由此弥补了他们自身个性不明的缺陷。

从一个历史学家的角度来看，现代社会将人文主义同化为人道主义，以及将人文主义者塑造成乐善好施的人和多元文化的倡导者，并不一定会引起反对。它们只有与"文艺复兴时期的人文主义"相混淆时才成为问题。不幸的是，这是司空见惯之事，因为"人文主义"价值观的现代捍卫者们喜欢引用一系列伟大思想家的观点，自称是其思想遗产的继承者。他们所援引的"常见对象"是乔万尼·皮科·戴勒·米兰多拉（Giovanni Pico della Mirandola，1463—1494）、托马斯·莫尔（Thomas More，1478—1535），以及首屈一指的德西德里乌斯·伊拉斯谟（Desiderius Erasmus，1466/69—1536）。总体而言，他们为这些文艺复兴时期的人文主义者们绘制的肖像并非完全错误；然而，他们往往带有非常强烈的选择性。其中，最欠缺的是历史情境。

例如，当伊拉斯谟被描绘为一个热爱和平的反民族主义者时，他谴责欧洲政治精英的好战，但大多数时候却不会有人提及：他的批评也及于其他人文主义者，这些人将战士们赞颂成民族英雄。人文主义的现代捍卫者们也不会指出：文艺复兴时期的人文主义者几乎从未像他们现在这样赞颂过伊拉斯谟。他同时代的学者们将他尊为高雅的拉丁语学者，以及杰出的语言学家，有些人还将他看作伟大的神学家。不过，他的政治思想导致他的敌人比崇拜者更多，也让他在自己的追随者中都显得格格不入，因此，他个人在有生之年没有获得多大尊荣。乌尔里希·冯·胡滕（ULrich von Hutten，1488—1523）——另一位高雅的人文主义诗人和雄辩家，甚至将伊拉斯谟看作一个"德法混血"的杂种，因为他拒绝开诚布公地声明自己到底效忠哪个民族。[1]

考虑到所有这一切，如果我们想要使用"人文主义"这个术语来描述文艺复兴时期的文学和学术运动，我们必须将它的意义与今日公开演讲、媒体和道德哲学中所指的那个含义截然分开。只要能分辨这一点，我们就能够重新界定欧洲历史中人文主义和民族主义的关系。讽刺的是，两者的历史关联，与现代人文主义者们愿意相信的恰恰相反。阿尔萨斯的人文主义者比亚图斯·雷纳努斯（1485—1547）曾自豪地宣称：哥特人、汪达尔人和法兰克人对罗马帝国的野蛮入侵，全都是由日耳曼民族完成的。较之好友伊拉斯谟，他倒是更能代表人文主义的政治文化。

为了尽可能简短地概括人文主义和民族主义的历史关系，我们可以借用本章开头所引用的文字，保持其结构，改变其内容：文艺复兴时期的每个民族主义者都是人文主义者，但是并非每个人文主义者都是民族主义者。

本章将会从探讨文艺复兴时期的人文主义思想着手，以便清晰地理解其历史特殊性和重要性。本书将会特别注重：人文主义者们将自我塑造成的公众领袖形象以及他们自称扮演的政治角色与政治精英阶层赋予他们的角色之间的天壤之别。这条鸿沟随后将会有助于解释：为何人文主义者们将既存的民族论调拓展成了民族主义（我对它的定义，参见3.5）。对于人文民族主义的发展，我将会分两步描述。首先分析，文艺复兴时期的意大利人文主义者是如何构建他们的故土与外国的关系的；然后，我会审视外国的人文主义者们对这样的构建作何反应。主要论点将是：正是法国和德意志人文主义者对其意大利同行的反馈，催生了各自治民族的多极化竞争的理念——换而言之，导致了民族主义的出现。

7.1 文艺复兴时期的人文主义——创新的复古精神

在第3章对我的理论论证的阐释中，我将民族主义的起源与罗马帝国在西欧历史上留下的遗产联系起来。要点在于，这份遗产引发了旷日持久且强而有力的复古主义思潮，因为它维护了一种帝国主义政治文化，在支离破碎的领土结构中坚持普世统一的权力理想，在此领土结构中，各大势力势均力敌。在接下来的篇章中，我想要说明：文艺复兴时期的人文主义思想可以被看作这场复古主义运动的顶峰以及最深刻的转型。

人文主义者，比过去的任何学者和统治者都更加强调罗马文化的典范作用，他们敦促在尽可能广泛的基础上重建罗马文化。多数人将自己的著述看作"在未来实现古代的宏图伟业"这个巨大梦想的一小部分。然而，由于他们一直都在模仿罗马人，他们不得不更加明确地应对古今的巨大差异。一种盛行一时但不是很有效的方式，就是弃绝当前这个颠三倒四的世界并退回到古典式纯粹主义的"辉煌的孤立"状态；另一个选择是将古代模式调整得至少在一定程度上适于当时环境，以便使其在他们这些（人文主义）活动家的小圈子之外发挥某种影响力。民族主义的构建可能要归功于后面这个选项。甚至可以说，人文主义的民族主义者反对其他人文主义者，后者倾向于将当下看作对古代的颠倒。他们试图将走向极端的复古主义与当前的实际相调和，由此造成文化现实与结构性现实之间的新张力，后来这种张力成为一种推动现代历史发展的力量。

过去几十年中，文艺复兴时期人文主义的定义主要是基于出生于德国的美籍语言学家和哲学家保罗·奥斯卡·克里斯特勒（Paul Oskar Kristeller，1905—1999）的著作。[2]克里斯特勒将人文主义认定为中世纪教育课程中属于自由技艺的五个学科领域：语法、修辞、诗歌、道德哲学和历史。[3]这些领域中最重要的是修辞。根据克里斯特勒的说法，人文主义者是"作家和批评家，不仅希望实事求是地述说，而且希望按照他们的文学品位和标准做到妙语连珠"。[4]他称他们为"专业修辞学家"，并将他们看作中世纪权威泰斗的继承者、正式文书写作技艺（*ars dictaminis*）的专家，是他们将古典演说术运用到了书面修辞之中。

克里斯特勒通过提出定义，很早就尝试将历史术语"人文主义"从其现代用法的语义学迷雾中解放出来。他提到的五个学科领域，是基于意大利人文主义者托马索·帕伦图切利（Tommaso Parentucelli，1397—1455）对人文主义研究（*studia humanitatis*）的诠释。克里斯特勒关于历史化和具体化我们对人文主义的历史理解的建议，是有理有据的。这不仅仅是因为文艺复兴研究中长期存在根深蒂固的过分强调人文主义现代性的传统，而且尤其是因为它对当时共和主义思想的推动。然而，他这个定义的成功，使得人文主义研究付出了代价。与其重新回答人文主义对现代性的重要意义或文艺复兴时期人文主义者对当代政治的影响的问题，克里斯特勒全然放弃了提出这些问题。如此一来，克里斯特勒使得文艺复兴时期的人文主义研究更加严肃，同时，也变得更加无关痛痒。

除此之外，克里斯特勒用五个学科领域界定人文主义的做法，几乎无法反映当时对人文主义者的观念——既无法反映他们自己的见解，也无法反映他人的看法。除了帕伦图切利，多数人文主义者选用不同的标准来描述他们自己。他们常常称彼此为"诗人兼演说家"（poetae et oratores），由此以精巧的演说和写作专家的面目出现，而不是某些学科的专家。这也是人文主义者在统治阶级眼中的形象和用处。他们被赋予了写作官方文书、论著和演说的任务，无论内容涉及什么主题。同时这也是克里斯特勒的定义的另一个瑕疵——只有少数人文主义者是靠修辞为生或拥有官方修辞学家职位的"专业"修辞学专家。人文主义从未与特定的专业领域、教育程度或社会阶层相关联。无论是法学家还是神学家，世俗人士还是神职人员，贵族还是平民，都可能是一位人文主义者。

罗纳德·G.维特（Ronald G. Witt），克里斯特勒的众多学生中的一位，近来提出了另一种定义，更加准确地反映了对人文主义者的总体认知，并且还兼有更加简洁的优点。在维特看来，"识别一位人文主义者的试金石，是他模仿古代拉丁文风格的意图"。[5]作为一位人文主义者，首先要面对语言风格的问题，并且，对于少数有幸受过拉丁语教育的人而言，识别一位人文主义者只需要几秒钟的阅读和聆听。几乎无法想象还有任何比这更能说明问题的共同特征。

因此，维特对人文主义起源的探讨，集中在13世纪下半叶到15世纪上半叶之间发生的拉丁文诗歌和散文的风格变化上。他的叙述止于人文主义思想成为佛罗伦萨和威尼斯贵族阶层中的主导文学和政治文化。那个时候，古代风格的主流模式是西塞罗式的。从一开始，人文主义者的西塞罗式风格就不仅仅是文学或演说风格的问题。根据维特的说法，它很长时间内带有共和主义者的风范，并且因此"对领主的城市的商业巨族几乎没什么可说的"。在主要共和城邦之外，只有当人文主义教育被认定为"具有社会高层地位时，人文主义才能获得众多的追捧者"。[6]即便那时，它也是为一种一直重要的政治目的服务："通过研究西塞罗的作品而效仿其风格，学生无论是在共和国中还是封建领地内，都受到市民价值观的熏陶。"[7]

基于对文艺复兴时期人文主义的这般理解，维特提供了最初形成于20世纪20年代末的汉斯·拜伦（Hans Baron，1900—1988）的著名理论的一个修订和拓展版本，即认为由佛罗伦萨的西塞罗风格学者莱昂纳多·布鲁尼（Leonardo Bruni，1369—1444）发展起来的"市民人文主义"（civic humanism），是现代西方共和主义的起源。[8]换而言之，维特对克里斯特勒的人文主义定义的批判最终使他回到了一种被克里斯特勒视为批判对象的人文主义理念。

本书采纳了维特对文艺复兴时期人文主义的定义，并且赞同他的论断，即人文主义者的西塞罗式风格绝不仅仅是一种对风格的效仿。然而，在人文主义思想的政治功能方面，本书则持有不同的观点。本书主张：人文主义的主要目的不是向统治阶级教授市民价值观，更不是促进共和主义的发展，而是为学者们建立起一种以西塞罗的"博学演说家"理想为模板的新兴政治角色（参见4.1）。本书进一步坚称在文艺复兴时期的共和国或公国的政治文化中，这样的角色没有足够的地位；它与古代罗马共和国的天壤之别，远比多数人文主义者还有许多现代历史学家所愿意承认的还要严重得多。最后，本书指出：人文主义在欧洲统治阶级中的迅速和长久的成功，与对政府而言的实际适用性无关，但却与关于罗马政治典范的普遍幻想相关。

作为我们研究文艺复兴时期人文主义的出发点，我想提出这样的问题：一个人要如何才能成为人文主义者？接下来的回答将会很简短，并且从很多方面来说不充分，但是其目的在于勾勒出志存高远和功成名就的人文主义者们生活、工作的环境。若要享有"诗人兼演说家"的盛名，只是像古罗马人那样吟诗和讲话是不够的；还要用某种特定的风格写作，它错误地被认为是古典式的（实际上是加洛林式的）；还要经过特殊的交流仪式的训练，比如信函写作；还要与已经公认的人文主义者交往；同时还要公开对他们展示友情并得到他们的接纳。所有这些导致被公认为人文主义研究专家的做法，都不是很正式的。没有任何官方正式的流程，并且也没有建立制度化的通过仪式。一位人文主义者并未经过某种特定的学校课程教育，或是完成过任何特定的大学研究,也没有身居特定的职位;他只是与其他人文主义者打成一片,学习他们的语言和学术技能,并采用他们的行为方式。

将人文主义者与中世纪大学学者区分开的制度化准入程序和官方头衔的双重缺失,不见得是一件坏事。这使得人文主义者们能够在既存的学术机构之外硕果累累、生生不息,而不是被控制机构的传统精英们所阻挡。人文主义研究因此发展壮大,不过,多数欧洲大学过了段时间才开始对这个领域热心起来,而且,即便到那个时候,也只是允许人文主义者们为有志进入神学、法学和医学的高等学院的学生做些预科教学工作。由于人文主义者迅速获得了城市统治阶级的赞助,他们能够站在一个更贴近于政府的角度,挑战学术体制的代表,并辩称他们对于那些掌管公众福祉的人更有帮助。

然而,人文主义教育和社交的极端非正式性,也有其弊端。与大学、修道院或官邸中的传统学者不同,人文主义者经受着他们的社会地位和学术身份的长期不稳定性。结果,他们感到需要不懈地向自己和他人证明自己的价值和重要性,同时还要贬低作为竞争对手的其他学者。人文主义者话语中洋洋洒洒的溢美之词和口头的诽谤中伤,可以用这种制度性的不安全感解释一二。

人文主义研究的这种非正式的地位,进一步将受欢迎和不受欢迎的学者和学问的划界问题复杂化。在其他学术领域,个人证书、头衔和职位的授予与否，有效地达到了这个目的。在人文主义者的圈子里，则必须用一些不那么有权威性、却更加微妙温和的方式。早期人文主义者建立起来的交流通信网络至关重要。一封来自功成名就之人的信函，不啻一张人文主义者社群的入场券，或是一道永久驱逐令。在15世纪早期的人文主义者网络中，一封来自伊拉斯谟的信，就是最好的扬名立身的确认书。这份文件会被四处传阅、传抄，甚至出版发行。通常的情况是，它需要经过中间人的一再乞求和游说方能获得。相反地，在通信中遭到一位杰出的人文主义者的嘲弄或轻蔑，则可能导致当事人被从这个社群中驱逐出去，尤其是此人的地位不高时。[9]

鉴于所有这些非正式性和不安全感，人文主义者要严重依赖统治阶级，方能建立起他们的公共权威。因此，对待掌权者的行为态度，是他们自我建设的核心。正如我在第4章中指出的那样，扮演两种主要角色，可使中世纪的学者们在政治事务上加强权威。

其中之一是"职能精英"（functional elite）。这要求适于政府的统治方式的发展，但是对于统治者自身而言，问题太过复杂而无法处理——比如由法律专家们对罗马法进行调整，使其适于当时的政治状况。职能精英们在他们的统治者和赞助者身边充当仆人，却非独立的政治权威。他们在政坛发挥影响，倒不一定需要抛头露面。

另一个角色是"思想精英"（spiritual elite）。它意指：通过主张一种比统治者和被统治者更高的权威和正当性，向掌权者教授"真理"——就像神父们布道时所做的那样。思想精英们必须以独立学者的面目出现，远离权力的殿堂，厌恶物质享乐，以便表现出他们的双手未被世俗事务沾染。为了产生政治影响，他们要依赖受众。他们并不深思熟虑，而是赞颂或责备，命令或警告。在中世纪晚期，托钵僧传教士很可能是最有影响力的思想精英。

尽管这两种角色在很多方面都大相径庭，某些学者，比如受过法律训练的神父们，却能够在两者之间切换自如。不过，更重要的是，职能精英和思想精英有一个共同点：他们将政治治理和学术视为截然分开的两个领域。中世纪的律师和神父极少将自己扮作统治阶级的一员或是敦促统治者成为他们自己这样的学者。

从很早开始，人文主义者们就试图打破中世纪这种对学界和政界的切分，倡导学者和统治者的互相融合吸收。这个目标旨在为学术界创造一种新的政治领域，同时为学者们打造一种新的政治角色。回想起西塞罗的作品中"人文"的双重含义——政治专长和人的完善（参见4.1），人文主义者们向统治者许诺：如果他们能接受古典教育，他们就能够再一次成为古代伟人式的政治英雄。

文明教化的任务针对的是人文主义者们自己的赞助人，

同时展示了智谋和权力、文学和政治英雄主义之间更加高度的共谋关系。向统治者讲话时,人文主义者们采取了一种新的论调。彼特拉克树立了一个榜样,他提到教皇和皇帝时都用了非正式的方式,并且假装与他们平起平坐。在1361年一封给皇帝查理四世(Emperor Charles IV)的信中,他写道:"你召唤我去德意志,我召唤你来意大利!你的权威优越于我,我的事由却优先于你。"[10]

15世纪时,人文主义者们开始根据西塞罗"博学演说家"的理想将他们自己宣传成权威政治家。1415年,莱昂纳多·布鲁尼撰写了《西塞罗生平》(Life of Cicero / Vita Ciceronis)一书,也称为《西塞罗新传》(New Cicero / Cicero novus)——同年他获得了佛罗伦萨的市民身份。这位学术新贵尤其强调他心中的英雄对学术和政治的融合。通过他在"公共和私人事务"中的活动,西塞罗不再只是被称为"其祖国之父",还成了"我们的演讲术和文学之父"。[11]布鲁尼坚称:西塞罗在政治和学术方面的超凡成就都是基于"一脉相承的同样的哲学"。[12]

1428年,就在他升任佛罗伦萨执政长官一年之后,布鲁尼写出了发表在佛罗伦萨贵族和佣兵首领南尼·斯特罗奇(Nanni Strozzi)葬礼上的、著名的《斯特罗奇葬礼演说》(Oratio in funere Ioannis Stroze),借这个场合提出人文主义研究是佛罗伦萨政治文化不可分割一部分。它们"最适合人类智力"并且"对于私人和公共生活都不可或缺"。[13]在布鲁尼眼中,佛罗伦萨贵族和市民对人文主义的复兴，证明了这座城市作为古罗马共和国真正继承者的地位。

在共和制城邦中，比如15世纪早期的佛罗伦萨，人文主义者鼓吹自己是统治阶级的成员时，没有遇到很多障碍。但在王公们统治的国家中，情况却大不相同。在这里，相反的吸收融合路线倒还更加容易——将统治者们变成人文主义者。为达到这个目的，他们曾有种种尝试。来自法兰克尼亚①的人文主义者康拉德·策尔蒂斯（Conrad Celtis，1459—1508）将马克西米利安皇帝看作他高度抽象的"德意志文学社"（*Sodalitas Litteraria per Germaniam*）的一员。[14]约翰奈斯·特里特米乌斯（Johannes Trithemius，1462—1516）是帕拉丁地区（Palatinate）一位具有人文主义思想的本笃会修道院院长，他撰写了一部《德意志文人传记名录》（*Catalogus illustrium virorum*），在书中他列举了查理大帝，并将其描述为一位伟大的人文主义者——精通拉丁文、希腊文和希伯来文，参与图书收藏工程以及人文科学研究。意大利桂冠诗人吉罗拉莫·阿马西奥（Girolamo Amaseo，1467—1517）不再将单个统治者描绘成人文主义者，而是想当然地断定没有比人文主义（*humanità*）更加适合于统治者的教育方式：

> 人文研究（*humanità*）囊括了世界上的所有科学，并且对于领

---

① Franconia，位于今德国中南部地区，是中世纪早期的德意志公国之一。

主、公侯或君王而言，没有任何科学或专业比它更加政治化（*più politica*）而且更加恰当；……在古代，人文学科的教师们和法学家们都是学富五车的人文主义者（*dotsissimi humanisti*），并且大多数王公贵族也是如此。[15]

然而，即便在各个公国和王国之中，人文主义者也想方设法使自己作为博学的演说家而与公侯君王联合起来。其中一种方法是获得桂冠，一种充满象征意味的公开行为。1341年，彼特拉克在卡匹托尔山（Capitoline）上重新引入了这种仪式。在他的加冕礼上，他穿着那不勒斯国王罗伯特（King Robert of Naples）的紫色皇袍，这是他特别为这个场合而准备的。在他的加冕演说中，彼特拉克宣称：在古罗马，诗人和胜利者都是以同样的方式加冕。[16]这样的言论在古典文献中找不到什么根据。这是一次典型的发明传统的行为，而它实在太过诱人，以致后世的人文主义者们顾不上批判地审视就欣然接受。

1442年，埃尼阿·希尔维奥·皮科洛米尼成为阿尔卑斯山以北的首位荣获桂冠者，在一封讨论诗歌艺术的信中，他采用了这个论断。[17]而康拉德·策尔蒂斯则在1487年成为首位获得桂冠的德意志人文主义者，他重申：在古罗马，诗人和凯旋的指挥官们会得到同等的奖赏（*aequis praemiis*）。[18]就像埃尼阿·希尔维奥一样，策尔蒂斯受到了皇帝腓特烈三世的加冕，但是他比意大利桂冠诗人们更加看重这个仪式在政治上的重要意义。在这个典礼上，他承诺要通过"在此处和各处"的公开赞颂，大力宣传皇帝的政治主张。[19]更有甚者，他在正式担任桂冠诗人时，上演了皇帝与人文主义者角色颠倒的一幕。1501年，腓特烈的儿子兼继承者马克西米利安资助了一所"诗人和数学家学院"（Collegium poetarum et mathematicorum）。这简直是为策尔蒂斯量身打造的，他此时被赐予了代替皇帝为毕业生加冕桂冠的殊荣。有了加冕的权利，策尔蒂斯号称有权自行起草和发布帝国文件。当他将马克西米利安算作他"德意志文学社"中的人文主义同伴时，他自己也沾了帝国尊荣的光[20]（参见图8）。

桂冠带来的政治意义亦曾有矛盾的结果：更符合理想候选人形象的是博学演说者而不是诗人。在佛罗伦萨，这种矛盾性在15世纪中期就已经昭然若揭。在这里，与帝国宫廷的习惯相反，加冕仪式是人文主义官员国葬仪式的一部分。获得桂冠的佛罗伦萨文人，比如执政长官们：科卢乔·萨卢塔蒂（卒于1406年）、莱昂纳多·布鲁尼（卒于1444年）、卡洛·马苏皮尼（Carlo Marsuppini，卒于1453年）以及波齐奥·布拉丘利尼（Poggio Bracciolini，卒于1459年），并无诗人之名，他们甚至根本不写诗。当詹诺佐·马内蒂（Giannozzo Manetti，1396—1459）为莱昂纳多·布鲁尼写葬礼演说时，通过援引西塞罗的《论雄辩家》（De oratore），他试图将诗人作为与演说家最相近者呈现；显然他连自己都说服不了，于是又加上：布鲁尼临终

图8 这幅纪念康拉德·策尔蒂斯的肖像，由汉斯·博格梅尔于1508年创作，由此可见文艺复兴时期人文主义政治和学术之间纠缠不清的关系。整个布局模仿了罗马墓碑上的肖像。策尔蒂斯的人文主义者地位不仅在他的书中而且还通过他的帝国特权得到强调。他右臂上部绑有马克西米利安首字母图案的绑带——就像皇帝的事迹中呈现的那样——很可能意指策尔蒂斯给他的"诗人和数学家学院"的学生授予桂冠的特权。策尔蒂斯自己的桂冠被描绘了两次，一个佩戴在他头上，另一个像光环一般笼罩在他上方；别在桂冠上面的小小的盾形纹章上，有帝国的双头鹰徽记，这进一步突显出：这位人文主义学者为自己绘制了一幅俨然德意志政治舞台上一个独立自主的权威的自画像。

之前曾经计划出版一本诗集。[21]但没有任何人见过这些诗。

为了将没有诗歌成就的诗人获得桂冠的现象进一步合理化，人文主义者们还可借助彼特拉克的描述——将被加冕的作家描绘为罗马美德的复兴者。[22]他们由此采用另一种盛行一时的方法来吸纳学者和统治者。人文主义者们遵循西塞罗的例子，大力宣扬：执笔之士与执剑之人同样有价值（参见图9）。公民地位、市民身份、庄严、美德、荣誉和赞颂（*civilitas, urbanitas, gravitas, virtus, honor and laus*），既是战场上的指南，也是教室中的纲领。这也使人文主义者赞扬他们的同伴时，将当代文人与古代统治者和战士相提并论成为可能。即便伊拉斯谟——尽管他自己宁愿远离军界英雄们——也采用了这种吸纳方式。1519年，他在一封寄给乌尔里希·冯·胡腾的信中起草了关于他朋友托马斯·莫尔的简短传记，并以这一初步考量开头："我认为，要塑造莫尔的形象，并不比描绘亚历山大大帝（Alexander the Great）或阿喀琉斯（Achilles）更容易，而且他们没有莫尔这般值得永垂不朽的名声。"[23]

步西塞罗后尘而塑造出恐怕是最煞费苦心和功成名就的"博学政治家"自我形象的那位人文主义者，同时也是在意大利之外推行人文民族主义思想的最有影响力的人，乃是埃尼阿·希尔维奥·皮科洛米尼。他在1458年当选为教皇，史称庇护二世（Pope Pius II）。他的政治生涯在巴塞尔宗教会议上闪亮开启。在那里，他因口才出众而引发关注。1443年，

图9 西塞罗是如何获得他的桂冠的？这位16世纪晚期创作文人肖像系列的艺术家，很可能模仿了古代大理石胸像的复制品（参见图5）。然而，这顶桂冠是艺术家增加的一个象征物，西塞罗从未佩戴桂冠，也没有罗马人会把这个象征物与他联系在一起。这顶桂冠出现在西塞罗的头上，只是因为它从古代军事胜利的标志转变成了文艺复兴时期人文主义者政治权力的象征。在所附的文字中，西塞罗被描述为完美的学者兼政治家：他是最著名的演说家、最杰出的教师、国家的解放者和祖国之父。显而易见，这幅西塞罗的肖像，为但丁和彼特拉克的肖像所效仿，后两者也都被戴上了桂冠。

他开始为腓特烈三世效力。同年，他出版了《五人对话录》（*Pentalogus*），在第4章中笔者已有介绍：这部作品创造性地将爱国主义与民族主义言论相结合。

这部作品在其他一些方面也值得瞩目。它是同时期德意志政治的五位领军者——皇帝、基姆湖主教尼科德莫·德拉·斯卡拉（Nicodemo della Scala, the Bishop of Chiemsee）、弗赖辛主教希尔维斯特·普弗利杰（Silvester Pflieger, the Bishop of Freising）、帝国总理大臣加斯帕·希利克（Caspar Schlick）以及埃尼阿·希尔维奥·皮科洛米尼本人之间的虚构的对话录。作者让他们看起来像是讨论帝国政治的罗马政治家一般。[24]根据对话录的古典理想模式，他们彼此都用非正式的称呼。此外，书中作者自我的化身，是这里五人中地位最低的，却显然以他的言论主导了对话。他用一种迫切的口吻敦促皇帝在帝国会议上发表演讲，说服德意志王公诸侯为帝国夺回意大利。文采斐然的埃尼阿甚至为这场演讲提供了讲稿，其中充斥着前文提到的民族主义修辞。

尽管皇帝腓特烈本人对这位人文主义者的劝说不以为然，并且拒绝充当公开演讲者，但是埃尼阿·希尔维奥在荣升锡耶纳主教和帝国大臣之后，却获得了作为皇帝的代言人在1454年法兰克福的帝国会议上发表演讲以供会议审议的机会。他的演说《论君士坦丁堡之败》（*On the defeat of Constantinople / De Constantinpolitana clades*），呼吁立刻对土耳其人展开军事行动，它效仿了西塞罗在公元前66年发表的著名演说《论玛尼利乌斯法案》(De lege Manilia)，西塞罗的目的是赋予庞培（Pompeius）最高指挥权以击败地中海的海盗。埃尼阿·希尔维奥用他的演讲，在德意志帝国政界开启了一个议事演说的新时代，同时，一位帝国发言人最终诞生了。马克西米利安，与其父相反，喜欢发表公开演说，由此与传统上的君王威仪背道而驰。显然，他甚至真的颇具天赋。凭借在1507年康斯坦茨会议上的表现，他成功地打动了当时的人文主义者们。19世纪伟大的历史学家利奥波德·冯·兰克（Leopold von Ranke, 1795—1886）也被皇帝的爱国之辞强烈震撼了，以致他竟错将这份演说当作了一份"李维风格的杜撰之作"（Livy-style fiction）。[25]

当埃尼阿·希尔维奥亦即庇护二世死在教皇宝座上时，他过去的依附者们便肩负起使他的博学演说者和成功政治家形象永垂不朽的任务。这项事业的领袖是教廷中的人文主义者吉安·安东尼奥·坎帕诺（Gian Antonio Campano, 1429—1477），他后来在德意志境内引发了针对意大利人文主义者的激烈民族主义反应。坎帕诺撰写了不下三部纪念这位人文主义教皇的作品——《葬礼演说》(FuneralOration)、《生平》(Life) 以及关于其演说和写作的《评述》(Commentaries)。[26] 在生平传记中，他立意效仿苏维托尼乌斯（Suetonius）成书于公元121年的《罗马十二帝王传》(The Twelve Caesars/De vita Caesarum)，将埃尼阿·希尔维奥描绘为一位帝王般的角色。[27]然而，在对埃尼阿·希尔维奥的作品的评论中，他援引了布鲁尼的《西塞罗新传》及其对"积极生活"（vita activa）的宣扬，即一种服务于公众福祉的学术存在。[28]

与布鲁尼不同，坎帕诺没有满足于将他的主角描述为一个新版的西塞罗。此时此刻，仿品必须优于原版。他坚称，这位人文主义教皇，无论是作为政治家还是作为学者，都超越了他的偶像西塞罗。坎帕诺的比较是基于如公开演说的数量、题目的重要意义以及观众的人数规模之类的标准。结果毋庸置疑——坎帕诺称：西塞罗几乎只做私下演说，埃尼阿·希尔维奥只做公开演说；西塞罗讲的是些许小事，而埃尼阿·希尔维奥讲的是重大事项；西塞罗只出现在很少的几个政治舞台上，而埃尼阿·希尔维奥出现在"世上每一个论坛、每一次集会上"（in omini foro, in omni contione orbis terrarum）。为了将埃尼阿·希尔维奥描述为"更加公共化"的演说者，坎帕诺将形容词"私下"（privatus）和"公开"（publicus）与两者的动机联系起来。他宣称：除了针对喀提林和维勒斯①的演说，西塞罗公开演说时总是出于私人利益，而埃尼阿·希尔维奥总是并且只是追求"各族民众的共同福祉"（communis gentium utilitas）。[29]《评述》中宣称：罗马的博学政治家的理想，最终

---

① Verres，于公元前73—前71年担任西西里执政官期间滥用权力、欺压民众。西塞罗受西西里民众所托，控告维勒斯并迫使其流亡，从而赢得了民众的爱戴。

在人文主义教皇庇护二世身上得到了完美诠释。

到15世纪中期,在整个意大利范围内,文艺复兴时期人文主义的成功已经显而易见。从佛罗伦萨、威尼斯和罗马开始,在很短的时间内,政治精英的古典教育质量就达到了史无前例的程度。16世纪,阿尔卑斯山以西和以北各国也纷纷效仿。在整个现代早期,看似轻松自如、博学全能的人文主义名家形象,成了王侯朝中贵族男子和外交官的主要楷模。[30]

人文主义者们也是成功的公开演说家。时至1450年,在意大利的多数地方,人文主义演说术已经扬名立威,不仅在各共和国中,在各公国和罗马教廷中也是如此。几十年后,由于意大利人文主义者在康斯坦茨会议和巴塞尔会议中明白无误的表现,许多欧洲国家的政治精英们也对人文主义演说术热衷起来。在德意志地区,伴随着新晋桂冠诗人们的号召,人文主义演说在1493年马克西米利安登基掌权之后达到了巅峰。

最终,许多人文主义者从相对低微的出身在社会阶梯上青云直上,并且许多人甚至跃居权势煊赫、影响重大的官位。在佛罗伦萨,执政长官职位早在1375年就成为人文主义者的据点,当时科卢乔·萨卢塔蒂(1331—1406)被选为该共和国的执政长官。从那时起,这个城邦的正式公函的特色就是充斥着精美的拉丁文辞藻,益发彰显出佛罗伦萨作为罗马式教育中心的声望。1500年左右,在德意志,人文主义律师康拉德·柏廷格(Conrad Peutinger,1465—1547)和塞巴斯蒂安·布朗特

（Sebastian Brant，1458—1521）分别占据了帝国重镇奥格斯堡和斯特拉斯堡的执政长官之职。二人也都享有"帝国顾问"（*kaiserlicher Rat*）的头衔，并且与马克西米利安及其朝廷建立了密切的联系，而另一位人文主义律师约翰奈斯·库斯皮尼安（Johannes Cuspinian，1473—1529）则充任主要顾问和大使。

不过，人文主义者最有职业机会的地方却是在罗马教廷中。1447年，在埃尼阿·希尔维奥升任教皇的11年之前，枢机主教团（College of Cardinals）选举了托马索·帕伦图切利（Tommaso Parentucelli）——一位出身低微的人文主义者担任教皇，称尼古拉五世（Nicholas V）。15世纪晚期至16世纪早期，人文主义神职人员升迁进入枢机主教团之事司空见惯，帕伦图切利上位的一个重要原因则是他的积极赞助。

然而，尽管长期以来人文主义者"教化"统治阶级的任务十分成功，尽管人文主义学者们迅速跃居高官显职，但是人文主义者们从未能够企及他们的古罗马偶像们所取得的同等职位。依靠对拉丁文的精通和渊博的知识说服听众采取正确政治决策的公共演说家，是他们最喜欢的角色，不过这依然是一种幻觉。人文主义者们发挥的真正政治作用与此非常不同。

为了解释这样自相矛盾的胜利中的失败，我们必须将人文主义神话对罗马政治文化的复兴与他们出现和身处的中世纪晚期政治现实联系起来考量。[31]在中世纪的意大利，人文主义者的公共职能产生于两个学术传统，这两个传统都使国家的官方交流专业化了。

其中更广为人知的一个传统是"文书写作技艺",前文已经在探讨克里斯特勒对人文主义的理解时提到了。它可以被描述为一种借鉴了西塞罗对撰写议事演说词之指导的官方文书写作方式。[32]它起源于12世纪末的教皇国。追随着中世纪诗学的范例,文书技艺通过将口头交流技巧转化为书面用途,加深了与古代修辞之间的鸿沟。[33]由此,信函成为一种有说服力的媒介,而在古代它曾被看作对话交流的媒介。

"专业修辞学家"(dictatores),即文书技艺的教师和实践者,属于典型的职能精英。他们发展和掌握了当权者自己无法掌控的政治工具。尽管西塞罗或恺撒曾经亲自执笔和口述他们的信函,多数中世纪统治者还是依赖他人的言辞和笔杆,方能进行远距离交流。

第二个为人文主义者们发挥政治功能铺平道路的学术传统,是"演说术"(ars arengandi)。它构成了一套在正式场合公开致辞的方法,并且自13世纪中期就开始使用。[34]与文书技艺类似,它也为不同的公共目的提供了现成的模板,由此抛弃了古代修辞论著的总体指导。演说术很适合意大利各城邦的政治。在它被引入之前,冠以"议事集会"(concio)之大名的民众集会——参照罗马的"议事会"(contio)(参见4.1)——是发表公开演说的主要场所。在这里,业余演说者们能够向市民同胞们发表演讲,商讨政治决策。

由于这个制度不是以遏制中世纪晚期城邦国家中旷日持久的暴力和派系斗争为目的而建立的,民众集会的政治权能日渐式微,而选举出的委员会的权势则得以增强。演讲术的引入,就是在这样的背景下发生的。它使得公共措辞正式化和仪式化,并以受过修辞训练的官员取代了外行的市民演说者。因此,政治决策过程慢慢从公共视野之中消失了,而公共演讲则主要担当起了典礼仪式的功能,尽管它依然保留着某些审议的形式。[35]

14世纪末,当首批人文主义者在佛罗伦萨和其他意大利城邦中担任官职时,这个政治规训化和正式化的进程早已展开了。萨卢塔蒂那一代和布鲁尼那一代的人文主义者们不只参与了这个进程,而且积极将它导向更加持久的寡头政治的统治。这个进程终结时,在15世纪中期的佛罗伦萨,连经选举产生的委员会也失去了决策大权,而此时的政治决策由美第奇家族控制的非正式圈子做出。

在其正式的官方职能中,人文主义者们将中世纪文书专家和演讲术专家的职能融于一身。他们起草和应对市政府和王公朝廷的官方往来信函,并且在典礼场合发表公开演讲,比如,国葬上,或外国统治者或使节的正式招待会上。在履行这些职能时,从很多方面而言,人文主义者们延续了中世纪的修辞传统。例如,官方公函和正式演讲的体裁,依然在正式性和功能性上彼此密切相联。许多人文主义"演说",包括布鲁尼关于南尼·斯特罗齐的演说以及坎帕诺关于埃尼阿·希尔维奥的《葬礼演讲》(*Oratio In funere*)，不仅从未宣讲出口，而且苦心孤诣地只向将会书面阅读它们的公众发表。某些像布鲁尼的《佛罗伦萨城礼赞》(*Praise of the City of Florence/Laudatio Florentinae urbis*)这样的书面"演说"，还被政府用作外交关系中的宣传工具。官方人文主义公函反而常常被打造成一篇用书面方式送达而且确实在收信人面前被大声宣读的演说。当1455年佛罗伦萨的执政长官波齐奥·布拉丘利尼（Poggio Bracciolini）向阿拉贡国王阿方索五世（King Alfonso V of Aragon，1396—1458）送出一封祝贺《洛迪和约》（peace agreement of Lodi）签订的信函时，那不勒斯宫廷中的人文主义者们首先将文本抄在一张珍贵的羊皮纸卷轴上，然后在这位国王和他的廷臣面前朗诵出来。[36]

然而，人文主义者们向统治者承诺了远比其中世纪前辈所做的更多的东西。用所谓古代风格书写公函和演说，只是将政治赞助人转变为罗马式英雄的伟大工程的一小部分。按照这种逻辑设想，古典拉丁文焕发新生将使罗马式统治者重建罗马式政权成为可能。这对意大利城邦中的政治精英来说是一个颇具吸引力的讯息，他们长期以来对罗马正统继承者的地位你争我夺。并且，这对欧洲各国君主而言也一样有吸引力，尤其是神圣罗马帝国的皇帝和法国国王，在1494年之后，为追求一个普世性帝国，他们的势力蔓延到了意大利。换而言之，人文主义政治思想的极端复古主义，可能颇堪信赖且令人向往，因为它刺激了政治精英阶层自己政治上的复古梦想。

不过，即便文艺复兴时期的统治者们及其随从相信人文主义者的某些承诺并同意在他们的指导下接受"教化"，他们仍无法赋予人文主义者与古代博学演说家对应的政治地位。中世纪晚期，没有任何国家——无论共和国还是君主国——将政治决策置于公开审议之下，因此公共演说者们在决策过程中也就没有官方地位。如果人文主义者们自称践行了古代博学之士比如西塞罗和撒路斯提乌斯的"积极生活"，他们就大错特错了，因为他们即使占据了政府职位，也无法独立地作为政治家行事。

对于佛罗伦萨的所谓"市民人文主义者"（civic humanists）——如萨卢塔蒂、布鲁尼及其同伴们，这尤为适用。许多政治思想史学家将他们的自我宣传看得太过表面，从而忽视了其复古主义思想的品质。比如，昆丁·斯齐纳（Quentin Skinner）将"自由积极参加共和国运作这一意义上的"自由的观念归功于佛罗伦萨的人文主义者们；但他却没有阐明：这些人文主义者们并未"运作"任何东西，除非他们出生在统治者的家族之中。[37]他们执行命令，或者说，如果他们受到赞助者的信任的话，以这位君王或贵族的名义代行其事。很少有像登上教皇之位的埃尼阿·希尔维奥这样的例外，文艺复兴时期的人文主义者们在官僚职能方面，依然局限于作为职能精英的学者角色。

人文主义者装模作样扮演的角色与其真实地位之间的巨大差别，也反映在他们最喜爱的体裁之中。多数人文主义演说辞藻浮华。这个体裁常常带有褒贬之辞，是最适合用在人文主义演说中的，一则用作宣传工具，二则当作公共庆典的锦上添花的节目或权当教育性文献。[38]不过，正是这个体裁，最不曾受到古代罗马作家们的眷顾。在西塞罗看来，有着比颂词（laudatio）"更加庄重和更加普遍的演说体裁"（sunt orationum genera et graviora et maioris copiae）；至于悼词，他更是语带讥诮地作出论断，认为它完全无法为演说术增光添彩（ad orationis laudem minime accommodata est）。[39]

较之另外两派的经典修辞，即庭辩演说和议事演说，浮华之辞似乎远远不那么适于展现演说术的力量和演讲者的影响。在共和国时代的罗马，精通演说的名声是通过说服疑虑重重的公众采纳自己的观点而取得的。对此，恰当的工具是庭辩演说和议事演说。相反地，华丽的辞藻是为了应对已确定之事（res certa），并且意在加强演说者和公众之间业已存在的一致观点。因此，如果我们用罗马人的眼光审视文艺复兴时期的人文主义，我们很难将文艺复兴时期人文主义者的演讲作品视为什么政治影响力的标志，更不要说大获成功了。

即便人文主义者们试图模仿议事演说的形式，他们的演说在功能上也常常流于摘藻雕章。埃尼阿·希尔维奥在他假想的《五人对话录》中为皇帝腓特烈撰写的、在帝国议会上发表的演说稿，包含着议事的言辞，却没有交由议会审议的意味。他认为皇帝要对其听众说："如果你确实想要向我建言并提供帮助，就像我希望的那样，那么目标就是攻击意大利。"在这里，"建言并提供帮助"（consulere et auxiliari）并不意味着对即将做出的决策权衡利弊，而是对高层业已做出的决策表达赞同。[40]而且，当皇帝告知德意志的王公贵族"我召集诸位前来，以便商讨我们民族的荣誉"[41]的时候，埃尼阿·希尔维奥的商议言辞也略显荒谬。这时候，听众们获得了自由裁量的权力，尽管是在一桩根本无须商讨的事项上。在荣誉和耻辱之间的抉择，根本无须深思熟虑。

埃尼阿·希尔维奥在1454年的法兰克福演说甚至可能更加说明问题，尤为重要的是因为它确实发表了。尽管他炫耀说其协商式结构是对西塞罗最伟大的演说的模仿，但他从不允许支持或反对向土耳其人开战的问题显得可容质疑或由此可容置辩。[42]在这方面，他的听众的做法与他如出一辙，只是观点南辕北辙。德意志王公贵族们无法想象参与对土耳其的战争，并且根本不觉得有什么争辩的理由。他们花了2个小时聆听埃尼阿·希尔维奥的经典拉丁文演讲，大概就像听到真正的古罗马演说一样，因为他们之中的大多数人几乎一个字也听不懂。随后，他们听到了德语的复述，从中得知：这位人文主义演说者没有提出任何需要探讨的具体意见。当他们还在表达着失望之情时，埃尼阿·希尔维奥分发了他演说的文稿，由此为自己后来的盛名打下基础。结果，他的演说在文学上大获成功却在政治上一败涂地，这样的事实表明：他的人文主义追随者们愿意追求对罗马演说家的效仿，即便其代价是逃避现实。

类似的故事也出现在人文主义的历史编纂上。作为历史著作的书写者，人文主义者们也主张拥有一种新的政治能力，即指罗马历史学家的公共权威。在共和国时代的罗马，历史编纂原本就与元老院的审查处有关，除了其他职责，审查处还需要通过提醒同时代人其先辈的事迹和习惯以维护元老院的尊严和公共道德。尽管在共和国时代晚期罗马历史的编纂者们与审查处的关系疏远了，他们依然将这个体裁当作官方记忆的储存处，从而将历史编纂置于"派系"媒体宣传的对立面，那些派系宣传往往依据带有族谱和蜡制面具的元老院成员的家族档案。人们期待历史学家像法官一般行事，而不是充当政治领袖们的辩护人，因此历史编纂被认为应当反对歌功颂德、反对效忠王朝。[43]这种对公正不阿的主张，依然被元首制政体的历史学家们所推崇，并且在公元2世纪早期塔西佗（Tacitus）的《编年史》（Annals）中得到经典表述。这位作者也是一位元老院成员，在其著作的开头就向读者保证：他下笔时"既不愤怒，也不偏袒"（sine ira et studio）。[44]

尽管文艺复兴时期的人文主义者们渴望恢复历史学家作为政治和道德事务中公正权威的形象，然而，如果他们想要与统治阶级的政治文化保持融合，就无法扮演这一角色。作为历史学家，人文主义者们被认为首要任务是提升和维护一位君王、一个市镇、一个地区或一个民族的声名。人文主义历史编纂因此充斥着歌功颂德，并且很少能不顾朝代。在这样的情况下，"既不愤怒，也不偏袒"地书写历史几乎是不可能的（好像它曾经真的可能似的），所以，塔西佗的论断主要用作驳斥其他历史学家的辩论工具，他们的偏见彼此冲突。[45]

人文主义者们，作为信函的写作者，很大程度上也未能获得他们所热切期望的公共形象。在彼特拉克用非正式方式称呼包括上层政要在内的收件人后，萨卢塔蒂试图将单数形式的古典致意方式引入佛罗伦萨共和国的公函往来之中。但统治该国的各家族却不喜欢，因此，他不得不放弃了。[46]后几代的人文主义者依然装作能与高层人士平起平坐地交流，由此践行西塞罗将书信往来描述为"与缺席友人的交谈"（*sermo amicorum absentium*）的说法。波齐奥·布拉丘利尼在他有生之年攒集了三部书信集，信中他对收件人都采取了非正式的问候方式，而不顾官阶职衔的高低。不过，当现代学者找到波齐奥的部分原作时，却发现这位人文主义者在语言学上有些标新立异之处。在信函原件上，高官显贵们依然得到通常的复数形式的尊称。[47]①

只有几位文艺复兴时期的人文主义者意识到,在文艺复兴时期的欧洲,他们不可能跟随西塞罗的步调行事。其中之一是伊拉斯谟。在1528年对西塞罗式人文主义者的猛烈抨击中,他批判性地问道:"即便我们认可西塞罗的雄辩曾在那个时代发挥作用,对于今时今日,它又能有何用处?"[48]他的回答可谓摧枯拉朽。他解释道:在法庭上,事情要通过"条文律例和法律术语的方式"来进行,于是,西塞罗式的法庭演说再无用武之地。在"人们用母语向较小的群体推广其观点"的会议室(*concilia*)中,也是如此。他们的陈述无论如何不会造成重大后果,因为多数政治决策"如今是在内阁中做出,最多只有三个人出席,而且这三人通常没有受过很好的教育;其他所有人都只是被告知他们的决定"。最后,在议事集会(*contiones*)上使用西塞罗的雄辩之术发表演说也毫无意义,因为"公众根本听不懂西塞罗的语言,并且,任何国家大事都不会与公众讨论"。

因此,在伊拉斯谟的眼中,西塞罗式的拉丁文有什么用处吗?有的,尽管范围非常有限。一方面,人文主义者借此在典礼场合发表"陈词滥调"并"曲意逢迎",为此,他"除了

---

① 西方语言中,常有称呼对方一个人时却使用复数形式以示尊敬的情况。例如:法语中的 vous 和俄语中的 вы,都兼有"你们"和"您"之意。其实,英文中的 you 一度也是第二人称复数(你们)和第二人称单数的敬语形式(您),而当时第二人称单数的普通形式为 thou(你)。有趣的是,中文敬语"您"也兼有第二人称单数和第二人称复数之意。

勤于背诵的毅力，不值得任何赞誉"。另一方面，他可以用西塞罗式的风格写信——"给谁？给饱学之士"。

当然，伊拉斯谟的回答是带有讽刺意味的，但是他的论断有助于证实文艺复兴时期人文主义者们为了追求复古而推陈出新的程度。如果伊拉斯谟是对的，即，政治上野心勃勃的人文主义者们布置出整个罗马风格的政治舞台，结果却是在用拉丁文彼此上演一出闹剧，那么，也可以说：他们无心插柳柳成荫地成了政治上的先驱者。对于人文主义者而言，与其重建古罗马的政治秩序并攫取博学政治家的角色，不如开创一个文学领域，而不受当时政治的局限。在这个领域中，他们得以让想象力自由翱翔，并且进一步推进他们的政治梦想，远远超越了那些根据自身担任的公职而塑造自己的学者。这就是文艺复兴时期的人文主义者对他们当时政治地位的幻想焕发出一种乌托邦式能量的全过程，而这种能量最终在相当大程度上塑造了现代欧洲的现实。

在印刷术的帮助下，人文主义者们塑造了一个属于博学之士的平等社群，在这里，关于审慎的公共思考和彬彬有礼的对话的古老理想已经实现。发表的信函和文学对话录则创造出了一幅人文主义者交流的景象，即文明开化的人类之间为寻求真理和正确的抉择而进行自主对话。并且，通过在他们所发表著作的献词中祝贺彼此的文明教化之功，他们这个学术群体呈现出扩张的局面，这最终将会依照其理想而改变整个政治文化。

为了标榜他们的学术社群，人文主义者们使用了不同的术语：他们频繁地将其称为"学术群体"（*coetus eruditorum*）和"国际文学社团"（*sodalitas literaria*），偶尔用到"文学共和国"（*res publica literaria*）一词。然而，正是后面这个术语对现代早期的学术界产生了最大的影响。与另外两个术语不同，"文学共和国"将文人们描述为另一个国度的公民。这别具一格并且很多方面都牵强附会的比喻，在17世纪后半叶才变得广为人知并且颇具影响，当时，不同领域和国家的学者们正试图在宗教争端和学术争议之间画一条修辞上的界线。再一次，他们为了达到这个目的所使用的辞藻大量地来自西塞罗，不过，这时更多的是取自《论共和国》（*De re publica*）而不是《论雄辩家》（*De oratore*）。[49]"共和国"（*res publica*）这个术语意指一个高度独立并具有高度道德的国度，由有德之人居住和统治。在现代早期，与古代的罗马相反，"共和国"可能既代表"国家"（state），也代表"共和国"（republic），因此，它可能作为大多数欧洲国家的君主制政府的对立模式呈现。在这个意义上，它象征了一个平等主义和精英统治的联邦共和国，其公民分享他们的知识财富，并公开地彼此赞扬和批评。

此时，使得一个独立学术社群的理想能够超越政治疆界的乌托邦式的能量，同样也使得将一个民族塑造为自治共同体并与其他民族展开激烈的荣誉之争成为可能。在这个意义上，现代国际主义和现代民族主义发源于同样的文化背景之下，即被构建成一个政治舞台的人文主义文学领域。在这个舞台上，人文民族主义者们能够向想象中的公众发表讲话，其人数远远超过实际听众人数。当康拉德·策尔蒂斯于1492年在英戈尔施塔特大学（University of Ingolstadt）发表演说时，他并非真的是对坐在他面前的法学院成员讲话，而是对整个民族。向德意志"自由而坚强的人民"（liberus et robustus populus）讲话时，他用一种权威的语气敦促道："哦，日耳曼人啊，重拾那帮助你们经常击败和威吓罗马人的古老精神吧！"[50] 这篇演说在演讲后的出版旨在证实，策尔蒂斯真正的听众是德意志民族。

尽管这种对整个民族的呼声公然挑战了人文主义者著作的范围，但他们显然为现代民族公众的构建准备好了基础。策尔蒂斯在那座位于巴伐利亚地区的大学城中的演说发表30年之后，这套言辞的范围大大扩张。在人文民族主义者这个小社群之外，其首批以及影响后世最为深远的学生之一，是马丁·路德。在其广受欢迎的著作中，他常常将受众称为"我亲爱的德意志人"（meine lieben Deutschen），甚至在他的神学理论显然被德意志大部分地区所拒绝，并且宗教改革只能作为地区事务而非民族事务继续时，他仍然这么做。[51]

当他们充当这个民族的劝诫者和指导者时，人文主义者们得以再次使用他们最喜爱的修辞体裁——示证（epideixis）。通过示证，他们能够将歌功颂德与教育、宣扬民族荣誉与教导爱国课程相融合。不过，在这样的情况下，他们扮演了思想精英的经典角色。文艺复兴时期的人文主义者们就这样为一类将会在现代繁荣昌盛的学者群体提供了首批范例，那就是"民族的布道者"（national priest）。

7.2 将法国人斥为蛮族，亦即意大利人文主义者战胜现实的方式

对抗野蛮，是每一位人文主义者的主要职责。他必须抱着使命式的热忱这么做，作为古典教育的传道者而采取行动。然而，"野蛮性"（barbaries）和"野蛮人"（barbarus）到底所指为何，依然常常不甚清楚，并且存在相当大的分歧。它可能指的是完全的无知无识，或是精巧而无用的教育；它可能是暂且尚未文明开化的状态，或是完全无法脱离野蛮状态的无能；它可能限于拉丁文读写方面，或是囊括一切人类表现，包括举止、姿态、衣着和气味；并且它可能给国人之中的一小群泼污水，或是让所有的外国人顶上污名。尽管存在所有这些不同的含义，但有一种意义始终不变："野蛮性"恰是"人文性"的对立面。

在野蛮性和人文主义之间创造出两极化的对立，使得文艺复兴时期的人文主义者们能够以罗马伟业复兴者的身份自吹自擂。不过，人文主义者们在谈到蛮族时，采取了与他们的古

代偶像不同的论调,由此造成了充满紧张感的氛围。在这方面,意大利人文主义者将外国人视作蛮族的做法堪称典范。

在古希腊和罗马,希腊文中"蛮族"($βάρβαρος$)对应拉丁文中的"野蛮人"(*barbarus*),这个词不完全用来指称外国人,但主要用在外国人身上,这里的外国人被界定为使用外国语言的人。虽则轻蔑地使用这个词以彰显自身作为文明开化民族的所谓优越感是一件正常的事,但对"蛮族"作出中立甚至积极肯定的评述也并非罕见,最引人瞩目的是在民族志描述这种体裁之中。古代对外来蛮族的论述因此千差万别。虽然如此,它们有一个共同点:它们通常都处于一个交流的情境之中,而那些被打上蛮族标签的人被排斥在外。无须说服外国人将他们自身看作"蛮族",除非他们想要采纳自己的文化(比如罗马文化和希腊文化)或是他们被征服而且并入了自己的领土(就像高卢人被罗马人征服)。在这两种情况下,接受"蛮族"的污名,意味着向文明开化进程的过渡。因此,尽管古代文献将外来者描述为蛮族,充满轻蔑,它却很少引发争议,因为关于蛮族的论述几乎不曾在"蛮族"面前提出。

在文艺复兴时期,情况恰好相反。当意大利人文主义者们开始将非意大利人称为"蛮族"时,他们的论调既带有一成不变的轻蔑,又极富争议。它被当作对非意大利人荣誉的攻击而重新引入,于是本国同胞和外国人都成了它的受众。换而言之,这场交流包括了那些被排斥在文明开化之外的人。他们被当作无知的野人，却又被期望能够理解用高雅拉丁文表达的侮辱。

故而，尽管言辞表明：意大利人和外国人之间没有共同点，如此一来也不可能有什么关乎荣誉的事项，但交流的情境引发了外国学者捍卫荣誉的行动，并且最终证明这是民族主义的一个绝佳催化剂。甚至可以说：重建文明与野蛮两极对立的复古主义尝试，刺激了民族间多极竞争的过早发展。它释放出了改变群体间关系的文化的能量，而当时滞后得多的政治变革却尚且无力提供这样的能量。

鉴于此种交流的情境，毫不奇怪地，意大利人文主义者们对外来蛮族采用了一种在古典作品中完全不典型的文类：恶言谩骂。他们中的一些人想必意识到了：他们没有严格遵循古人的范例，故而，他们试图将这挑动争议的论调与经典的蛮族论述相调和。这就是他们为什么写出像1373年彼特拉克恶言恶语的《对诋毁意大利者的驳斥》(*Against the One who Maligns Italy / Contra eum qui maledixit Italie*)这样的文章——这篇文章是针对法国人的毫无节制的毁谤，还欲盖弥彰地伪装成一篇民族志式的描述。

彼特拉克是在他去世前一年作为一个德高望重的名人写出这篇引发争议的文章的。在讨论它之前，我们必须细致考察其历史和个人背景。晚年的彼特拉克气势汹汹地推进帝国权力——帝国以及教皇权的重置，主张它们回归原本的位置，即罗马城。他还曾同样咄咄逼人地主张：意大利因其气候、居民和历史，拥有对罗马文明的垄断地位。于是，他拒绝了中世纪"权力转移"和"学术转移"（参见3.3）的学说，斥其为无稽之谈。"如果罗马帝国不在罗马，"他讽刺地问道，"那么，它在哪里呢？"[52]

彼特拉克既不能接受法国人担任教皇，也无法容忍德籍人士成为皇帝；如果他们登位，就像他在世时那样进行统治，他要么斥其为蛮族，要么将他们转化为意大利人。比如，1351年，他向皇帝查理四世宣告："德意志人可能说你是他们的同胞；然而，我们将你当作一位意大利人。"[53]当然，这也意味着这位皇帝必须在意大利生活。

尽管彼特拉克与查理四世互通了几封私人书信，并且在罗马教廷出入多年，可以直接面见教皇，但他的努力却徒劳无功。除了一个短暂的插曲（我们将会在后文中提到），罗马的大权依然掌握在"蛮族"之手——帝国朝廷位于布拉格，而教皇廷（papal court）则在阿维尼翁，受到法国国王的保护和控制。对于彼特拉克而言，他无力将他们带回他们原本属于的地方，这证明了他生活在一个由盲眼的命运女神（Fortuna）统治的颠倒无道的世界中。因此，他悲叹：自从帝国落入蛮族之手，世界的女王（the Queen of the World）——罗马，就被当作一个女仆对待，而意大利，受到蛮族刀剑的重创，发着高烧、黯然憔悴。[54]

正是这种将当前看作堕落扭曲之地的观念,使彼特拉克得以攻击与他共享同一文化、阅读他的著作甚至与他有往来的学者和统治者,斥其为未开化的野人。这个世界,在他的眼中,是虚假的;其真正的秩序无形无相,隐藏在古罗马的经典文献之中。伴随着"世界是颠倒的"这一想法,他还创造了一种颠倒的交流情境。

当彼特拉克写出谩骂式的《对诋毁意大利者的驳斥》时,他逃避现实的情绪有着特殊的理由。这篇文章是他在一段漫长而激烈的交往中最后留下的言辞。几年前,在1367年,教皇乌尔班五世(Urban V)曾早早试图将教廷(Curia)迁回罗马,此举得到皇帝的支持,却遭到法国国王的阻挠。他的脚步还伴随着与教廷有着密切联系的学者们之间的激烈争吵。并且即便在那时,彼特拉克也是这个事件中的主要煽动者之一。

1366年8月,彼特拉克给教皇寄了一封信,直接请求他返回罗马。彼特拉克将乌尔班称为一个天生的法国人,使用了尘世和天堂中祖国的对比。"你将会因这个事实而荣耀,"他承诺道,"即,你背弃了尘世的故土,而前往心中所爱的天堂中的祖国。"[55]

不久之后,他的大作在阿维尼翁的廷臣和红衣主教们之中传阅。随后很快地,巴黎大学的教会法教授安索·丘夸特(Anseau Choquart,卒于1369年)被其国王查理五世派来执行外交使命。在接下来那一年的年初,丘夸特向教皇和法籍的红衣主教们发表了一篇演说。[56]他将法国的安定、平静和绝佳的饮食供给与意大利的混乱而漫长的战事相对比。他提到了法国人的虔诚，以及罗马人对基督教徒的迫害。他强调阿维尼翁在教廷中的中心地位，并且以意大利城邦的"民主"作为警告。不过，他最富挑衅意味的表述，至少对于彼特拉克而言，是阿维尼翁与巴黎大学毗邻的优越位置，在那里，各门科学自从查理大帝的"学术转移"的时代就在那里占据了一席之地——这在高卢巫师们的意料之中！[57]

彼特拉克用另一封致教皇的公开信回应了丘夸特的演说，信中他强烈否认法国人掌控科学的说法。他坚称，他们最多只是成功地模仿了意大利人，因此，"为智力的差异而争辩是荒谬的"：

> 告诉我，人文科学、认知、自然或历史科学（*de rerum cognitione seu naturalium seu gestarum*）、智慧、雄辩、伦理以及哲学中的任何拉丁文部分，不全都是由意大利人发现的吗？如果任何外国人走运地成功掌握了这些学科中的任何一门，那么，他们要么模仿了意大利人，要么是在意大利著书立说，或是曾在意大利学习过。[58]

彼特拉克继续写道，在四位教父中，没有一位法国人，也没有一位曾在法国受教育（*Nullus est gallus, nullus doctus in Gallia*）。而且在意大利之外也找不到任何使用拉丁文的"诗人和演说家"——"他们不是生于此地,就是在这里受教育。"[59]

彼特拉克只能做出如此粗疏的主张,因为他完全诉诸过去,将古代罗马作家们都变成了意大利人。鉴于普遍的退化和野蛮化的程度,比较这两个国家的学术现状对他而言没有用。然而,他的主要论点是:科学的复兴倘若真能发生,只将会在它曾经繁荣的地方,那就是意大利。

总体而言,彼特拉克最初的应对,与后续的应对相比,依然有所克制,因为他认为这一次历史站在他这边。这个时候,教皇居于罗马,而留在阿维尼翁的法籍红衣主教们竭力想让他回来。彼特拉克用一种胜利者的姿态,引用《圣经》作为他的信的开头:"以色列出了埃及,雅各家离开说异言之民。"(*In exitu Israel de Egipto, domus Iacob de populo barbaro*)[60]这等沙文主义评论将意大利等同于圣地,而将法国人等同于蛮族,于是引发阿维尼翁的维护者的再次回应。他们用这个机会重申他们的立场,对这位意大利人将所有法国人蛮族化的企图,表达出尤为愤慨的情绪。

这次机敏的反击的作者,是位名不见经传的神学家让·德·埃斯丁(Jean de Hesdin),他是地位显赫的法籍红衣主教居伊·德·布洛涅(Gui de Boulogne)的门客。在1369年,他写出了《驳弗兰西斯科·彼特拉克的信》(*Letter against Francesco Petrarca / Contra Franciscum Petrarcham Epistola*)。[61]埃斯丁重申了丘夸特的一些观点,比如阿维尼翁的政治稳定和供给优厚。除此之外,他枚举了古往今来博学的法国人,所有的哲学家和神学家;通过援引柏拉图对诗人们的鄙薄,他坚称:法国人毫不介意没有这种人。[62]这番讨论的结论就是:意大利没有饱学之士(*nullus doctus in Italia*)。[63]

埃斯丁还批评彼特拉克不顾历史事实地给罗马脸上贴金。通过对比"奥古斯都时代"的光辉灿烂与如今"落魄可悲"的状态,他宣称,在人类历史上(*in rebus humanis*)没有其他哪座城市像罗马这般"反复无常"。[64]因此,埃斯丁的眼中,对于教皇重返罗马一事,《圣经》中恰如其分的引言应是:"有一个人从耶路撒冷下耶利哥(Jericho)去,落在强盗手中。"[65]

尽管回复得如此坚决,面对彼特拉克,埃斯丁的语调却充满敬意;称他为一位伟人,尽管他对法国的攻击实属失态。而彼特拉克的下一封回复,却绝非如此。"诋毁意大利的人",当然,意指埃斯丁,但是通过拒绝称呼他的名字,彼特拉克清楚地表明对方在他面前不过是无名小卒。在文中,他称埃斯丁为"这野蛮人"(*hic barbarus*)、"高卢公鸡"(*Gallus noster*)以及"高卢种"(*Galliculus*),它们有"我们的高卢人"和"我们的公鸡"双重含义,对应着"小高卢"和"小公鸡"之意。由此,他的回复一方面发出接受这位法国人挑战的信号,另一方面他的措辞却表明他认为这位挑战者的地位远在他之下。局面的矛盾性是这场骂战的标志。

彼特拉克在1373年3月回复了埃斯丁的信。至此,这位意大利人文主义者又一次发现自己大势已去。教皇乌尔班五世没有在罗马逗留多久。由于意大利的局势极不稳定并且教皇在罗马时人身安全受到威胁,他在那里待了不到3年就返回了阿维尼翁,并于1370年12月在当地去世。他离开意大利的决定证明了丘夸特和埃斯丁的正确;阿维尼翁确实比罗马安全得多,食物供给也更为充足,并且这种情况在未来短期内毫无改变的迹象。

在这样的情况下,彼特拉克的谩骂无异于输掉一场争斗之后临了的气话。然而,结果这最后的气话却正是点燃了关于野蛮和文明、法国和意大利的更大规模辩论的星星之火。彼特拉克未能继续见证这场论争,但是最终,他被证明在许多方面都是正确的——甚至连那些竭力洗掉蛮族印记的人都成了证明人。

这场论战的主要目的是将法国人描述为一群身份不明的蛮族,而法国是文化的荒原,永远无法成为文明的沃土。相反,意大利必须作为世间唯一能够令罗马的荣光复兴的土地而闪烁光辉。彼特拉克构建起一个泾渭分明的两极化、不平等的对立局面,从而加速了意大利以外民族主义论调的出现。

他和埃斯丁之间的争论被上升到了两个集体交锋的地步。在意大利,彼特拉克自己也是在这封法国人的来信写出3年之后才看到,这还得多亏他与教廷的良好关系,[66]对这封信的反应被描述为:"何等突然之间,整个意大利群情激昂!"[67]

埃斯丁和他的祖国同胞们不仅被指控为"骨子里的蛮族",而且还被斥为顽固地否认现实和蹩脚地装作文明。法国人处在一个"飘飘然的民族的状态,自以为是到了登峰造极的程度,而对其他民族则鄙弃至极,至少总是为逢迎的谎言而沾沾自喜"。[68]在彼特拉克的字典里,把"部族"用作一个集合名词时,它依然是"蛮族"的古义(参见第5章开头)。他的词汇表中没有"意大利部族"(*natio Italica*)这个词,而所有非意大利人才属于各个"部族"。他们彼此之间的文化差异被认为极小;彼特拉克只觉得应该对篡夺帝国的民族和迷惑教皇的民族加以区分。对于后者的自我误解,他精心阐释道:

> 真的,没有哪个部落族裔(*gens*)比高卢人更容易这样。无论如何,让他〔埃斯丁〕相信他乐于相信的吧。他们依然是蛮族,并且在博学之士中,从未有人对此有所怀疑。不过,有一件事我不会否认,我也不认为它能被否认——在所有蛮族之中,高卢人最为阴柔无力。[69]

彼特拉克辩称:正是通过假装文明开化,法国人成了衰颓的蛮族。他们曾被称为"法兰克人",是因为他们"彪悍的作风",但是如今,他们是一个思想轻浮、心灵浅薄的种族,追求享受,并将时间花在玩乐、调笑、歌唱和饮食上。[70]他们试图吸纳文明的要义,却不得要领。他们无法将拉丁语讲得标准,只能发出可怕的噪声。他们无法适度饮酒,总是酗酒过量。

酒，既是文明的标志，也是救赎的象征，对于彼特拉克而言尤其微妙。当时以及之后几百年，意大利的酒饮从未得享盛誉，并且即便对于小康人家也不过是"退而求其次"（*faute de mieux*）的选择——哪怕在意大利本土也是如此。相反地，当时法国已经有了最负盛名的葡萄酒产区，最著名的当属今天的勃艮第地区。1308年，当教廷移居阿维尼翁时，教皇们和红衣主教们确保了大量美酒被运到新的教皇之城，因此这个地区益发声名远扬。

在给乌尔班五世的两封信中，彼特拉克曾谴责教廷对产自勃艮第心脏地区的博讷葡萄酒（*vinum beunense* / the wine of Beaune）的沉迷，同时指责他们迷恋饮酒之乐甚于教会的福祉，还无视意大利的佳酿。"如果他们至少能平心而论，哪里的酒值得嘉奖，"他抱怨道，"他们就不会长久以来偏爱阿维尼翁胜过其他所有地方了。"[71]埃斯丁的回复则坚定地维护了自己祖国的"珍酿"，强调其有益健康的品质，并将彼特拉克的批评——由于文中描绘了红衣主教们的形象——称为"渎神"之举。[72]在骂战中，彼特拉克再度重申其立场，这次是通过暗示：法国人之所以热爱勃艮第酒，是因为他们是蛮族。而对于他自己这样的文明之人，它根本就不好喝。[73]

思考到此时为止彼特拉克提供的所有论据，他将法国人蛮族化的尝试，尽管语调咄咄逼人，却没有什么杀伤力，因为他仅能援引早已逝去的过去的有效正当性，而不得不将当下斥为彻头彻尾的假象。然而，在这番不实表述中，他声称发现了一个真实的症状，可以证明他对法国人的野蛮状况的诊断。这就是埃斯丁的拉丁文文本。从该文本的语言和说理之中，彼特拉克推断出了其作者的整个性格，外加他的民族的整体情况。埃斯丁的信函写作得到了如下评述：

> 这个野蛮人将对我观点的批评和他的自夸颠三倒四地混合起来，与其说显得愤怒，倒不如说是狂暴。由于无法控制他那乖戾的脾气，他吐出了许多针对我的指控，显然自认为是什么了不起的人，由于我们这个时代的邪恶，他竟能够肆意毁谤最伟大的人们而免受追责。[74]

彼特拉克还解释了为何埃斯丁的信读来如此令人不悦。这是法国气候的过错。"他或许能被谅解，"彼特拉克用讽刺式的慷慨大度推断，"他本国的气候之怡人——一种媚气十足而毫无阳刚之气的怡人——由于习惯之故，对人类事务大有影响，尤其是对无知之人。"[75]法国的温和气候使得其居民既颓废衰败又野心过度。尤其是埃斯丁，这个傲慢的小人物，用一篇笨拙的文章挑战一位著名学者，因为他希望凭借阿谀奉承从那位法国教皇那里获得一顶主教冠冕。[76]

为了对埃斯丁进行全盘批判，彼特拉克将驾驭文字的能力、真实性和道德水准互相联系起来。在谈及自己时，他也这么做，只不过效果相反。在这场骂战中，彼特拉克将自己表现成一位谦逊而富于男子气概的老学究，受到"经验和真理"的引导。[77]除了捍卫事实、使其保持原貌，他没有感情偏向或个人野心。终其一生，他都"偏爱自由胜过财富"，甚至拒绝出任主教职务。[78]他对法国的评论，并非出于仇恨，而是出于密切的观察和对历史的认知。"我不是在谴责高卢人的行为"，他坚称，就好像他也不是在偏袒意大利一样。[79]简而言之，彼特拉克拒不承认自己的语调挑动争论，而是试图将自己塑造成"人文"精神的化身——精深的学识、优雅的语言和高尚的情操的经典结合。他是如此天才、理性和文明，故而不会有任何卑劣的企图。

彼特拉克想必曾希望以他的谩骂引发一场巨大的风波，但却未能预见到该信发表几十年后的巨大影响。他于1374年亡故，那时还没有迹象表明教皇格里高利十一世（Gregory XI，1336—1378）开始准备一年之后返回罗马。驻教皇国的教皇使节们被建议通过干预托斯卡纳南部而确保罗马城的粮食供给，而当他们这么做时，佛罗伦萨共和国的反应是惊怒交集。结果爆发了从1375年打到1378年的所谓"八圣人之战"①。在佛罗伦萨，执行官方战争宣传的人恰是科卢乔·萨卢塔蒂——

---

① Guerra degli Otto Sant，指佛罗伦萨执政团（Signoria of Florence）为抵制教皇国扩张而两次任命了"八人战争委员会"（Otto di Guerra），组成人员即所谓"八圣人"，以便进行征款并实施敌对活动。在这场斗争中，这些人作为佛罗伦萨人兼政府要员，被格里高利十一世革除了教籍。这场斗争之后，教皇廷结束了70年来滞留法国阿维尼翁的历史。

彼特拉克的热烈崇拜者和挚友,他刚当选为佛罗伦萨的执政长官。萨卢塔蒂立刻利用了彼特拉克对法国的挑衅之辞——尽管是为了相反的目的。

在暴风骤雨般的外交活动之中,萨卢塔蒂送信给教皇国的各市镇,试图引发一场叛离教皇国政府的起义。他发出的主要讯息是:教皇圣父回到罗马,是法国蛮族入侵的托词,他们想要毁灭意大利的自由（libertas Italiae）。[80]萨卢塔蒂援引了这样的事实:教皇宝座和枢机主教团依然掌握在法国人手里。因此,彼特拉克将法国人视为蛮族,以促成教皇权回归意大利;而萨卢塔蒂这么做,却是为了将教皇挡在意大利之外。不过,他的外交攻势徒劳无功。1378年1月,格里高利十一世在一场胜仗和一次险途之后,回到了罗马。此外,萨卢塔蒂不得不向佛罗伦萨旧日盟友法国国王解释自己的行为,后者听到了他反法宣传的风声。[81]

教皇格里高利没能享受他的新居多久,抵达罗马两个月后他就去世了。红衣主教们迫于罗马民众的压力,选举意大利人巴托罗缪·普里格纳诺（Bartolomeo Prignano,1318—1389）为圣座的继承人;他选择了乌尔班六世（Urban VI）这个名字。然而,随着秘密会议的举行,多数红衣主教再度离开了这座不安全的城市并进行选举,这次他们又迫于法国国王的压力,将日内瓦的罗伯特（Robert of Geneva）选为"对立教皇"（Counter-Pope）,称克莱芒七世（Clemens VII）。克莱芒七世很快带着他的追随者们返回了阿维尼翁。接下来发生了一场持续了将近40年的天主教会大分裂（the Great Western Schism），直到1417年在康斯坦茨会议上才获得解决（参见5.2）。随着两个针锋相对的教皇廷的存在，意大利和法国政治学者们之间剑拔弩张的气氛进一步加剧。

这些卷入与意大利人文主义者关于法国和意大利的文化状况及地位辩论的法国学者，与巴黎的王室或阿维尼翁的教皇廷（或同时与两者）有着密切的联系。1389年，年轻的神学家让·戈尔森（1363—1429）呼吁撰写一部关于法国伟人的历史，以便抵御"法国之名的怀恨者发出的刺耳和满怀嫉妒的侮辱"。[82] 他的表述直接指向彼特拉克对丘夸特和埃斯丁的攻击。几年后，另外两位政治作家——让·德·蒙特勒伊（Jean de Montreuil，卒于1418年）和尼古拉·德·克拉芒热（Nicolas de Clamanges，1360—1437）开始彻底地反驳彼特拉克及其意大利门徒们给法国扣上的蛮族污名。他们举出法国作者所写的典雅的拉丁语散文，声称法国文学的出类拔萃早已超越意大利。他们还进一步坚称：法国如今在修辞界也是领军者；真正的雄辩是智慧（sapientia）的附属品，而智慧，他们由此辩称，不是彼特拉克及意大利人的长项。[83] 由此，他们得出结论，"学术转移"到法国实属天经地义。

尽管他们有这般似乎自信满满的论调，蒙特勒伊和克拉芒热的公开信仍包含着另一种内容非常不同的讯息。即，他们的文学风格再也不是像丘夸特或埃斯丁那样的充满学术气息的拉丁文了；他们反倒展现了一种酷似意大利早期人文主义者的古典主义拉丁文的文风，其中尤以克拉芒热一马当先。的确，10年前的1384年，蒙特勒伊就曾用笨拙的语句恳求萨卢塔蒂，送他一些信件，以便学习其写作艺术。他的恳求得到了回应，并且由此模仿了萨卢塔蒂的拉丁文的风格，但同时他却将意大利谴责为"新巴比伦"、冥王普鲁托（Pluto）的王国以及贪婪和傲慢的巢穴。[84]

克拉芒热甚至更进一步。[85]他表达了对彼特拉克的文学遗产的蔑视，声称自己几乎从不注意他的作品，而进行研读时，也一无所获。他将彼特拉克看作一个散文家和喋喋不休之人，鹦鹉学舌般盲目模仿他的异教偶像们。然而，在同样的信函中，克拉芒热却又直接或间接透露出他对西塞罗和昆体良作品的透彻研究，以及他对彼特拉克作品的深刻认识。语言方面比蒙特勒伊更胜一筹的克拉芒热渴望获得"法国的彼特拉克"（Pétrarque français）和"反彼特拉克者"（Anti-Pétrarque）的双重名望。[86]由此，他将自己作为证据，证明法国人一方面与意大利人旗鼓相当，另一方面又截然独立于他们之外。

总体而言，蒙特勒伊和克拉芒热展现出一种针对意大利人文主义者的矛盾态度。一方面明确否认他们遭受的蛮族污名，另一方面他们又不得不含蓄地接受它，这就是为什么他们试图通过证明他们是人文主义者来摆脱此等污名。克拉芒热和蒙特勒伊显然感到必须在自己的游戏局中与意大利毁谤者们比赛，以便赢得论战。因此，尽管彼特拉克否认现实，但多亏其文学权威，他在死后被证明是正确的。

在1394年和1395年写公开信时，克拉芒热和蒙特勒伊还没有"民族荣誉"的辞藻可用；它要等到20年后的康斯坦茨会议方才开始成型（参见5.2）。然而，他们对彼特拉克将法国蛮族化的说法的回应方式，成了意大利之外文艺复兴时期人文主义者行为模式的预演，这些人最终登上了为民族荣誉而战的广阔舞台。到15世纪末，德、法、英、西各国的学者们不约而同地将自己塑造成仿佛意大利伟大人文主义者一般，并扮演起了自由的、真正的民族之捍卫者的角色。他们声称这两个角色都是在为他们民族的荣誉增光添彩。

7.3 帝国的独立支持者：德意志的人文民族主义者

15世纪意大利的人文主义者鲜有例外地继续将非意大利人描绘为"蛮族"，并且常常因看到外国学者确实也能用古典拉丁文写几个正确的句子而大惊小怪。在其他各民族中，他们依然更多地将法国人锁定为目标，尽管在西方教会大分裂结束之后，罗马作为教皇所在地不再受到法国的威胁。不过，法国人依然是对意大利的最大威胁，他们渴望自己的祖国被认可为欧洲文学的中心。法国人最饱受中伤，恰恰是因为他们最不

"蛮族"。

这种情况在1494年外国统治者们入侵意大利后发生了相当大的改变。德意志"雇佣兵"(landsknechts)助长了陈词滥调的复活，即北方的蛮族战士抢劫文明民族的财富，只留下尸横遍野和满目疮痍的说法。当意大利北部变成欧洲战场而德意志成为意大利雄辩家们的焦点时，皇帝马克西米利安一世在德意志站稳了脚跟。在他1493年获得皇位之后，人文主义思想迅速占据了德意志南部的城市中心，其中许多都是哈布斯堡王朝的重镇。事态的这般发展可能帮助马克西米利安获得了"德意志的赫拉克勒斯"(Hercules Germanicus，参见图10)的非正式头衔。

主要的德意志人文主义者们很快获得了抵挡外族的德意志荣誉坚定捍卫者的名声。鉴于与意大利之间的战争状态，他们不仅感到必须抗击意大利人益发甚嚣尘上的蛮族论调，而且还必须抵挡法国的霸权野心以及瑞士人自行其是的军事力量。他们的文学行动引发了民族荣誉的多极话语，扩展到了与声望相关的所有可比较领域。

德意志的人文主义者们赞扬了他们的民族在战争和领土扩张、基督教虔诚性和正统性、公共道德和热情好客、机械工程和人文艺术、世俗以及宗教建筑方面的成就。他们强调德意志土地的自然特质，比如温和的气候、多样的地质形态、矿藏资源、肥沃的土地和绝佳的酿酒类作物种植条件。而且，他们

图10 这幅大型木刻版画的上部,皇帝马克西米利安一世被描绘为"德意志的赫拉克勒斯",被赋予古希腊原型人物的全副装备(棍棒、狮皮、剑和弓箭)。在画面下部,他却又被描绘为"世界上最辉煌的统治者"(*Mundi Monarcha Gloriosissimus*),率领各个民族(每个都以横幅旗帜为标识)奔赴战场。如此一来,画面中的两个部分将不同政治局势下皇帝需要扮演的民族主义和帝国主义角色结合了起来。

也没有忘记提到自己作为民族历史的纪念者和高雅文学的创作者对民族荣誉的贡献。

随着文学品质也成为民族主义竞争的一个方面,人文主义者们甚至可能将那些曾忽视乃至反对民族间竞争的同胞推举为民族英雄。生于勃艮第统治时代的尼德兰①的伊拉斯谟,因此受到来自德、法双方的人文主义者的压力,双方都要求他公开声明是他们民族的一员,以便将他灿烂辉煌的文学成就纳入他们的集体荣誉之中。伊拉斯谟不愿意放弃他的世界主义精神,这让来自两个国家的、占有欲极强的仰慕者们大失所望。[87]

尽管涉猎范围牵扯甚广,德意志人文主义者的民族主义论调在很多方面都与哈布斯堡王朝的内部宣传有关(参见5.6)。人文主义者们不仅从帝国总理府颁布的德文指令和公文中借用了民族荣誉的辞令,而且他们还以皇帝的强烈支持者身份出现,敦促德意志诸侯追随他的领导。在1492年给马克西米利安的一封信中,温普菲林代表他的许多民族主义朋友,表明了"捍卫您和我们德意志之名的荣誉与光辉"(*honorem ac splendorem nominis tui Germaniaeque nostrae defendere*)的意愿。[88]

不少人文民族主义者甚至因与皇帝有私交而自豪。有些

---

① Burgundian Netherlands,出身法国瓦卢瓦王朝的勃艮第公爵"大胆腓力"(Philip the bold)借助婚姻于1384年将妻子佛兰德斯女伯爵玛格丽特(Margaret of Flanders)的领地置于瓦卢瓦-勃艮第王朝统治之下,直到1482年此地再度因其女继承人勃艮第女公爵玛丽(Mary, Duchess of Burgundy)与马克西米利安一世的联姻而落入夫家哈布斯堡王朝的手中。1384—1482年这一时期的尼德兰,因此被称为勃艮第统治时代的尼德兰。

人，比如奥格斯堡的康拉德·柏廷格、纽伦堡的威利保德·皮尔克海默（Willibald Pirckheimer of Nuremberg）和斯特拉斯堡的雅各布·温普菲林，偶尔会被要求为法律和历史问题提供评论意见；另一些人，比如士瓦本的海因里希·贝拜尔教授，以及法兰克尼亚骑士乌尔里希·冯·胡腾，曾有幸被皇帝加冕为桂冠诗人，并为帝国议会撰写演讲稿；还有几位精心挑选出来的人物，比如康拉德·策尔蒂斯，甚至被授予高官显爵，以便提升马克西米利安的名望。

然而，人文民族主义者中没有一人能打入哈布斯堡王朝的内部圈子，并且没有人能参与皇帝的决策。马克西米利安甚至未曾要求他的人文主义支持者们为他自己的庞大的族谱和文学工程做出贡献。他们被刻意疏远，无论是在空间上，还是在意识形态上。并且，尽管人文民族主义者们将自己扮作德意志统治者们的政治顾问，皇帝却甚至没有在朝中授予他的桂冠诗人们受人尊敬的一官半职。皇帝将他们看作实用功能低下的精英，类似传令官，作为典礼活动的官方信使。[89]

尽管马克西米利安在很多方面都令人文民族主义者们失望，他们依然将他推崇为德意志民族的领袖。然而，他们的所作所为是重新定义民族的议程，这与皇帝自己的优先政治考量颇有出入，后者取决于家族王朝的利益。比起支持马克西米利安追溯至特洛伊人的族谱研究，他们更愿嘲讽君王试图在特洛伊的逃亡者中寻找祖先的一切尝试，并且声称每个德意志王朝都有着纯正的德裔血统。而且,与其像皇帝那样根据政治情势,将法国国王一会儿称为"我们所有人的累世宿敌"(unser aller Erbfeind),一会儿称为"我们亲爱的兄弟"(unser lieber bruder),[90] 他们宁愿赋予日耳曼人一种"对法国人的天然仇恨"(genuinum odium in Gallos),并在政治上风平浪静的时期依然将法国视为"德意志民族的死敌"(teutscher nation abgesagten feind)。[91]

从另一种不同的角度反观皇帝与人文民族主义者们的关系,人们可能会辩称:被疏离于帝国朝廷之外,实际上有助于许多人文主义者发展出一套更加连贯一致和综合系统的民族主义论调。他们利用马克西米利安的象征性赞助——头衔和荣誉——构建起公众权威,同时追求他们自己关于德意志民族的文学和政治事业。除了个别事件,皇帝似乎没有受到他这些独立思考的支持者们的困扰;即便曾经为此忧虑,他很可能也无法严厉制裁他们,因为他们同时还受到地方赞助者的保护。

为了谋生,德意志的人文主义者们依赖各种资源,其中哈布斯堡家族长期空虚的国库只是次要的来源。他们可能享有圣俸,有养老金可领,在朝廷或市镇担任官职,或是在大学担任教职。然而,他们不可能做到的,是靠人文主义写作谋生。"人文主义研究"不是一种职业,而是一种使命召唤。

7.4 民族主义的孤立与同化的相互依存

德意志人文主义者的民族主义论调，以两项相互对立的主题为标志，类似于克拉芒热对于将法国蛮族化的论调的那些反应，但是，内容和主张更加广泛。一方面，它将德意志民族描绘成要么完全文明开化，要么需要文明开化，这是基于以下原则：日耳曼人只能在拥有端庄举止、高雅言辞、机械发明、文学和艺术上的大师杰作等时，才能在与其他民族的竞争中获胜。另一方面，它又将德意志民族描述成完全真实正宗的存在，所依靠的是这样的观念：如果要维持日耳曼人的自由和操守，只有保持血统纯净，只有在自己同胞的统治之下，只能尊崇古老祖先的价值观，而不受外来财货和道德的影响。

当面对这两个纠缠不清的主题时，一位现代观察家很可能注意到一些意识形态上的前后不一。我们要如何描述他们彼此的关系，以及我们要如何解释人文民族主义者显然不觉得它们彼此矛盾的事实？有趣的是，这个问题很少被人文民族主义的专家们问及，更不要说回答了。一些历史学家通过否认人文主义论调中的任何民族真实性的概念，并将其出现拖延到浪漫主义时代来回避问题。[92] 为了寻找更加思虑周全的方法来研究这个课题，我们必须回溯到德意志人文主义研究的一位先驱——保罗·约阿希姆森（Paul Joachimsen，1867—1930）。他将真实性和文明化这两个主题看作人文主义者"伦理"和"审美"之间深刻断裂的表现,这导致古典主义环境中涌现了一个"民族浪漫主义的时期"(*Periode der nationalem Romantik*)。[93]

尽管约阿希姆森对这个问题表现出令人印象深刻的见地,但他与那些完全否认它的人一样,犯了概念性的错误。"民族真正性"(national authenticity)的概念也无法放在历史背景中去理解,因为它们依然在浪漫主义执念的魔咒之下,被当作一种根植于本地语言且用本地语言来表达的现象。[94]当然,真正性,可以用各种方式构建。就像我们在第6章中所看到的,多数人文主义者都将本地语言视为民族的特征之一,但却不是民族特征的表达方式。因此,不用拉丁文五步格诗(*Pentameter*)而用德语打油诗(*Knittelvers*)的形式写诗,以展现"真正的"德式举止,是不可能实现的。相反,民族的真正性是基于纯粹的血统、本土出身、传统服饰和食物、生活简朴和拒绝承认同性恋之类的观念。

将人文民族主义与现代民族主义相对比,可能也有助于更好地了解文明化和真正性这两个主题之间的关系。尽管现代的民族真正性的概念与人文主义版本大相径庭,但是看到它们也与鲜明对立的主题纠缠在一起,具有重要意义。例如,德意志浪漫主义者,同时将他们的民族语言视为日耳曼人身份的来源以及所有语言的源头。同样地,他们将中世纪用本国语言写成的诗歌既当作德意志独特性的文学体现,又视为一种新的"普世"诗歌的基础。并且,当"古典主义者"威勒汉姆·冯·洪堡(Wilhelm von Humboldt)将语言称为"民族的呼吸和灵魂所在"(*Der Odem, die Seele der Nation selbst*)时,他是在比较语言学的普遍理论框架内提出的。[95]

因此,被约阿希姆森看作文艺复兴时期人文主义思想的一个具体矛盾的东西,后来被浪漫主义解决了,事实上,它看上去正是构建一个"真正民族"的总体条件。这样的观察结论与我们的民族主义理论完美契合。如果不同民族的构建像我论述的那样彼此纠缠在一起,那么"民族真正性"的概念就只能在互补的论调中得以发展。即,将一个民族与其他民族相联系,并且由此使它们之间的比较和竞争成为可能。孤立和同化之间看似意识形态上门不当、户不对的结合,事实上,却发挥了必不可少的功用。"文明的"和"真正的"民族,人文主义的这两个主题,从功能上来说,犹如一枚硬币的正反两面。

然而,"真正民族"的创造者和主张者最终无可避免地将自己置于窘境:为了发展集体真正性理想,他们需要有教育背景,使得他们能够深刻了解他们所反对的外族或"不真正"的文化。换而言之,他们原本完全有理由令自己置身于他们梦想的纯粹主义社群之外。在这个意义上,约阿希姆森对人文民族主义的固有矛盾的描述是正确的,但是他错在推定这个矛盾能够在民族主义论调的框架之内得到解决。

显而易见,文明和真正民族的人文主义主题常常被并列写入同样的文献之中。两者都根植于各种历史论断，而这些论断大多数又来自文学资料。对它们的探索，为人文主义者们提供了一个理想的机会，以使用、展示和升华他们的文献学才能。他们对著名文献进行了再解读，比如9世纪早期艾因哈德（Einhard）的《查理大帝生平》(*Vita Caroli Magni / Life of Charlemagne*)。他们试图对新发现的文献进行解读，比如公元1世纪晚期塔西佗的《日耳曼尼亚志》。他们从德意志的各修道院中挽救了未知的文学宝藏，比如10世纪晚期的本笃会修女——甘德谢姆的霍洛茨维特（Hrotsvit of Gandersheim）的诗歌和戏剧作品，是策尔蒂斯在1494年左右发现的，并在1501年进行了编辑。而且，他们偶尔还自行编造古老的德语资料，比如6世纪的《胡尼保德编年史》(*Duodecim ultimi Hunibaldi libri / Chronicle of Hunibald*)。这是一部法兰克人的加洛林王朝历史，由约翰奈斯·特里特米乌斯"发现"，但是从未被其他任何人见到过。不过，在弗里德里希·施勒格尔（Friedrich Schlegel，1772—1829）出版于1813年的期刊《德意志博物馆》(*Deutsches Museum*)中，浪漫主义者约瑟夫·哥雷斯（Joseph Görres，1776—1848）依然为这份文献的真实性辩护。

人文民族主义者们在搜集源自古代和中世纪的原始资料时，主要遵循两个标准：文献中需要有能够被诠释为与德意志民族相关的信息，或是其作者可以被认定为日耳曼人。前者被普遍认为越有价值，所提供的信息就越讨人喜欢；而后者则越是有名的，其文章的质量越会得到更高的评价。

通过汇集、重组和诠释这些资料，人文主义者们构建出了"德意志的历史"（*res Germanorum*）。这一历史，无论是在形式上还是在内容上均与中世纪的救赎的历史相当不同。他们使用了典型的人文主义体裁，比如文献学评论和摘要，并且他们最终抛弃了目的论观点，代之以对德意志当前和不久将来的荣光的突显。甚至连那些坚持编年史传统体裁的人文主义者，也常常将德意志史变成承载崭新民族主义观念的载体。

7.5 德意志——（尚未）文明开化的民族

为了证明德意志作为一个文明开化的民族的地位，人文主义者们堆砌起五花八门的证据。特里特米乌斯创建了一个博学的日耳曼人的名录，使那些"自己民族的虚假吹捧者"原形毕露，这些人曾将日耳曼人称为蛮族。[96]贝拜尔搜集了几百条德语谚语，将它们翻译成拉丁文，并在1508年发表，作为古代日耳曼人曾经也有公共"哲学"的证据。[97]这位士瓦本的人文主义者假设：这种哲学必然是一位贤者所发展出的，他曾教导日耳曼人使用"谨慎、直率和典雅"的语句。[98]为了展现其品质，他将其与罗马作者的类似说法相提并论。

温普菲林，除了赞扬德意志学术的高水准，还强调了德意志艺术家和建筑师的成就。在画家中,他将作品远销海外的那些看作最杰出者。其中有一位,与他身处同一时代,那就是阿尔布雷希特·丢勒(Albrecht Dürer,1471—1528),他被温普菲林称为"我们时代最杰出的画家":

> 他在纽伦堡画出完美的图画,它们随后被画商运送到意大利,在那里,这些作品受到最著名画家的承认,被认为不在帕拉西奥斯[①]和阿佩利斯[②]之下。[99]

至于建筑,温普菲林仅指出一幢建筑的一个部分来展现日耳曼人"在建筑艺术上的卓尔不群"。这座建筑,也正是270年后被年轻的约翰·沃尔夫冈·歌德(Johann Wolfgang Goethe)在他影响深远的论文《论德意志建筑》(*Über deutsche Baukunst / On German Architecture*)中为同样目的而选用的建筑:斯特拉斯堡大教堂(the Cathedral of Strasbourg)。温普菲林将那里的塔楼看作其最精美的组成部分:

> 凭借其浮雕、雕塑、图画和各种元素的雕像,它可以轻易超越欧洲其他所有建筑。其高度超过515肘尺(cubits)。如此庞大的建筑能够巍然耸立并达到如此高度,是一项奇迹。[100]

温普菲林家乡的这座大教堂,确实曾是欧洲最高的建筑

[①] Parrhasios,公元前5世纪希腊画家。
[②] Apelles,公元前4世纪希腊画家,曾任马其顿王国的宫廷画师。

之一，但是，我们的这位人文主义者在描述其高度时恐怕受到了他的民族主义精神和爱国情绪的影响。他所谓的515肘尺与事实相差甚远。这座于1439年完工的塔楼，高142米。鉴于德意志西南部当时的一肘尺相当于53—60厘米，它大概有258肘尺高——只有温普菲林所说高度的一半。

很可能没有哪一件成就比几十年前印刷机的发明更令当时的德意志人文主义者引以为傲。在将德意志描述为"技艺的幸运发明者"（felix Germania inventrix artis）[101]的赞誉中，印刷机处于核心地位。策尔蒂斯将其看作有史以来最有用的发明，并且是日耳曼人甩掉他们蛮族旧习的证明。因此，意大利人不再有权"奚落日耳曼人的迟钝呆板，因为他们看到，通过我们的技艺，罗马文学将会在未来的许多世纪中继续繁荣昌盛"[102]。对于布朗特而言，凸版印刷机的发明宣告了"权力流转向德意志"（translatio imperii ad Germanos），并将会很快带来"学术转移"。他炫耀说，德意志此时已经有了一位西塞罗、一位维吉尔和一位赫西俄德①，不久之后还会有一位荷马（Homer）。同时，尽管日耳曼人总是以其"忠诚和勇武"而著称，他们将会很快"在独创力、博学多闻和诗歌灵感方面出类拔萃，并且胜过世上所有人"。布朗特的德意志优越论以涵盖整个欧洲历史的比较论断而登峰造极：

---

① Hesiod，生活在公元前8世纪的古希腊诗人。

博学的希腊人和灵巧的意大利人视而不见的，却被日耳曼的天才们（*ingenium Germanicum*）所发现：那就是新的技艺。告诉我，意大利土地的耕种者，你有什么能与这一项发明媲美？而你，法兰西，昂首挺胸、傲然阔步，你可有类似的杰作呈上？说说看，面对日耳曼人这独一无二的成就，你们可还将他们唤作蛮族？[103]

虽然德意志人文主义者们对印刷机的发明称颂备至，他们通常却没有给其发明人多少关注。尽管约翰奈斯·古腾堡（Johannes Gutenberg）当时已经成名，只有很少几位人文主义者真的称呼他的名字，更别说将他当作一个民族英雄了。相反，他们将这项发明描绘为一项集体成就。这与那些著名人文主义者的待遇明显不同，比如伊拉斯谟或约翰奈斯·罗伊希林（Johannes Reuchlin）。这依然反映出文艺和机械技术之间的传统区别。人文主义者们可能相信某些手艺需要别出心裁，但是他们依然认为它逊于更崇高的职业。这也解释了，为什么他们对印刷机的发明如此赞誉有加。这对真正自由的人极有帮助——比如人文主义学者。通过赞扬它，他们也赞扬了自己所谓的伟大。

列举本土特产以及杰出人士以便将德意志"重新包装"成一个文明开化的民族，可能本是一个有效的策略，但是，也是一种防御性策略。一些人文民族主义者将其与更加剽悍的做法相结合，首先就是直接攻击将日耳曼人斥为蛮族的外国人。这种方式自然大多以意大利人文主义者为标靶。典型的论点是指责他们对"蛮族"一词的误用。德意志人文主义者们由此利用了这个术语因其复杂历史而产生的模糊性。温普菲林强调其宗教意义,因为它是古典时代晚期由罗马的基督徒引入的——并且依然被一些意大利人文主义者所使用,比如埃尼阿·希尔维奥:

> 如果,就像埃尼阿所写的,基督教驱逐了野蛮,而且如果我们发展并热爱宗教,那么我们就不该错误地被"蛮族"这样的恶言所污蔑。[104]

其他德意志民族主义者坚持对"蛮族"一词作世俗的理解,但是通过重新定义其含义来扭转乾坤。雷尼库斯(Irenicus)提醒意大利人,拉丁文原本也曾被认为是蛮族语言,并且古罗马人不仅将它用于未受教育者,也出于挫败感而将其用于抵抗罗马帝国的人身上,这么做是错误的。无论如何,他坚称,既然帝国已然转移到了日耳曼人手中,只有一些"心怀嫉妒并且自尊受伤的人才会将'蛮族'之名扣在我们头上"。[105]

比亚图斯·雷纳努斯(1485—1547年,人文主义者、作家)也曾对法国人做出过类似的批评,但更加文雅含蓄。如果"蛮族"意指未受教育的人,他坚称,蛮族就不可能被用于一个民族,因为教育程度与民族身份并无关联。因此,法国人将日耳曼人当作蛮族对待是"无可容忍的"。"谁生来不是蛮族?"

他问道,"而且,如果不通过人文艺术的学习而脱离蒙昧无知的状态,谁不依然是蛮族?"[106]

尽管雷纳努斯的论断等同于将"蛮族"一词从民族主义论调中移除,在宗教改革的初期,胡腾却选择了相反的方法。他只是将意大利人和罗马人描绘为退化堕落、重返野蛮状态的低能者来进行反击:

> 如果你考虑到高尚的道德、文雅的声誉、对美德的热忱、灵魂的坚定和崇高,这[指日耳曼人]是一个非常有教养的部族(*cultissima est natio*),而罗马人却因极端的野蛮性而土崩瓦解。首先,他们虚弱无力并被奢华拖累和腐蚀;然后,他们耽于琐碎无聊、女人般的善变、疏离宗教、虚伪欺诈和穷凶极恶到了无可比拟的程度(*quae vinci non possint*)。[107]

胡腾写的这篇反对罗马教廷的论战檄文中激烈的措辞,正是宗教改革早期的典型,但是就在几十年前,这并不罕见。一些德意志人文主义者甚至对他们的意大利同行进行人身攻击,就因为他们对日耳曼民族的评论。在1498年,康拉德·莱昂博格(Conrad Leonberg)——一位西多会的修士和三语人才(*homo trilinguis*)且曾与罗伊希林和温普菲林通信——给一位名不见经传的约斯特·加尔茨·冯·鲁法希(Jost Galtz von Ruffach)写信,信中宣称他自己,至少可以这样说,对于鲁法希对吉安·安东尼奥·坎帕诺的仰慕颇为不满。坎帕诺这位身居教廷高位的人文主义者,是一位令德意志人文主义者们仇人相见、分外眼红的人物,因为他在死后被揭发为一个伪君子。他曾在1471年造访雷根斯堡,要在帝国议会上发表一篇反对土耳其人的演说,他打算在演说中赞美日耳曼人,称其为欧洲各地"生机勃勃和四季常青的高贵源泉"(*fontem nobilitatis vivum et perennem*)。[108]当坎帕诺徒劳地等着在帝国议会上讲话时,他却又写信给意大利人,告诉他们:日耳曼人对酒精的热衷正如意大利人对写作的热忱,并且德意志"总而言之,是一个强盗窝,在其贵族之中,越大的强盗,就越是大名鼎鼎"。[109]莱昂博格用毫不含糊的措辞表达了他对一个德籍学者胆敢崇拜民族之敌的厌恶之情:

> 一个懦夫、奴才、小人、混蛋、癫痫患者竟侮辱日耳曼人,反对日耳曼人,攻击日耳曼人!我赞美他的滔滔雄辩、他的言简意赅和冷静清醒的风格;我憎恨他的毁谤,不堪入耳,简直忍无可忍。而你,我的约斯特啊,你既受德意志的滋养,倘若漠然置之,实属万万不该。我不以身为一个日耳曼人为耻(*ego me Germanum esse non vereor*)。你看,如今缪斯女神已经从拉丁语区移居德意志,就像她们曾从希腊迁居拉丁语区那样——然而,坎帕诺竟仍敢吹嘘:他写的雷根斯堡演说,"意大利人能够阅读,而日耳曼人连听都听不懂"。[110]

莱昂博格的措辞可能无法满足文雅的西塞罗主义者的品

位，但是他仇外的激情为德意志人文主义者中的许多高层人士所共有。策尔蒂斯怀疑：人们会发现，许多外国历史学家"在我们的英勇杰出面前，如毒蛇般嘶鸣"并"以无稽之谈和欺罔捏造来污蔑我们的光辉成就"。[111]特里特米乌斯甚至怀疑意大利作家们已经将老普林尼的（Pliny the Elder）的《日耳曼战争史》（*History of the German Wars*）毁掉了，因为他们想要古代日耳曼人真正的辉煌被人们遗忘。[112]皮尔克海默（Pirckheimer）警告他博学的同胞们，根本不要信任意大利和罗马历史学家的任何记叙：

> 他们满怀仇恨，诋毁了我们族人的胜利和壮举；他们将意志坚定的人说成优柔寡断的人，将迫害者说成流亡者，将胜利者说成失败者。我们可以看到：人人都倾向于赞美自己人胜于外国人。不过，没有什么比真相更能使历史成为历史本身了；如果这遭到忽视，历史就会成为一个寓言，以及老妇人口中子虚乌有的故事。[113]

谴责外国历史学家对德意志历史的歪曲，常常伴随着对过去几代日耳曼人疏于撰写自己民族历史的批判。皮尔克海默，在同样的段落中，哀叹"德意志人民的悲哀命运"——没被赐予"以恰当方式保存其尤为光辉的成就的记忆"的历史学家。[114]贝拜尔，以类似的措辞，呼喊道："我想要为我们祖先遭受的不公而痛哭哀叹，那就是许多日耳曼人创造了丰功伟绩，但却没有一个人把它们写下来。"[115]

当然，将过去民族历史缺失的原因归结于忽视，是一种解释日耳曼民族主义者在古代不存在的十分恰当的方式，人文主义者本来可能与这些人有共鸣的。然而，这被证明是一种有效的展示自身文学事业的重要性和有益性的途径。多亏这些人文主义者，德意志的声望最终有所提升。

对日耳曼人祖先未能捍卫民族荣誉的批判，显示出文明民族的话语通常有两面性。总而言之，德意志人文主义者们宣称自己民族完全文明开化并非毫无风险，因为这样一来他们可能会使自己教化职责方面的身价降低。因此，他们中的许多人一面在外国中伤者面前将德意志描绘为文明民族，一面又在德意志观众那里将德意志描绘为亟须文明开化的民族。而意大利则既被当作敌人又被当作榜样。

在英戈尔施塔特大学所做的演讲中，策尔蒂斯因为声称"我们对自己的一文不值和丑恶野蛮如此心满意足"以及"我们总是用典型的学童式词汇对他人横加非难，但却对自己的蒙昧无知视而不见"[116]而引发了听众的骚动。而他向祖国同胞推荐的补救方法竟是以意大利人为榜样：

> 对于意大利的长盛不衰，我不会给你其他理由，只能说是因为其人民在对文化的热爱和培养方面超越了我们。他们借此威震其他民族，犹似武力震吓，并且他们以匠心独运的创造力和孜孜不倦的精神赢得了各民族的仰慕。[117]

根据策尔蒂斯的说法，更加文明开化也意味着更加强大。因此，在"权力转移"之后，德意志此时也终于要完成"学术转移"了。自然，他没有提到法国人，而是将意大利人当作目前一般知识的掌握者。为了强调仍需何种努力方能将日耳曼人转变成有教养之人，他并不羞于将祖国同胞描绘成坎帕诺笔下那样："高贵的绅士，放弃和消灭劫掠之举，而他们竟说，我们将这看作美德善行！"[118]

人文民族主义者，不仅仅在公开演说之中，也在与学者同僚们的往来信函甚至私人笔记之中表达他们对于德意志尚未文明开化的挫折感。温普菲林在1503年给他的学生托马斯·沃尔夫（Thomas Wolf）的一封信中承认：他仰慕"意大利人的天资禀赋，他们从幼年就开始接受良好的教育，学习必要而有用的东西"。至于他自己的民族，他总结道："要是我们能先试试模仿意大利人就好了，至少在我们的斯特拉斯堡城里。"[119]

八年前，温普菲林在评注他的朋友——当时住在意大利帕多瓦（Padua）的迪特里希·格莱瑟蒙德（Dietrich Gresemund，1477—1512）寄来的一封信时，对德意志文化的状况做出了更加清醒的论断。（在那封信中，格莱瑟蒙德承认了他对意大利"文化辉煌"[*gloria litteraria*]的妒意。）温普菲林评论道：

意大利人将任何他们想要谴责的人称为"日耳曼人"，并且父亲们将犯错的婴儿或男孩骂作"日耳曼猪猡",意大利人对日耳曼人的蔑视和奚落并且以种种恶习相责难的事实,由此可见一斑……如果他们对我们的责备是错误的——那该多好啊!我们祖国的同胞们大多仿佛野兽、猪猡、乡巴佬一般,是一群身着锦衣华服、穿戴女人鞋帽的浅薄之辈,是疯疯癫癫、鼠目寸光、烂醉如泥、蔑视科学之人。[120]

这段话所体现的集体性的自卑感,却并非如一些历史学家所以为的那样仅限于日耳曼人。较之早前法国人文主义者对彼特拉克的论战文章的反应(参见前文所述),这只是明确地承认了克拉芒热和蒙特勒伊在通过模仿彼特拉克来驳斥彼特拉克时所含蓄表达出的那种同样的羡妒之情。

除此之外,谴责祖国同胞的野蛮性也是一种受欢迎的自我标榜、强调以教化民众为己任的迫切性的方法。作为其文明开化事业的组织支柱,德意志人文主义者们建立了所谓"社团"(sodalitates)。这个建立代表、培育和传播新式人文主义教育的学术团体的想法,是由策尔蒂斯提出的。在1489年结束对意大利为期两年的访问之后,他很快就说起在德意志建立一个"柏拉图学院"(Platonic Academy)的计划,希望借此推进"学术转移"。[121]几年之后,他开始将想法付诸实践。

与佛罗伦萨和罗马的柏拉图学院相反的是,策尔蒂斯设想的是:由一个民族"主持"并有若干地区"代表"的社团。

这个"德意志文学社"（*Sodalitas litteraria per Germaniam*）的概念，是后来广泛流行的、希望构建学术社团来代表整个民族的愿景的早期表达。然而，它在现实中远不如在纸面上那么令人印象深刻。"德意志文学社"仅可见于策尔蒂斯对德意志通信人寄来信函的分类之中。他将它们留存于这般殷红的标题之下："文学社寄给康拉德·策尔蒂斯的信函和诗歌手稿"。这就是皇帝马克西米利安有幸也成为其中一员的方式。[122]

至少，在地区层面上，事情得到进一步发展。在人文主义的重镇，比如奥格斯堡、斯特拉斯堡和沃尔姆斯（Worms），偶尔举行诸如为了欢迎知名人文主义者光临本城的社团集会。通常，这些集会的参与者由人文主义学者和他们的当地赞助人组成，包括博学的显赫人物、神职人员和贵族。他们之间的联系纽带也因该协会正式编辑的出版物和寄往该协会的信函得以彰显。德意志人文主义者们怎样看待自己作为社团成员的身份，这在温普菲林的外甥——法学家雅各布·斯皮格尔（Jacob Spiegel）写给阿尔萨斯地区的塞莱斯塔城（Sélestat）协会的一封信中表现出来。斯皮格尔以如下言辞向协会成员们致意："再会并祝胜利，各位征服野蛮的光荣胜利者！"[123]

当斯皮格尔在1520年写这封信的时候，协会成员们没有剩多少时间用来克敌制胜了。随着学术优先项的转移，加上早期宗教改革让许多人文主义者之间的友谊充满紧张气氛，试验性的社团生活迅速走到了尽头——人文主义者教化整个日耳曼民族的雄心，同样灰飞烟灭了。

7.6 德意志——真正的民族

在将德意志当作一个忠于传统和不受外来影响的独特民族进行展现和保护的尝试中，德意志人文主义者们并非孤身只影。更确切地说，15世纪后半期，两种政治话语被构建起来了，一个来自德籍神职人员，另一个来自哈布斯堡王朝。人文主义者则将两个既存的政治话语进行拓展，并使之激进化。

随着教廷在罗马的重建以及教会会议至上主义[①]运动在1450年之后被挫败，教皇对世俗权力和荣耀的渴望逐渐滋长。为了支撑教廷的开销，文艺复兴时期的教皇们建立起一套便于征收赋税和关税的精巧制度，这套制度后来成为现代国家的典范。在德意志，恰是高级教士——主教、修道院长和他们的法律顾问们，率先开始抱怨资金从日耳曼民族流向了罗马，因为他们是最先感受到来自教廷的财政压力的人。随着他们的"怨气"（*Gravamina*）的高涨，很快出现了更通俗、更雄辩的论著，此时它们常常是由低级神职人员撰写的。他们将对财政剥削的怨怒与对罗马腐化堕落和目无宗教的宽泛指控相结合。根据这些人的说法，德意志民族不仅应当终止由教皇贪婪造成的

[①] conciliarist，主张教会会议高于教皇权威。

财政出血,还需要保护自己不受意大利人主导下的罗马教廷的毁谤中伤。到15世纪末,主要的德意志人文主义者们已转向这种仇外论调,将其拓展到拒绝所有拉丁["南欧(welsch)"]文化,同时为宗教改革作为反对意大利化教廷的民族运动的启动奠定了基础。

另一方面,哈布斯堡家族,通过将其训导公共道德(*disciplina morum*)的传统王室职责与以爱国主义言辞作为包装的保护主义经济政策相结合,为"真正民族"的人文主义概念做出了贡献。这些道德规训措施主要涉及饮酒、咒骂和着装。1495年,沃尔姆斯会议颁布了针对公开饮酒和咒骂的法律制裁措施。[124] 1497年,还颁布了一道帝国敕令,谴责奢华的服装(*Uberflüßigkait der Klaidung*)。[125] 1506年,马克西米利安对德意志各阶层表示"至于黄金和丝绸,如今常见于各色人等(无论贵族还是平民)的衣着和珠宝上"。他表示,购买奢华的服装有害于民族:"日耳曼民族受到损害并因此潦倒",因为"相当数额的财货都被浪费,并从德意志境内流入拉丁人的土地(*Wellsche land*)"。皇帝认为,这些资源本可以"为日耳曼人的个人和共同福祉发挥更大的作用"。[126] 马克西米利安潜在的动机是促进德意志纺织业的发展,由此将金融资本绑定在帝国境内——以便通过征税充实哈布斯堡王朝的国库。这种政策早在路易十一(Louis XI)时就已被引入法国。[127] 当马克西米利安为了财政原因而批评从外国进口服装时,德意志人文主者们则借题发挥，悲叹外国习惯对日耳曼人道德情操的腐蚀。

不过，为人文主义者的"真正民族"概念带来崭新维度的，是一份描绘其原本幸福孤立状态的历史记载。此处最重要的历史渊源是塔西佗的《日耳曼尼亚志》。15世纪50年代中期，这部作品在德意志地区的一所修道院中被发现，随后被直接带到了意大利。在那里，1457年末到1458年初的这个冬天，埃尼阿·希尔维奥·皮科洛米尼首先对《日耳曼尼亚志》进行了研究，并在他当选为教皇之前不久将其转化为政治工具。埃尼阿·希尔维奥用这份文本来反驳时任美因茨大主教总管的马丁·梅耶（Martin Mayer，约1420—1471）的"怨气"，马丁·梅耶曾私下向他抱怨教廷对德意志民族的经济剥削。在埃尼阿·希尔维奥的回复中，塔西佗对该民族的概述，貌似正是对蛮族野人的描述，他们受到异教和贫困的惩罚。[128] 这位时任红衣主教的人文主义者基于这份文献辩称，古代和当代德意志之间有着深刻差异，并且声称是教廷教化了德意志居民，使其走向富庶。根据他的说法，责备教会的剥削使日耳曼民族受穷的说法，简直是忘恩负义。塔西佗关于日耳曼人是血统纯粹的原住民的主张丝毫未被提及。

大约40年后，当德意志人文主义者们开始对塔西佗的《日耳曼尼亚志》进行评论时，他们宣称埃尼阿·希尔维奥对古代日耳曼人的描述是恶意歪曲，并且提出了对这份文献的截然不同的解读。此时，古代日耳曼人以自然淳朴和战无不胜的战士形象登场，过着简朴而高尚的生活，由于道德的高尚，他们不需要成文的法律规范，他们拒绝外来习俗、财货和血脉，捍卫集体财产和独特性，热爱自由而又坚贞纯洁。

通过对《日耳曼尼亚志》的这般民族主义解读，德意志人文主义者实际上与埃尼阿·希尔维奥一样误解了塔西佗的文字。从一份无意对日耳曼和罗马文化盖棺定论、克制道德判断并提供了前后不一甚至自相矛盾的评估的民族志描述中，他们试图提炼一清二楚的讯息和确定无疑的价值判断。然而，民族主义的误读如此强大，以致现代学者们都依然把塔西佗的记载当作展现日耳曼人阳刚之气、美德和独立于腐化堕落、沦落为奴的罗马公众之外的典范面目的一面之词。[129]

这么一小篇民族志式的文章令德意志人文主义者（以及后来几代的德意志民族主义者）如此着迷的主要原因在于，除了几个段落，[130]它将日耳曼人描述成了罗马人（Romani）的反面，却没有如罗马作者可能会做的那样将这对立性分等级地予以界定。这种两极化风格体现在生活的方方面面。德意志地区湿冷和严酷的气候，与地中海地区温和的天气对比鲜明（参见第2/5章），这里的人们毫无铜臭之气，也没有纸醉金迷的生活，与罗马人的腰缠万贯和珠光宝气截然不同（参见第5章）。日耳曼人的小木屋、独木舟和散布的群落与罗马城市中的石质建筑大相径庭（参见第16章），日耳曼人的赤身露体和注重功能性的衣着，与罗马的时尚潮流和锦衣华服迥然相异。

日耳曼人涂抹他们的脸庞以震吓敌人，罗马人涂脂抹粉却是为了取悦友人和同胞（第38章）。日耳曼人脾气暴躁、惹是生非并且以血腥的方式收场；而罗马人只在法律和理性要求下，才使用暴力。日耳曼妇女是贞洁的少女、忠诚的妻子和坚强的勇士，与罗马上层社会那些文雅精致和追求感官享乐的女士们截然不同（参见第8/18—19章）。最后，日耳曼人是原住民，"未与外来者混杂，无论是移居而来的定居者，还是随意往来的访客"；罗马人则是移居意大利的移民，他们受到希腊文化的强烈影响，还统治着一个由流动的多民族人口构成的帝国（参见第2章）。

这些对比中的大多数模糊到何种程度，由德意志民族主义者的一个核心主题可见一斑：日耳曼人的自由。与罗马的专制统治相反，日耳曼人的"自由"，时而关乎军事权力（第37章）、罗马的外来威胁（第33章）、永远好战的天性（第14章），时而关乎纪律的丧失以及效率的低下（第11章）、危及自身的鲁莽（第24章）、蛮族的非理性和不折不扣的真诚（第22章）。在塔西佗的笔下，日耳曼人绝非高贵的野蛮人，他们天生自由自在、简单淳朴且正直诚实。他们是一帮犹如斯多葛学派般坚毅朴素的"愤怒之人"（*homo iracundus*），被描述为易怒、迷信、咄咄逼人、急躁、善变和容易疲倦。[131]

斯多葛学派的思想可能也是隐藏在塔西佗的《日耳曼尼亚志》中的价值判断的线索。通过将日耳曼文化和罗马文化描述成两个相反的极端，这位罗马作者很可能对双方都持有程度相等的批评态度。他暗示的理想社会，是一个介于两者之间的、远离一切极端、受到阳刚气概和理性的统治、主张自由和秩序的社会。

因此，尽管德意志人文主义者们广泛地引用和评论塔西佗的《日耳曼尼亚志》，他们却得出了与他们所谓古代祖先非常不同的图景。他们用清晰明白取代了模糊不清，用积极肯定取代了消极的内涵。仅举几例说明：本土和纯正血统的主题与生而高贵的观念相结合，与罗马"来自四面八方、藏污纳垢的民族集合"（*passim collecta populi colluvies*）相反。[132]同时，无法律状态的主题，变成了日耳曼人生性良善的证据："我们的公正，"贝拜尔辩称，"是天生的，是自然的恩惠（*naturae bonitate*），而不是由法律形成的，即便我承认我们曾经粗鄙野蛮（*rudes et barbaros*），可是对邪恶的无知却帮助了我们，胜过其他民族所依靠的关于美德的知识。"[133]

最后，德意志自由的主题脱离了混乱和自我毁灭，并被简化为一种对外的自由状态。在这个意义上，它主要是被用来强调古代日耳曼人对外来影响的全然拒绝，以及他们支配其他民族的强烈企图。阿文丁努斯提到一位早期的日耳曼人国王时说道："国王赫尔曼（King Herman）想要日耳曼人成为全世界最自由的人，超越其他所有民族，而不被任何人所超越。"[134]

尽管塔西佗为构建真正的民族提供给了优良的基础，德意志人文主义者们还诉诸一系列其他资源，有古代的，也有中世纪的，以维护他们特意选择且坚决捍卫的、关于民族孤立性的历史记载。老普林尼和其他古代民族志学家曾试图将希腊人和罗马人对蛮族的不同称谓协调起来，在他们的叙事的基础上，人文民族主义者们认定所有用于北部森林中蛮族的集合名词都意指日耳曼人。[135]当时的意大利人文主义者们依然将这些名词与军事破坏和文化蒙昧相联系，他们的德意志同行则将这些当作闪光点加入了他们民族的早期历史中。贝拜尔编纂了一份很长的部落名录，号称它们都属于日耳曼人，包括"法兰克人、勃艮第人、哥特人、汪达尔人、格皮德人（Gepids）、鲁基人（Rugii）、赫鲁利人（Heruli）、图林根人（Turcilingi）、伦巴底人（Lombardy）、诺曼人（Normans）、皮克特人（Picts）、夸第人（Quadi）、苏格兰人、盎格鲁人、士瓦本人和撒克逊人"——以及，不要忘了，还有匈人（the Huns）。[136]阿文丁努斯更进一步地为这些各种各样的集合名词提出了语源学的解释：

> 斯基泰人（Scythae，又作"塞其提人""锡西厄人"）、辛布里人（Cimbri）、盖塔伊人（Getae）、大夏人（Daci，或译为"达西亚人"）、丹麦人（Dani）不是恰当的民族名称，而是通用的战士名字，就像我们这个时代的瑞士人[！]和佣兵（the Landsknecht）一样。我们被称为斯基泰人，因为古代日耳曼人善于射箭；被称为

哥特人，因为我们善良（güte）而高尚；被称为辛布里人，因为我们好战的个性（kriegparn）和充满男子气概的勇气。[137]

通过将部落名称转化为战士头衔，阿文丁努斯创造了一个与罗马帝国相对立的、统一的日耳曼人战线。由此，几乎所有罗马在欧洲大陆上的失败都可以成为日耳曼的胜利，在阿文丁努斯的《巴伐利亚编年史》中情况就是如此。

阿文丁努斯不是第一个宣扬他民族的祖先是一再重创并最终摧毁了罗马帝国的人。约翰奈斯·科克拉乌斯（Johannes Cochlaeus，1479—1552），一位民族主义倾向不太强烈、后来帮助罗马教廷反对路德宗教改革的德意志人文主义者，已经在1512年宣称："所有那些如此频繁地击败并最终毁灭了曾经的世界霸主——罗马以及整个意大利的，都是日耳曼人。"[138] 科克拉乌斯同样表达了反抗罗马的民族自豪，与另一位温和的民族主义者雷纳努斯一样，后者援引在意大利和罗马的"哥特人、汪达尔人和法兰克人的胜利"作为日耳曼人辉煌的例证。[139]

科克拉乌斯和雷纳努斯可以被看作温和派的民族主义者，因为他们没有加入其他德意志人文主义者的行列，去要求和颂扬抵制外来影响的广泛民族对抗。例如，阿文丁努斯和胡腾在古代和中世纪作者的作品中系统性地寻找了这般对抗的证据。两者都提到了弗洛鲁斯（Florus）关于公元9年日耳曼战士对瓦卢斯（Varus）军团的那场著名大屠杀的记载①，声称他所描述的对法学家们犯下的尤其残忍的暴行，展现了早期日耳曼人对罗马法和罗马律师的拒绝。[140]当罗马历史学家特别指出蛮族暴行以引发"文明"读者中的恐惧感时，日耳曼人文主义者则自豪地援引同样的暴行来证明其祖先对外来入侵者的相应处置方式。

胡腾——顺便一提，他曾两度赴意大利学习法律——表示"这些[法律]小博士"在他祖父的时代依然在德意志"不为人知"，从而在古代和近期历史之间画了一道界线。"就在不久之前，"他还说，"他们才凭着他们的红衣主教冠冕，仿佛狂风暴雨般随心所欲地蹂躏整个德意志。"[141]由此，他敦促自己的祖国同胞再次将他们赶走，并重新建立起优良的、古老而本土的"日耳曼的至高之法"（summum jus Germanorum）。[142]用这般措辞，胡腾和其他人文主义者为盛行一时的仇外情绪推波助澜，当时罗马法专家们早已被锁定为目标。例如，一份在1493年用德语韵文出版的传单，曾号召德意志王公贵族一劳永逸地驱逐"将外国法律带进了我们的国家"的"吸血鬼"（Blutsauger）。[143]

将博学的专家斥为外来入侵者已经够棘手了，尤其是当

---

① 公元9年，在条顿(堡)森林之战(Battle of the Teutoburg Forest)中，顶替皇储提比略(Tiberius)担任日耳曼尼亚总督的瓦卢斯率领三个罗马军团，被日耳曼人首领赫尔曼击溃，全军覆没。罗马皇帝奥古斯都·屋大维为此悲叹："昆蒂利乌斯·瓦卢斯，还我军团！"（Quintili Vare, legiones redde!）

其中包括著名的德意志人文主义者比如罗伊希林、布朗特和柏廷格时。当阿文丁努斯为古代日耳曼人顽固地与书籍为敌而沾沾自喜时，事情就更尴尬了。他因此提及据说发生在古代晚期的雅典的一段插曲。阿文丁努斯没有提到过它的来源，但是这段话的原文想必是东罗马帝国史学家皮特鲁斯·帕特里修斯（Petrus Patricius，约500—565）的文章片段。它记载了一桩发生在公元269年的"斯基泰人"劫掠雅典的事件。当时打劫的战士们"搜罗一切图书并将其焚毁"，其中一人劝阻说：他们应当让罗马人读书，因为那样一来，"罗马人就不会喜欢打仗了"。[144]皮特鲁斯·帕特里修斯补充道："他这么说是因为无知，倘若他知道雅典人和罗马人的长处，知道他们既因善于辞令而闻名，又以长于作战而著称，他就不会出此言论了。"[145]

在阿文丁努斯的《巴伐利亚编年史》中，这个故事以相当不同的视角出现，秉持相反的寓意。这些"斯基泰人"被"哥特人、巴伐利亚人和其他日耳曼人取代"，他们在雅典的行动被描述如下：

> 他们征服了雅典，希腊最著名的帝国城市，那里有全世界最出类拔萃的高等学校（*hohe schuel*），他们在集市上堆积起了大量的书，将它们堆得高高的，打算烧掉。这时候，一位士兵站出来劝阻他们，他说道："把这些书留给那些傻瓜希腊人吧。他们忙着读书，就全都不会打仗了，并且变成阴柔的生物，无力自卫；如果他们以

书本和笔,而不是马具和武器装备起来,情况对我们更为有利和方便。"[146]

对于士兵的陈述,作者没有谴责,只有沉默的认同。据此,阿文丁努斯坚称"粗犷的日耳曼人"(grobe Teutsche)这个术语不但被古希腊和罗马人采用,而且被古日耳曼人采用——作为一种自豪的自我标榜。他眼中的日耳曼人不是蛮族,而是原住民;他们并非无知,而是睿智的;未升化并非出于自然原因,而是其自我选择。他们捍卫自己的民族文化,因为它在道德和军事上都优越于希腊和罗马。

阿文丁努斯以古希腊发生的另一个事件对这个论点进行论证,这次改编自罗马历史学家昆图斯·柯蒂乌斯·鲁夫斯(Quintus Curtius Rufus)在公元1世纪时所撰写的亚历山大大帝的传记。[147]一位斯基泰大使对亚历山大说的一段简短的话,被修改和扩展成一位日耳曼战士的如下声明:

我们这些粗犷的日耳曼人,没有赌咒发誓和签署契约以宣告我们对某人忠诚的习惯。我们只是相信和信赖彼此,并且每个人都如此相待。相信和信赖是我们的至高崇拜;行善事、给忠告和互相扶助,就是我们的宗教信仰,我们以此表示对神明的尊敬。可你们这些聪明的希腊人,如此警惕和明智以致不相信彼此或其他人。你们想要签字盖章的契约,你们不得不向神和他的圣徒们发下字斟句酌的誓言。你们实在是个文雅而又愚蠢的民族,指望依靠某人对众神的恐惧和遵从，而他却可能根本不敬神明，甚至怀疑其存在。[148]

亚历山大大帝在这篇声明中也被毁谤为一个受到"贪婪和利欲"驱使的"杀人犯和抢劫犯"。这般描述与古代和中世纪文献对这位马其顿国王的描述迥然不同。阿文丁努斯可能有意多少用亚历山大和希腊人隐喻教皇和意大利人。他关于古代日耳曼人彼此之间的手足之爱和古希腊人呼唤圣徒庇佑的描述，有某种路德宗的意味。毕竟，阿文丁努斯是在16世纪20年代到30年代早期写成他的《巴伐利亚编年史》的。1529年，阿文丁努斯遭到巴伐利亚当局的短期监禁，理由是"因为（传播）福音"（ob evangelium）。但是，如果他真的同情新教信仰，与其说是出于神学原因，不如说是出于民族主义信念，即认定路德的信仰是日耳曼文化的创造和表达。

除了日耳曼人坚毅不屈的阳刚之气和好战尚武的精神，阿文丁努斯还概述了第二个相对不那么光辉的故事，关于一个邻近民族日益式微的男子气概——那就是法国的命运。当国王赫尔曼训练其日耳曼同胞的军事技能时，一位名叫"巴德"（Bard）的国王在莱茵河彼岸构建了一套截然不同的教育方案：

> 他发明了歌唱艺术，资助了一个大型合唱团，专注于宴会和节假日，教导人民跳舞、歌唱、蹦跶和献媚；……这是件令人作呕的事：莱茵河以西，人们学习唱歌跳舞，是为了调笑、羞辱和娱兴；而在莱茵河以东，人们学的是如何作战、打击和突刺等十分严肃

的事。[149]

这是现代早期民族论调中普遍的陈词滥调的最早例子之一——不仅在德意志地区，而且在英格兰和其他地方也是如此。它对欧洲各国宫廷中越来越精致文雅和越来越多讲法语的文化追根溯源到法兰西民族的"退化"状况，并谴责：法国语言、文学和生活方式在欧洲的统治地位，危害自己民族的男子气概和高尚德操。

通过记述德意志人文主义者眼中最伟大的民族英雄查理大帝对日耳曼文化的自我捍卫，阿文丁努斯将这个在他有生之年才刚刚开始的过程，投射到了过去。再一次，一个在中世纪历史记载中被尊为至高统治者的人物，由此发生了重大变形，尽管这次倒不是以一种贬损的方式。[150]就像我在第4章中略述的那样，西方中世纪时期的第一位皇帝长期以来都被用来证明日耳曼人占据帝国的合法性。因此，他被断定为一个讲德语的人，出生和埋葬在德意志的土地上。这种说法的关键来源是艾因哈德所写的《查理大帝生平》(*Vita Caroli Magni / Life of Charlemagne*)，这位作者是法兰克宫廷中的学者和查理大帝的门客。艾因哈德不仅记载他的主人死在亚琛（Aachen），而且还记叙了这位皇帝"以自己的语言"给月份和风起了新名字。[151]对于后世的德籍作者而言幸运的是，艾因哈德枚举了这些名称——它们听起来显然像德语。在同样的段落中，艾因哈德将查理大帝写成了他自己母语未完成的语法规则的创制者，这很可能有些牵强，但这对于德意志的人文主义者们而言依然是绝妙的素材，比如特里特米乌斯，他热切期望将这位法兰克人的国王当作他们的自己人。

阿文丁努斯也将查理大帝描绘成了一位人文主义的文化先锋（*avant la lettre*），但是相反地，他又将这位皇帝描绘成一位民族主义的复古派。为此，他将艾因哈德和圣加尔的诺特克尔（Notker of Saint-Gall，大约840—912）的记述相结合。诺特克尔写了一本关于皇帝的逸事集，名为《查理大帝》（*De Carolo Magno*）。阿文丁努斯的开篇，是一段关于查理大帝外貌的描写。在强调皇帝的脸部特征属于"日耳曼人类型"（*nach der Teutschen art*）后，他描述了皇帝的衣着风格：

> 至于衣着和鞋履，他总是遵循当时日耳曼人的方式：他穿着衬衣、短外套或大衣，并不比平民的穿戴昂贵多少……对于外族和异类的衣着，哪怕它们十分华贵，他也一概嗤之以鼻。[152]

在这个段落中，阿文丁努斯紧紧因循艾因哈德的范例；[153]他只是将"法兰克式的"（*Francicus*）换成了"日耳曼式"，并且时不时加上"用日耳曼人的方式"（*auf teutsche monier*）来清晰地表明查理大帝总是有意用他的衣着表达民族主义主张。

以相似的方式，他还将诺特克尔笔下的两则关于查理大帝因为手下穿金戴银而予以训诫的逸事混合并改写。一则逸事记载，他的廷臣购买了精美的威尼斯服装，然后被迫与这位皇帝一同打猎，他们这才明白了自己购买的商品的功能多么有限。另一则逸事提到，他斥责士兵们"身披绫罗、穿金戴银"，责备他们一旦阵亡，就等于将自己的"世俗财货拱手赠予敌人"。[154] 两则逸事都有着宗教底蕴，告诫人们"超脱尘世"的价值观。这被阿文丁努斯以文化孤立的民族主义号召取而代之：

> 日耳曼人和法兰克人，在与意大利人（Walhen）和法国人作战之后，采用了他们缝制得短短的上衣和下裙。当查理大帝看到这些，他勃然大怒，厉声吼道："哦，你们这些日耳曼人和自由的法兰克人，你们是如此鲁莽和善变！采用被你们击败、征服和掌控的人的服装，可不是什么好兆头：如果你穿上他们的服装，他们就会占据你的心。这些拉丁式（wälsche）的服饰和剪裁有何意义？它们遮不住身体，半遮半露的，既不御寒也不抗热，既不防雨也不挡风；当人们在地里办事时（解手的委婉说法），衣服无法裹覆身体，双腿会冻僵。"查理大帝随后派出一位信使，禁止在德意志境内贩售或购买这些法式衣服。[155]

查理大帝在这里仿佛是皇帝马克西米利安的"道德原则"（disciplina morum）的一位先行者，不过更加富于民族主义热忱。对他而言，引进外国服饰不仅仅是财政损失和功能荒唐的问题，而且是民族身份认同和个性特征的问题。改变服饰不仅仅是一个外在过程,它还直接影响到人格,导致"心性改变"(change of heart)。

阿文丁努斯关于一个真正民族的概念,在范围和深度上可能已经异乎寻常,但是在意识形态和方法论上却并非如此。他和其他人文主义者那来之不易的文化上孤立的民族历史,无论如何都不是从零开始创造,而是通过语言学上的就地取材、精心拼凑而成。阿文丁努斯搜集了大量的古代和中世纪原始资料,萃取适用的内容,添加上缺失的成分,并将重写的片段组成一份新的记叙。结果,尽管有欠连贯,却比对民族历史的纯粹捏造可靠得多。

从古老过往中确立"真正民族"可以强化它在当前的明确轮廓。例如,关于日耳曼人蔑视商贾的历史记载,直接导致在修辞上将当时的商人从日耳曼民族中驱逐。为了拒绝不受欢迎的商品和习惯,人文主义者们自行其是地采用瘟疫和疾病之类的言辞,不只用作比喻,而且就采用其字面意思。对于舶来品,胡腾评论道:

> 实在不可思议的是,不是本地所产的东西会对本地出身的人民有任何益处。如果它们有益,自然会让它们生长于此。这就是为什么人们想要这些东西,不是为了有益于他们,而是为了享乐,并且你们商人将它们投入流通,并非为了滋养身心,而是为了取悦于人。于是,无怪乎我们的健康承受风险,我们容易罹患各种疾病。

> 此外，你们进口丝绸和各式各样的外国服饰，使德意志原本的力量遭到削弱，最完善的道德遭到腐蚀，而阴柔的浮华和可耻的娇气已渗透入人们的生活……我要说，这般将原本没有的东西带到此地的做法，违背自然的造化。[156]

胡腾对于自给自足和健康民族的理想不仅限于商品方面。外国观念和习惯也被看作是危险的，因此，这位人文主义骑士还谴责神职人员和律师是"非日耳曼"的日耳曼人。

胡腾在宗教改革的初期发动了对所谓日耳曼民族内部敌人的文字攻势。尽管他的许多论断，在此之前就已经投入使用了。1502年策尔蒂斯在他的《爱》（Amores）一书中，沉浸在对于一个自给自足的民族过着平等幸福生活的原始主义白日梦之中，甚至表达了他对"意大利逾矩行为"泛滥可能导致另一种意大利式疾病入侵的担忧——那就是同性恋。[157]温普菲林，一位俗世布道者和天主教教会的拳拳赤子，反复将德意志的托钵僧描绘为外来寄生虫，使日耳曼人失去了宗教的正义性和道德的高尚性。[158]

"高尚德操"（integritas），在温普菲林的民族真正性的词汇中，确实是一个关键词。他将其含义拓展到基督教-德意志式的超道德层次，包含了"成熟"（maturitas）、"坚定"（constantia）、"诚实"（veritas）、"真诚"（sinceritas）和"简朴"（simplicitas）。[159]传统上，汇聚所有与高尚情操相反的邪恶性的主要人选，是女性。尽管温普菲林也没有放过她们，不过，他还加上了一种新型的超邪恶的代表：外来者（alienigena）。就这样，这位阿尔萨斯的人文主义者警告年轻的日耳曼人：不要出国求学，因为他们可能遭受精神和身体上的污染，从而失去他们的"日耳曼式的正直"（Germanica integritas）。[160]

尤其令他担忧的是前往罗马的神学家们。在永恒之城的强大影响之下，一个人很容易成为"意大利化的日耳曼人"（Germanus Italicatus），并且因此威胁到所有待在本土的日耳曼人。温普菲林引用了一则德语谚语，它已经在若干年前就被所谓《上莱茵革命》一书所援引：[161]"小心红头莽汉（roten kalen）和意大利化的日耳曼人（dutschen vualen）！"这句谚语明确将外国化的同胞当作一种矛盾体。另一则出现在路德的《桌边谈话录》中的箴言，为这类人贴上了异教徒的标签："一个意大利化的日耳曼人简直是魔鬼在世（ein legendiger Teufel）。"路德也相信意大利的空气有害日耳曼人的身体，于是也给日耳曼人所患的这种意大利病症冠以"伊壁鸠鲁主义"之名。[162]

到宗教改革时，"意大利化的日耳曼人"或称"半高卢人"（Semigallus）的可怕形象有了一些相应的外国版本。在16世纪初，法国诗人和戏剧家皮埃尔·甘果瓦（Pierre Gringoire，1475—1539）宣称：没有什么比一个"意大利化的法国人""更糟"了。[163]而在1553年，英格兰外交官托马斯·威尔逊

（Thomas Wilson，1524—1581）发表了一篇题为《修辞艺术》（*The Arte of Rhetorique*）的论文，在文中嘲讽"意大利化的盎格鲁人"（Angleschi Italiani），英语讲得怪腔怪调，仿佛"涂脂抹粉的女人脸"。[164]

任何曾经前往外国、受到外国文化熏陶的人，都可以被称为受到污染并正在污染祖国的国民。德意志的人文主义者们尤其喜欢攻击三种人：教士、商人和律师——而不是彼得·柏克（Peter Burke）笔下所谓效仿意大利贵族文化的廷臣们。[165]

正确认定哪些社会群体反复地蒙受这些污名十分重要。毕竟，较之其他任何群体，他们与文艺复兴时期的人文主义者有着更多共同点。他们属于流动性最强且受教育程度最高的社会阶层，并且常常与外国人交往，因为他们的业务跨越了国境。在这个意义上，人文主义者们同样可以互相侮辱对方为民族不纯的生物，再合理不过了。胡腾带头拿伊拉斯谟开刀，不友好地建议他"重新移居到你那些高卢化的日耳曼人中去吧"。对此，那位具有世界主义情怀的人文主义者恰如其分地评论道："他是在将我逐出德意志。"[166]

毁谤者和受谤者之间的社会联系甚至私交，都可以被看作进一步凸显"真正民族"概念基本矛盾的标志。能够创造和珍视这个概念的人们，通常大概知道什么人适合做理想的敌人，却不知道什么人会成为他们纯粹主义共同体梦想中的公民。为了感受和形成一种对真正性的集体需要，人们必须彼此疏离和接受教育。从这个角度来看，人文民族主义者们在毁谤律师、教士和商人为污秽的同胞时，流露出一种对于他们自身社会地位和文化身份的深刻不安。因此，很大程度上，民族真正性的论调，应当被看作一种内向攻击性被转化成外向攻击性的现象。

8　德意志人民的德意志皇帝

> 首先，如果不能拥有一位德意志选帝侯或王公，那么任何一位君王的祖先和出身都必须是日耳曼人，以便我们民族的荣誉得以保全，而平民大众才能心满意足。
>
> ——美因茨大主教勃兰登堡的阿尔布雷希特（Albrecht of Brandenburg, Archbishop of Mainz），《注释》（*Notes*），1519年

> 我们是日耳曼人，无论血统还是性情，无论出身还是语言。
>
> ——西班牙国王查理一世（Charles I, King of Spain），《致萨克森选帝侯的信》（*Letter to the Prince Elector of Saxony*），1519年

对于现代观察家而言，现代之前的欧洲政治制度很可能显得与民族主义趋势恰好相反。君主们主要追逐王朝政治野心，而非民族主义理想。他们让子孙与外国统治者联姻，于是常常得以完全合法地统治在文化和语言上与他们不同的民族。

的确，王朝政治在很多方面都与民族主义道不同不相为谋，这尤其是因为它建立在中世纪早期树立的世袭权利基础上，而当时民族的概念尚未成型。

然而，中世纪晚期和现代早期也提供了充分的证据，证明王朝政治既塑造了民族主义的文化，反过来，也被民族文化所塑造。在这方面，马克西米利安皇帝对德意志人文民族主义的影响也不外如是。许多国王将自己描绘为爱国政治家的典范和民族荣誉的捍卫者，同时又在全欧洲境内培植他们的家族势力并扩展其领土主张。

当然，这般行为如今看来未免自相矛盾，不过对我们而言更重要的是：在当时，它常常是矛盾的起因。许多新近加冕的君主们继承了他们未曾生长于斯的领土，一抵达便遭到公众的怀疑甚至敌视。民族主义者的保留态度可能在这样的反应中起到了重大的作用。毕竟，来自海外的君王可能违反了民族自由的基本原则，即统治者和被统治者必须属于同一民族。

为了鼓励接纳，外国出生和长大的君王可以展现出迅速融入当地文化的意愿，也可以宣称，由于他与当地王朝的血缘关系，他在国外就是身处这样的文化中长大的。本章的主角，哈布斯堡的查理（Charles of Habsburg，1500—1558），在各种不同的场合双管齐下，结果有得有失。在讲法语的勃艮第王朝统治的低地国家的宫廷中长大成人之后，他在1516年成为西班牙国王。当他于次年进入他的新王国时，迎接他的是西班牙贵族的公然敌视。直到查理正式接受西班牙议会的要求，答应尽快学会卡斯蒂利亚语、不将皇家职位授予外国人并且只任命土生土长的西班牙人担任西班牙大使，情势才缓和下来。[1]这个协议显示出：西班牙贵族阶层内部的民族主义保留态度与他们对高官显爵的热望息息相关。

这位年轻的国王和他的随从们迅速吸取了经验教训，并且进行了过度补偿。1518年，当他开始为争取神圣罗马帝国皇冠而采取下一步行动时，查理将自己装扮成了一个纯正的日耳曼人。成功当选为皇帝后，他经历了与初到西班牙时大相径庭的待遇。他在德意志被当作民族英雄而受到欢迎，但是仅仅几年之后，他便露出了绝非日耳曼族裔的本来面目，并且他位于国外的巨大权力基础，拖累了德意志王公们在欧洲的野心，于是他被斥责为德意志自由的外来毁灭者。

在分析民族主义信念对现代之前政治的影响时，如神圣罗马帝国这样选举产生的君主政体，尤其令我们的研究受益匪浅，因为总的来说，他们的选举规则比世袭君主政体更加灵活机动，并且能够适应情况的变化。我们只需分析领土位于外国的君主和王公们之间发生激烈对抗的一次选举，便能看出帝位候选人的民族出身被认为多么重要，以及这在多大程度上影响到了选举程序。关于这一点，1519年的皇帝选举是一个完美的例子。

1519年，马克西米利安皇帝之死，以及随后导致其孙查理登基的程序，就像早期宗教改革一样，改变了德意志的民族论调。这两件事息息相关，但是由于其初衷和效果彼此独立，我提议分别对它们进行分析。

8.1 引入民族归属作为选举标准

作为当选皇帝的资格，民族归属重要性的讨论曾有一段有趣的历史背景，并在15世纪发生了决定性的转折。在我们进一步审视之前，我希望从头开始讲述一下选举活动的大致情况。

当德意志选帝侯们选择马克西米利安的继承者时，他们的主要标准简直再自相矛盾不过了：选举德意志出身的皇帝的重要性从未如此被强调，但是竟没有一位德意志国王有足够的势力、权威和财力与这三个外国候选人竞争——西班牙国王、法国国王和英格兰国王。结果，查理一世、弗朗西斯一世（Francis I）和亨利八世发现，此情此景之下，自己必须说服选帝侯们：自己比其他王室对手更加德意志化。

在这场竞争中，英格兰国王当然是最牵强的，而西班牙国王则是血统优势最大的。然而，法国国王和西班牙国王频繁的拉票活动显示，"最德意志化"的外国国王的角逐直到选举前不久方才尘埃落定。甚至无法排除是哈布斯堡的国库（毋宁说是富格尔家族[①](给予哈布斯堡家族的贷款)最终打破了僵局。

查理数额巨大的贿赂中至少有一小部分被直接交给了各位选帝侯的法律顾问。在他们之中，有人引领了关于民族归属作为选举标准的讨论，我们现在可以将目光转向他们。

选举前几个月，萨克森公爵腓特烈（Duke Frederick of Saxony），也是路德的保护人和最受尊敬的选帝侯之一，要求自己在维滕堡（Wittenberg）的大学中的学者们以及他的族弟萨克森的乔治（George of Saxony）的法律顾问们就"根据法律如何进行罗马人的国王的选举以及不属于德意志民族的人是否有资格当选"[2]的问题提供咨询意见。

提交报告的这七位法律专家一致认为：罗马人的皇帝必须是德意志人。在确认西班牙国王查理确实有此资格（他毕竟是马克西米利安的孙子）时，他们（理由充分、动机暧昧地）拒绝接受法王弗朗西斯自称为查理大帝的后代的说法。对此，多数裁判明白地表示了对哈布斯堡家族的候选人的偏爱；只有一位得出结论：总的来说，一位德意志君王——尤指萨克森选帝侯本人，才是最好的人选。[3]

法律顾问们如何论证他们对于候选人民族出身的论述？主要的佐证是由教皇英诺森三世在1202年颁布、后来被称为《尊贵教令》（*Decretale Venerabilem*）的一份文件。其原本目

[①] the Fugger family，15至16世纪德意志著名的工商业和高利贷家族。

的是巩固这样的主张：当教皇认为候选人不可接受时，他有权干涉罗马人国王的选举。然而，这份文件变得重要的原因在于，为了支持教皇的主张，它简要记叙了帝国如何建立的历史。关键语句是，罗马教廷（the Apostolic See）曾经"代表查理大帝将罗马帝国从希腊人手中转交到日耳曼人手中"（*Romanum Imperium in personam magnifici Caroli a Graecis transtulit in Germanos*）。[4]法律专家们在1519年根据这简短的词句证明自己所言非虚。对于其有效性，他们可以感到安心，因为他们不是首先提出这一点的人。

不过，最起码，他们的结论并非《尊贵教令》的那位身处罗马教廷的作者的初衷。他的观点是：权力向德意志转移（*translatio imperii ad Germanos*）反映在德意志选帝侯的选举投票活动中，而不是在皇帝的民族身份问题上。我们可以肯定地说出这一点，是因为这一教令也澄清了谁没有资格竞逐帝位（并且可能因此被教皇拒绝）的问题。被排除者的条件列表包括"被革除教籍者""暴君""痴呆""异端"和"异教徒"——但是不包括"外国人"。[5]为了像法律专家们在1519年那样加上民族身份的标准，就必须断章取义地钻研这份文件。

第一位首先明确作此表示的学者，很可能是意大利教会法学家尼科洛·德·图戴斯齐（Nicolò de' Tudeschi），亦名帕诺米塔努斯（Panormitanus，1386—1445）。他曾经是巴塞尔议会中教会会议至上主义运动（1431—1449）的一员干将。基于帕诺米塔努斯对《尊贵教令》的重新诠释，巴塞尔大学的法学教授昂德洛的彼得（Peter of Andlau，1420—1480），在1460年辩称：罗马帝国转变成"闻名于世的德意志民族"应当被理解为"主动而又被动的"（active et passive）。换而言之，选帝侯和当选者都必须是德意志人。昂德洛在《论帝国君主政体的小册子》（Booklet on the Caesarean Monarchy/ Libellus de Caesarea monarchia）中发表了这样的评论，并将其献给皇帝腓特烈三世。[6]因此，几乎从一开始，对《尊贵教令》的完全"德意志化"的重新解读，就与哈布斯堡王朝联系起来。

几十年后，人文民族主义者常常提到这份教令，是为了证明：查理大帝是日耳曼人，而不是法国人，因此，法国国王们没有资格角逐帝国皇位。[7]到1519年，"代表查理大帝……转交到日耳曼人手中"的表达，已经完全脱离了它原本的语境。如此一来，就可能令人信服地说明：为了德意志对帝国的掌控，皇帝的民族归属是一个至关重要的因素。

法律顾问们的专家报告立刻被用于削弱法王弗朗西斯一世的候选人地位。萨克森的乔治给法国人贴上了"与讲德语者世代为仇"（erbfint Deutzen gzunges）的标签，向德意志诸侯王公发出信函，信中他竭力说服他们不要支持法国国王。[8]例如，黑森的领主（Landgrave of Hesse）受到劝告：通过促进必须"为德意志民族的荣誉"保留的事业而"作为并且保持作为一个善良的德意志人"。乔治还表示，"那法国人如此不堪信赖",若"将我们的祖先和整个日耳曼民族凭借艰苦、正直、雄健和高尚的功绩而获得的帝国拱手相让",那实在可耻。[9]

由于这种民族主义说辞,"德化"标准在这项选举过程中获得了如此重要的地位,连哈布斯堡阵营都感到不自在,认为需要重新调整宣传策略。1518年3月,查理依然指望着传统的王朝忠诚,认为他的"血缘之近和姻亲关系",使他可以比法国国王"少付代价"而获得帝国。[10]结果,他不仅比对手付的钱多,而且他还更倚重民族归属,超过了血缘。在选举前夕的最后几周中,这位西班牙国王至少在书面上变得比以往任何时候都更加德意志化。在给萨克森的腓特烈的信中,他自称为"日耳曼人,无论血统还是心性,无论出身还是语言"。[11]在一份送给所有选帝侯的"竞选广告"中,他自诩为"一位出生于德意志并在德意志受教育、德语说写能力俱佳的日耳曼人"。[12]

即便说得婉转些,这仍显夸张。年轻的查理最多只有一些关于德意志的消极认知。在欧洲,他本人尚未被大家广泛认识,并且,他住得太远而使德意志诸侯几乎无法验证他的主张,而他在西班牙朝廷中精通多国语言的随从们利用了这些情况。为了推进帝国皇位的竞选活动,查理手下幕僚中的职能精英中有些德意志人士发挥了关键作用。他们会用德语写信和打广告,而查理抄录之后再将它们寄送至德意志,并以此作为自己德语写作技能的证据。[13]

与查理相反,法王弗朗西斯一世无法利用作为一匹黑马的优势而杀出一条血路。不过,他也同样尽可能地将自己"德意志化",并且也同样试图将来自哈布斯堡家族的对手"非德意志化"。法国派往德意志地区的特使们都得到指示,要他们告诉各位选帝侯:那位西班牙国王的领土离帝国十万八千里,并且西班牙人和日耳曼人素来水火不容,而法国却总是与德意志心心相印。[14]作为弗朗西斯最重要的德籍盟友之一,不伦瑞克公爵(Duke of Brunswick)还表示:这位法国国王穿戴得像个日耳曼人。[15]

弗朗西斯自己则竭力在其官方竞选信中赋予两个民族的特殊关系一种历史性维度。他宣称:"日耳曼人和法国人过去就同心同德,并且彼此互为渊源。"他还坚称:法国国王们"曾用教堂、修道院以及普通建筑和特殊建筑装点了日耳曼民族,又以种种财富增进民族的福祉"。[16]

为了在选帝侯中拉票而将查理大帝的统治描绘为德-法共治的事业,实属铤而走险。这是一种为了显而易见的目的而提出的历史说法,无论德意志的人文主义者还是德意志诸侯的法律顾问们都不想听到。对法王更加不利的,是来自错误势力的背书。至1519年,教皇利奥十世(Pope Leo X)一直以来都是德意志地区最不受欢迎的人物之一,他却向各位选帝侯推荐弗朗西斯,并且他的特使甚至敢于宣称:"法国人属于你们。"(*Franci ex vestris sunt*)[17]

在法国阵营中,有些人似乎已经意识到了:越是抬高民族归属标准，法国国王当选的概率就会越低。法国的总理大臣和杰出法学家安托万·杜普拉（Antoine Duprat，1463—1535）直言不讳地批判了那七位法学家给萨克森公爵们提出的专家建议。他论述道：无论1202年的《尊贵教令》还是1356年的《金玺诏书》都没有说只有日耳曼人才有资格担任罗马人的国王和皇帝。他还说，如果日耳曼人忽视了自己对基督教的职责，教皇保留有将帝国从他们手中拿走的权利。根据杜普拉的说法，他有再充分不过的理由这么做。[18]这位法国总理大臣可能已经提出了一份法律上优于其德意志同行的论证，但是从策略上来说，他必败无疑，因为他的理由等于是对各位选帝侯本身的攻讦。

民族归属标准到底有多么重要？我们无法确知，首先是因为西班牙国王查理不仅支付了最高额的贿赂，而且还主张自己是最德意志化的人选。不过，我们可以肯定地说，民族归属是决策过程中的关键因素之一。

有些同时代的人士甚至将民族归属当作其中最重要的因素。这些人中的一员，是信仰新教的历史学家约翰奈斯·斯莱达努斯（Johannes Sleidanus，1506—1556），他开创性的大作《关于皇帝查理五世统治下的宗教和国家状况的评论》（*Commentaries on the Situation of Religion and State in the Reign of Emperor Charles V / De statu religionis et rei pulicae Carolo Quinto Caesare commentarii*）于1555年首次出版。依照古代史

学家的范例，斯莱达努斯再现了选举之前以真实历史角色之口发表的虚拟演说，作为最终摊牌。

作者选择美因茨选帝侯来为查理、特里尔选帝侯来为弗朗西斯做最后的政治演说。在两篇演说中，斯莱达努斯总结了双方阵营最重要的论点，并且在两篇演说中，他都以民族归属开篇。美因茨大主教辩称："我们的法律"禁止选举外国人（*exteros*），这就是为什么弗朗西斯必须被"毫无疑问地"（*nulli dubium*）排除在外；他继而说道，在所有日耳曼人之中，查理应被看作最佳人选。相反，特里尔大主教抗辩道：两位国王都是外国人（"我们万不可因诡辩之辞就将查理看作日耳曼人"），而弗朗西斯应受偏爱，因为"法国人与我们系出同源，有几乎一样的法律和习俗"。

最终，根据斯莱达努斯的戏剧性再现，为竞争做出了裁断的是萨克森公爵。他宣布：根据法律规定，法国国王没有资格当选，并且指出：皇帝必须既是日耳曼人，又权势煊赫。公爵总结道，查理是唯一满足这两个条件的候选人——他因拥有辽阔领土而大权在握，并且因"定居德意志"（*Germania domicilium havere*）而成为日耳曼人。[19]

8.2 普遍仇外情结的影响

除了将民族归属作为选举标准引入，1519年的这次皇帝选举还有另一个新方面,那就是将学术上的民族主义与民众普遍的仇外情绪结合起来。马克西米利安驾崩之前,德意志城市中的民众便已人心惶惶。在宗教改革初期,德意志城市就被大幅报纸和传单淹没了,它们包含着挑衅的文字和煽动性的插图。同时,宣讲者们得寸进尺地长篇大论,进一步表达他们对罗马教廷的反感。此举使得城市中的恐惧气氛愈发浓厚,在各城市中,这种紧张感由来已久。[20]在帝国选举时期,德意志各城市由此成为滋长仇外情绪的理想温床。

但是,对外国人的普遍恐惧如何影响皇帝选举这样一桩具有排外性的事务呢?答案很简单:选举很大程度上是城市中的事件。投票和加冕都在帝国城市法兰克福举行。选举几周之前,候选人的竞选总部就开始安营扎寨,不是在法兰克福,就是在附近的城市,比如美因茨或科布伦茨(Koblenz)。尽管负责这些竞选总部的王室特使们竭力与当地民众保持距离,他们却无法免受公众情绪的影响。

对这个尴尬局面的生动描述,来自英国外交官理查德·佩斯(Richard Pace,1482—1536),当时他被英王亨利八世派往德意志,肩负着为主君无望的竞选活动而奔走的吃力不讨好的任务。1519年6月,佩斯向英格兰汇报说:所有民众都支持卡斯蒂利亚国王,而准备与法国国王放手一搏。根据佩斯的说法,驻扎在科布伦茨的法国特使不敢前往法兰克福,因为担心受到当地人的攻击。佩斯还说,他本人几乎被扔出了法兰克福，因为他被误认为是法国人。随后，在第二天的一份报告中，这位英国外交官提到：就在前一晚，教皇的特使在表明支持法国国王的立场后，不得不乔装逃离这座城市。"他这么做，是明智之举，"佩斯评论道，"因为他在此地有性命之虞。"而在6月24日，也就是在最后表决的4天之前，他汇报说：德意志的伯爵们在向法兰克福附近一座城堡进发，他们准备一旦弗朗西斯当选，就对法国宣战。与此同时，选帝侯们困居于这座城市之中，"心烦意乱而又担心民变"。[21]

就像一些历史学家所言，亨利八世的这位特使在叙述上可能有些夸大，以便强调他自己的外交使命的徒劳无益。然而，几项其他来源也证实：城市民众出人意表的政治活动，引发了相关各方的担忧。[22] 奥地利女大公玛格丽特（Archduchess Margaret of Austria, 1480—1530），既是查理的姑母，也是他的导师。她表达了对德意志人民"反感法国人"的欢欣鼓舞之情，并且号召采取进一步行动"激励他们愈发反对他们（法国人）"（pour encoires plus les anymer contre eulx）。[23] 的确，较之其他任何一方，哈布斯堡家族的宣传攻势更多地以文字和图像资料瞄准了公众，这加强了长期以来培养出来的"哈布斯堡家族是真正的德裔王朝"的观念。[24]

尽管对于选帝侯们而言，民众的意愿对其特权职责的干预，与其说是美好祝愿，倒不如说更像一种威胁。但有一个人例外：美因茨大主教——勃兰登堡的阿尔布雷希特（Albrecht of Brandenburg），他机智地利用了同僚们的恐惧，使得选择查理似乎成了势在必行之事。当他解释投票给西班牙国王的理由时，他不止一次地提到了"平民百姓"（gemeine Mann）引发的危险。

阿尔布雷希特辩称，一方面，一位皇位候选人必须足够富有，以承担伴随帝国皇位的荣耀而来的最大的经济负担；否则，他就必须对"平民百姓"课征沉重的赋税，而这只能导致叛乱（buntschuch）。另一方面，候选人必须"因祖先和出身而为日耳曼人，如此一来，我们民族的荣耀得以保全，平民百姓也心满意足"。[25]民族的荣誉和普通人的满足如何与彼此相联系，从这条引文中很难看出。不过，对我们而言，在16世纪初就能看到它们彼此相关，仍然具有足够重要的意义。

西班牙国王查理一世当选为神圣罗马帝国皇帝，成为"查理五世"之后，生于巴塞尔的"平民百姓"帕姆菲鲁斯·根根巴赫（Pamphilus Gengenbach，约1480—1525），一位印刷商和通俗文学作者，写了一首诗来赞美选帝侯们：

> 所有各位，选帝侯们，因选出全德意志心之所向者，而应得享一切尊荣。这就是奥地利的查理（Charles of Austria）……这是上帝亲手所为，倘若他未能当选，就会有大肆屠戮发生（es wär graß mord geschehen）。[26]

我们这位通俗诗人与事实相悖的说理，与今日历史学家们的理论同样不可尽信。不过，它告诉我们的是：社会顶层和底层对于皇帝选举的观点，并不必然是大相径庭的。对于王公诸侯和普通民众而言，让一位日耳曼人登上皇位，似乎都显得至关重要。

8.3 从德意志英雄到西班牙侵略者——皇帝查理五世的变形记

年轻的皇帝查理的蜜月期没有维持多久。他在德意志地区的受欢迎程度，很可能在他于1520年进入该国并加冕之前，达到了顶峰。只要不见其人、不闻其声，就更容易对他期待万分。例如，乌尔里希·冯·胡腾将这位皇帝想象成"德意志自由的重建者"（widerbringer der teütschen freyheit）；马丁·路德严肃地希望将"这位德意志皇帝"打造成他的教会改革的领袖，而其他人相信"名字即预兆"的谚语，并期望查理成为一位新版的查理大帝[27]（参见图11）。

在查理抵达之后，这种热情迅速降温。这位当选的皇帝无法掩饰这样的事实：他在文化上的德意志化很大程度上言过其实，并且他无意掩藏他依旧作为罗马教会坚定捍卫者的意愿。在1521年的沃尔姆斯会议上颁布了那道针对马丁·路德的著名禁令之后，查理再次离开德意志，他只在那里住了不到一年。在这段繁忙的时间里，他对德意志政治只是一知半

图 11 这张查理大帝和皇帝查理五世的双人肖像画,是艾因哈德所著《查理大帝生平和事迹》1521 年科隆版的卷首插画。它暗示了查理五世当选为皇帝之后所受到的巨大期待。查理大帝作为德意志人文主义者心中最伟大的民族英雄,以衣着简朴实用的形象出现,这是艾因哈德在有关中世纪早期的传记中描述的"法兰克人"形象,也是随后被阿文丁努斯这样的人文民族主义者重新标注为"日耳曼人"的典型形象(参见7.6)。查理五世,穿着与其祖父马克西米利安一世相仿的当时的服饰,代表新一代的查理大帝,将会重树帝国创建者为德意志带来的民族荣誉。查理大帝传记是给查理五世的献礼,编辑们借此恳求他直接从其远祖的生平中获得教益。

解，并且几乎没能在帝国范围内建立起一张政治网络。为了他的当选和加冕而精心编造的那套民族主义说辞，来得快，去得也快。

在随后的8年中，查理在西班牙境内对他的辽阔国土进行统治。他巩固了自己在西班牙半岛的权力，并将军事野心集中于在意大利击败法国国王。在这两个目标面前，德意志几乎无足轻重，并且在他的帝国中从地缘上和政治上被边缘化了。查理仅在1530年才第二次前往德意志，那也只是在意大利逗留更长时间之后的举动，他在意大利被教皇加冕为皇帝。他的弟弟奥地利大公斐迪南（Ferdinand, the Archduke of Austria）不得不对他大力施压，方才使得他翻越阿尔卑斯山的旅途得以成行，以便前来召开奥格斯堡帝国会议（Diet in Augsburg）。[28]

这位皇帝对德意志重要性的低估，也得到其政治顾问们的广泛赞同。在1519年之前，查理已经拥有了一支由勃艮第和西班牙的职能精英所组成的智囊团，随后他也几乎没有对这个团队做任何改变。查理的帝国政治背后的推动力量，是他的大法官（High Chancellor）墨丘利诺·加蒂纳拉（Mercurino Gattinara, 1465—1530），一位出生于意大利北部皮埃蒙特山区（Piedmont）的法学家，他已经在勃艮第公爵手下效力10年，并于1518年获得了这样一个位高权重的职位。对于加蒂纳拉而言，查理作为一个"原生日耳曼人"（original Allemand）的自我宣传仅仅是实现其"普天之下莫非王土"

（Monarchia Universalis）这一目标的一种手段。[29]正如在（中世纪前的）古代，这个新帝国的政治中心应该位于意大利，而非德意志。[30]根据加蒂纳拉的估计，这将会在基督教世界中缔造和平，进而发动对土耳其人的战争。

加蒂纳拉政治上的意识形态，与人文民族主义者们的理想水火不容。从许多方面来说，它回到了13、14世纪意大利的政治思想。加蒂纳拉受意大利政治思想家中所谓吉伯林派[①]传统的影响极大，他们支持皇帝、反抗教皇。为了将他的政治目标公开合法化，他甚至试图印刷但丁写于14世纪初、已被普遍遗忘的著作《论世界帝国》(De Monarchia)。

从这个角度来看，查理作为德意志民族英雄的形象迅速减弱，貌似自作自受。对查理而言，帝国皇冠的价值与德意志的土地几乎没什么关系，所以，他允许自己忽视新获得的帝国传统领土，并放弃作为德意志血脉的自我宣传。我们用事后诸葛亮的眼光来看，他的政治策略看上去大错特错，因为它助长了宗教改革的扩散，在帝国内部埋下了自取灭亡的祸根，最终导致他在1556年完全退位。

然而，这只是一家之言。另一方的立场更加复杂一点，但也表现出现代早期王朝政治和民族政治之间的纠葛。为了理解其发展过程，我们再一次回到那次选举之前的磋商阶段，并

---

① Ghibelline，即皇帝派，与归尔甫派（Guelf）或称教皇派相对立。

再次审视诸位选帝侯。

为帝国皇冠而进行的拉票活动，早在距选举还有一年多时就开始了，是老皇帝马克西米利安启动了正式商谈。为了确保孙子承接皇冠，马克西米利安在1518年的奥格斯堡帝国会议上签署了一道敕令，借此，他以查理的名义做出了意义深远的让步。这位哈布斯堡家族的候选人承诺：将会获得自己的任命而在新一届帝国政府（Reichsregiment）中任职的，"只有依血统和出身属于真正的德意志民族的成员"，并且将这个政府建立在"德意志民族之中"。他进一步同意将他"大多数时候的个人居所置于德意志的土地之上"，甚至愿意接受所有的演说和文件，外加他本人、他的总督和摄政官所写的一切内外文件都"使用德语而非其他语言"。[31]

这道敕令颇有影响，因为在查理当选之后，选帝侯们制订了选举契约（Wahlkapitulation），文中包含了马克西米利安所作出的让步。犹不满足于此，他们还强行加入了一些额外的条款。契约宣称，这位皇帝不得"在德意志民族的帝国之外"召开帝国会议；而且，除非获得选帝侯们的认可，他不得"与外族结盟和联合"，并且只有在帝国诸侯给出正式许可的情况下，他才能让"外国军队"开进德意志境内。[32]

为达成这份选举契约而展开的谈判显示出：甚至连那些颂扬查理的选帝侯都不相信自己关于这位皇帝"与德意志民族毋庸置疑地亲近"这套说辞。美因茨大主教阿尔布雷希特曾参与了涉及1518年马克西米利安敕令的关键性谈判。他的策略是在为查理当选讨价还价时，将查理当作西班牙人对待，当他有理由决定支持查理时，再将他描绘为日耳曼人。从策略上说，这可能是高招，因为这有助于他和德意志诸侯们确保甚至加强他们在帝国境内的地区性势力。不过，从结构上说，该策略却加剧而不是缓和了王朝政治和民族政治之间的紧张局势。

至于民族政治方面，这份选举契约背后的目的，在于从法律上将查理头上的两顶王冠尽可能清楚地分隔开来，并且使帝国皇冠优于西班牙的王冠。选帝侯们想要借此确保：德意志政治依然不受这位新皇帝的西班牙权力基础和人事安排的影响。

然而，纸面上貌似妥善的解决方案，只导致了实践中的一团糟，因为它忽视了王朝政治的规则。王室政府依然主要由一个移动的、具有多重功能的朝廷来运营，并且建立在将家族事务与国家大事等同起来的基础上。因此，即便查理真的曾经有意在德意志设立一个富于民族特征的管理机构，那也几乎无法改变他的政治实践。他的朝廷依旧会被来自勃艮第和西班牙的官僚精英与贵族家庭统治，而他的目标依然是联系而非分隔他的不同领地。

结果，这位皇帝打从开始就没有遵守选举契约中所作的让步，而德意志的王公们也相应地很快开始担心自己的权势和特权地位。这种情况使得民族论调再次发生了变化，从而完全逆转了此前在腓特烈三世和马克西米利安一世统治下的民族话语的政治表达。此时德意志王公们逐渐转变成"德意志自由"(teutsche Libertät)的捍卫者，反对这位皇帝。如此一来，他们接过了政治保护人和德意志民族代表的地位。在公众宣传和官方通信中，民族自由的修辞此时服务于王公诸侯们的利益追求。它甚至被证明在宗教改革引发的、日益加剧的宗教两极化条件下更有用处，因为它提供了一套外交模式，以便在不同信仰的统治者之间架起桥梁。一旦流露出团结起来捍卫德意志的自由这样的讯息，宗教歧见就无关紧要了。

检验这番新辞令的首个重大场合，是在16世纪20年代末，当查理的计划公之于众——他一旦被教皇加冕，就立即让他的弟弟斐迪南当选为罗马人的国王。王公诸侯们的反对行动，在巴伐利亚公爵的枢密院顾问莱昂哈德·冯·艾克(Leonhard von Eck，1480—1550)的精心安排下紧锣密鼓地展开。艾克推举他自己的主君巴伐利亚公爵威廉四世(Duke William IV)作为候选人，在获得了教皇的支持后，他甚至联络法国国王向哈布斯堡家族施压。法王弗朗西斯一世收到了一份巴伐利亚人的备忘录，文中警示道：哈布斯堡家族想要"借助世袭法律占据帝国并剥夺德意志的自主和自由"。艾克甚至推测：查理可能将帝国夺走，并拱手送给"德意志的敌人"——西班牙。[33]

对于法国国王而言，这确实是个诱人的机会，可以借机以捍卫德意志自由的名义使皇帝后院起火，特别是这样一来，弗朗西斯还可以与信仰新教的诸侯王公联手。在随后的几十年中，如此"不神圣"的联盟一而再、再而三地结成。然而，对于弗朗西斯的德意志盟友而言，这却是一场豪赌。违背自己主上的意愿而与外国势力勾结，可能很容易在帝国内损坏他们的民族主义论调的公信力。1531年，多数选帝侯没有追随反对哈布斯堡家族的德意志同胞的脚步，而是迅速让斐迪南当上了罗马人的国王。

查理从德意志英雄到西班牙侵略者的形象突变，在1546年他向德意志新教徒的政治臂膀（所谓"施玛卡尔登联盟"[Schmalkalden League]）宣战时，终于凶相毕露。这个联盟的领袖们试图用狂乱的平民主义宣传杀出重围，他们一会儿攻击查理是教皇的傀儡，一会儿说他是西班牙侵略企图的代理人。对于后面的这一种说法，他们在西班牙贵族指挥的西班牙部队中发现了正中下怀的目标，这些人在皇帝的国际部队中扮演重要角色。一本在战争爆发前写成的韵文小册子首先劝告查理，不要将德意志置于奥地利家族之下，继而表示：

> 如果我们不能说服你，如果情势无法改变，那么让我们走吧，虔诚的德意志人，欢欣鼓舞地奋勇出击；剑刺西班牙猪狗，他们仿佛是垂死的青蛙，给他们好好上一课——激怒日耳曼人意味着什么！[34]

但在几个月之后的战场上，事与愿违。1547年4月，萨克森选帝侯兼施玛卡尔登联盟的首领，约翰·腓特烈一世（John Frederick I，1503—1554），在穆尔伯格（Mühlberg）之战中一败涂地。他被西班牙和匈牙利士兵俘虏，并被带到了阿尔巴公爵费尔南多·阿尔瓦雷兹·德·托莱多（Fernando Álvarez de Toledo，Duke of Alba，1507—1582）面前，随后被押到皇帝面前，并立刻遭到监禁。

施玛卡尔登战争结束后，德意志王公的西班牙噩梦似乎成真。皇帝的外国军队控制了德意志地区从阿尔卑斯山到北海之间的广大区域，并且这个国家的一些高层统治者被当作罪犯对待。查理目空一切的权势，在1548年举行的奥格斯堡帝国会议中昭然若揭，这迅速将其余的德意志诸侯王公（无论是新教徒还是天主教徒）凝聚在一起。当皇帝仍在为远征德意志的胜利沾沾自喜时，这些人却正在谋划他的倒台，他们依靠年轻的法国国王亨利二世（Henri II）的帮助，后者获得了"德意志自由和被俘王公的拯救者"的头衔（vindex libertatis Germaniae et captivorum principum）。[35]

当法德联盟于1552年发动攻势时，查理在劫难逃。在绝望地试图击退亨利对帝国法语区的入侵之后，查理撤退到布鲁塞尔，随后在这里退位。在查理遁入一所位于西班牙的修道院后，尽管哈布斯堡家族迅速收复了德意志地区，但该家族出身的皇帝再也未能像马克西米利安那样，毫无争议地占据德意志民族主要保护人的地位。这部分与哈布斯堡家族的独特历史相关，部分是由于宗教改革的波澜殃及，对此，我们将在本书的最后一章中予以探讨。

9　民族和教派

> 日耳曼人已经完了……德意志一如既往。巨大、极端的罪恶愈演愈烈,从而任人宰割……既然德意志受罚在所难免,我想要对德意志做出预言,不是通过夜观星象,而是根据神学的理论和上帝的话语——上帝的愤怒。它必承受巨大动乱之苦。
>
> ——马丁·路德,《桌边谈话录》,引自1539年

> 罗马母亲:噢,德意志,我告诉你,如果你再继续一意孤行、听信路德和他的那套不敬神明的东西,没有人比你自己更令自己身陷险境。然而,当看到(愿上帝先发制人!)你的人民在争吵中彼此杀戮、焚烧和掠夺,看到他们戕害彼此的身体、财货和荣誉,我出于身为母亲的善意,对你的疾苦无法坐视不理。
>
> ——约翰奈斯·科克拉乌斯(Johannes Cochlaeus),《罗马致德意志的虔诚劝诫书》(*A Pious Exhortation of Rome to Germany*),1525年

1517年，一位鲜为人知却拥有神学博士学位和坚实的古典教育基础的奥古斯丁修会修士，登上了教会改革的舞台，多数德意志人文主义者迅速将他看作自己人予以欢迎。不少人，而且很可能是最爱发言出声的那些人，甚至将他们的民族主义希望寄托在这个人宽阔的肩膀上。他们期望他终结所谓罗马教会对德意志的盘剥，净化德意志神职人员而使其免于道德上的堕落和物质上的奢靡，从而恢复德意志民族的荣誉和自由。在乌尔里希·冯·胡腾广泛流传的对话录《瓦迪斯科斯，还是罗马的三位一体》(*Vadiscus or the Roman Trinity / Vadiscus sive trias Romana*) 和《旁观者》(*The Onlookers / Inspicientes*) 中（两者都在1520年4月出版），马丁·路德的运动似乎成了一项旨在解放德意志的民族主义事业。

人文主义者们对这位维滕堡教授的最初的支持，被证明在将地方抗议活动转变为民族改革运动的过程中至关重要。然而，没有人文主义者曾想要发动一场神学革命。当这一切随后在这位修士的笔下应运而生时，路德的许多最早的支持者茫然失措，他们对宗教改革的好感戛然而止（参见图12）。从马克西米利安统治时期开始其文学生涯的德意志老一辈人文主义者中的多数阐释者，要么默默地退出了神学理论的新战场，要么大声抗议着投入了天主教会的阵营。最终，路德在德意志境内的最顽固反对者们，与他最初的支持者们来自类似的圈子。天主教会的雄辩家们，比如约翰奈斯·科克拉乌斯（1479—

图12　这幅宗教改革早期由小荷尔拜因创作的木刻版画将路德描绘成了一位"德意志的赫拉克勒斯",与他同时代那些将他描绘成一位虔诚的修士或博学预言家的肖像大异其趣。赫拉克勒斯代表了积极活跃之士的理想形象,在文艺复兴时代,无论对于统治者还是人文主义者都颇具吸引力(参见图10)。荷尔拜因用神话人物的形象,艺术地向受到人文主义教育的内行人呈现了隐喻之意。路德作为大多当时年纪尚轻的、反对罗马教廷的德意志人文主义者的盟友出场,他们将他誉为使德意志民族摆脱教皇统治的解放者。然而,与此同时,他也被描绘成一个暴徒,其在学术争论中的举动,与他的蛮族祖先在战场上的表现如出一辙。荷尔拜因的木刻版画可能由此反映了老一辈德意志人文主义者之中日渐增长的、对路德粗犷言论和坚决态度的焦虑不安。

1552)、约翰奈斯·艾克（Johannes Eck，1486—1543）和托马斯·穆尔纳（Thomas Murner，1475—1537），全都是人文主义神学家。

与他们相反，年轻一代的德意志人文主义者们，在路德最杰出的门徒菲利普·梅兰希通（Philipp Melanchthon，1497—1560）率领下，大量投身于宗教改革运动的洪流中，并竭力用他们的语言技巧、古典知识和修辞能力为路德的神学理念服务。

这般剧变的结果就是，文艺复兴时期德意志的人文主义思想，在宗教改革的头几十年中发生了巨大变化。作为打造伟人的秘诀，它大大失去了相对的自主性和感染力。同时，被引入学校课程后，它获得了体制上的权威性，拓宽了其社会基础，并且以《圣经》语文学的形态成为教派神学理论（confessional theology）下的一个次级学科。

人文民族主义尤其受到宗教改革及其随后的教派分化的影响。若干年中，它分裂成了若干彼此大不兼容的论调。除了在前面一章中论及的诸侯王公的论调，我们可以区分出新教徒、天主教徒和非教派化的民族论调。它们全都以这样或那样的方式，建立在人文民族主义基础上，但是，其中，他们使用的元素千差万别，以便构建出彼此相反，甚至彼此为敌的德意志民族的模型。在这个过程中，只有非教派化的论调才能部分维系宗教改革前民族概念的相对自主性。[1]保留自主性的代价，至少从中期来看，在政治上是几乎无关紧要的。然而，从长远来看，非教派化的论调被证明行之有效，因为它的许多信条也被启蒙时代的民族主义思想家和现代民族主义者们采用。

在本章中，我将会探讨德意志宗教改革对人文民族主义的影响。由于路德是这段历史的核心人物，我将会特别聚焦于他的著作。我反思的目的之一，是解释为何民族主义的政治权力和文化感染力在现代早期依然有限。另一个目的在于勾勒出民族主义与宗教原教旨主义（religious fundamentalism）的关系。这层关系，就像近来的历史所展现的那样，不容易界定，但是对欧洲现代早期历史的进一步研究，可能有助于更好地理解它。毕竟，这个时期充斥着宗教原教旨主义思想，与此同时，民族主义观念也绝非不见踪影。最后一个目的，是为人文民族主义对现代早期学术的持续影响以及它在启蒙时代得以重现的重要意义提供某些佐证。

9.1 马丁·路德的德意志民族

许多德意志人文主义者有一个误解——路德将会有助于完成由他们自己发起的、使德意志旧貌换新颜的任务，这倒不完全是自说自话、一厢情愿。事实上，在宗教改革初期，路德相当大程度上助长了这些幻想。他为自己设定了德意志民族改革的任务，而不是整个基督教世界——尽管他声称他的宗教教条具有普世效度。他将反对教会干预政治和反对意大利的论战结合起来。他大谈自由解放，却在相当长的一段时间内没说出什么确切的含义。他在给伊拉斯谟和其他学者的信中署上"埃留提利乌斯"（*Eleutherius*）这个名字，意为"被解放者"（the Liberated），从而将自己打扮成人文主义者的模样。这个希腊语笔名也是这位德意志改革者原本的家族姓氏不为人知的原因：1517年，他将自己的姓氏从"路得"（Luder）改为了"路德"（Luther）。

但甚至直到16世纪20年代早期，在路德表明他有着与人文民族主义者的热望迥然不同的思想后，他继续将自己的活动范围认定为德意志民族。这就更加令人惊诧了，因为从早期开始，德意志境内对宗教改革的抵制就已经清楚地表明：路德的运动只会受到一部分德意志民众的欢迎。结果，宗教改革很快在德意志各地区的层面组织起来，而路德成了一位德意志王公的门客。他依然毫不动摇地坚持认为：他追求的"只是整个德意志的幸福和救赎"（*alleyn des gantzen Deutschen lands glück und heyl*）。[2]

路德选择德意志人民作为他的主要宣讲对象，从他将日耳曼人视为上帝选民的看法而言，毫无神学理论基础。然而，他将以本地语言讲授和阅读福音看作真正信仰者不可或缺的做法时，却具有神学上的动机。路德说自己"用德式口音"才能最好地聆听和寻觅上帝。[3]如果这对于精通希伯来语和希腊文的路德而言确有其事，那么对于他那些受教育程度较低的本国同胞而言就更是如此了。因此，当路德用德语向他的"亲爱的日耳曼人"讲话时，与其说他在表达民族主义态度，不如说他在表达宗教信念，即，主对他的造物讲话时，采用的是他们各自的母语。

在路德1520年的呼告——《致德意志民族基督教贵族公开书》(*To the Christian Nobility of the German Nation / An den christlichen Adel deutscher Nation*) 中，他号召皇帝和德意志贵族阶层拆毁教皇在德意志土地上的权力架构。此后，路德很少在他的民族论调中附上政治企图。在他的多数著作中，他偏爱使用"德意志的土地"和"德意志"，而不是更加政治化的"日耳曼/德意志民族"。基于他有关"双剑论"①的教义，这位德意志宗教改革者扮演了上帝无形的（属灵）王国的先知角色，并且刻意彰显出与世俗政治事务保持距离的姿态。他只有在感受到敌人的逼迫或来自盟友的压力时，方才开口评论政治事务。

不过，在这种情况下产生的著作，清晰地表明了他的"政治神学理论"。根据路德的说法，每个政治权威，无论是信仰天主教还是信仰新教，都代表上帝实施统治以维持永久的秩

---

① 双剑论，中世纪教会提出的一种神学政治理论。"双剑"喻指神圣权力（教权）与世俗权力（王权），该理论主要阐释这两种权力的关系。随着历史的发展，教义诠释者不断赋予"双剑论"新的内涵，路德的诠释终结了教会主导的"双剑论"，进而发展出关于"两个王国"的教义。

序。为此，路德否定了一切通过武力将德意志变成新教国家的尝试。同时，他也否认了任何统治者有权扮演所谓基督教信仰的捍卫者的角色。这个论断将矛头直指皇帝——"这个可怜的、肉体凡胎的臭皮囊"，他甚至不得以基督的名义发动对土耳其人的战争。[4]路德相信，没有人能够自称知晓或代表上帝的意志。

路德的政治神学理论与人文民族主义的基本理念再矛盾不过了。的确，对于人文民族主义者们已经建立或占领的陈词滥调，这位德意志的宗教改革者似乎特别乐于拆台。这始于他全新的"权力转移"理论，这一理论是他在1520年对德意志贵族的呼告中形成的。路德宣称"权力转移"是非法的，因为教皇不可能转移自身从未拥有的东西。他宣称，原本的那个罗马帝国，当时早已灰飞烟灭。教皇交给德意志的是一个"不同的罗马帝国"，"由此我们成为教皇的奴仆"。换而言之，"权力转移"是上帝惩罚德意志的方法：

> 没有人会认为获得一个帝国是桩好事，尤其是当他是一个基督徒时；因此，我们德意志人也不能因获赠一个崭新的罗马帝国就自我膨胀；因为在神的眼中，这乃是他常常赐给最低劣者的小恩小惠。[5]

通过这样的诠释，路德斥退了任何用"权力转移"来证明德意志民族积累了非凡功绩的尝试。德意志人是无功受禄，不能因为有了它就自高自大。在路德眼中，人文民族主义者们对历史的态度大错特错，因为民族就像个人一样，不能凭自己的意志就获得荣誉。这只能是神迹的产物："对于上帝我主，将各帝国和各公国抛来掷去不过是小事一桩。"[6]

在后来的若干年中，路德喜欢拾起修辞的工具和人文民族主义的整个传统主题，尤其是在他的非正式作品《桌边谈话录》中——随即作出彻底反转的论述。例如，他会用一句拉丁文开头——"德意志永远是最优越的民族"（Germania semper fuit optima natio），随后又用德语表示"不过，它将会走上特洛伊的老路，而我们会说：曾经的日耳曼尼亚，已经完了。"[7]

他最喜欢的做法之一是将民族主义者的老生常谈替换成他自己的不言自明之理——"土地越好，人民越坏"，这个法则是他从"上帝不会将所有优势集中于同一个民族"这条原则中推导出来的。[8] 他会用一种经典的"祖国颂"（laudator patriae）的语气开头："德意志是一片很好的土地。它有着使人们丰衣足食所需要的一切。它有着各种水果、谷物、美酒、庄稼、盐卤、矿藏，等等。"他没有像人文主义者们那样将这般描述与其他国家对比而沾沾自喜，而是将其与德意志人作了毫无奉迎之意的对比："它的缺陷只是在于我们不尊重它、未加善用……确实，我们常常用最可耻的方式虐待它，比猪猡还要坏得多。"[9]

路德不只奚落人文主义者为德意志过去成就而产生的自

豪感，他还否定他们对德意志未来壮举的乐观心态。根据他的天启式的展望，事情只会变得更糟，并且未来必定时日无多而又凶险非常，就像这个世界"罪恶愈演愈烈，从而任人宰割"（*reiff zur Schlachtbank*）。[10]这样的思想境界中，是不会有什么民族主义思想涌现出来的。

路德在人类学上的悲观情绪也表现在他的民族成见上。在这里，他跟随如雅克·德·维特里（Jacques de Vitry, 1160/70—1240）这样的中世纪作家的脚步，维特里曾罗列地区性的陈词滥调，以便将各种人类罪孽一一呈现。[11]因此，这位德意志的宗教改革家在讲到民族个性时，强调负面因素。根据他的说法，法国人是欺诈大师，"他们写的与说的不一样，说的与想的不一样"。[12]苏格兰人则傲慢无比：他们是"最自高自大、专横无礼的"。[13]西班牙人的残暴登峰造极：他们是"一个非常暴力、专断和残忍的民族"。[14]不过，意大利人在所有这些方面冠绝天下，他们集各种邪恶属性之大成：他们是"最阴险狡诈和背信弃义的"，因此"人与人之间毫无信任可言"；他们是"精密诡诈的谋杀犯"，以"暗中下毒"杀人；他们所谓"贞操犹如索多玛城一般"，还蔑视神圣的婚姻。[15]

路德对他自己同胞的描述更加丰富多彩，不过，若论轻蔑鄙薄也毫不逊色。他宣称自己毫不惊讶于上帝决定用土耳其人惩罚德意志人，因为"我们的德意志人民是一个糟糕的民族，确实，几乎半人半鬼"。[16]相反，他惊讶于"我们这些比犹太人坏得多的日耳曼人……却未曾遭到那般穷追猛打和斩草除根"。[17]

为了给出一幅日耳曼人的简明画像，这位改革家常常将他们描述为猪猡。这种生物象征着这个民族贪食和嗜酒的罪孽："如果深刻了解我亲爱的日耳曼人，这些彻头彻尾的猪猡，"他在1529年的《对土耳其人的战争布道文》(*War Sermon against the Turks*) 中推断道，"那么，他们将会以他们通常的方式，兴高采烈地坐下来，安然畅饮。"[18] "这德意志猪猡，"他在另一篇文章中披露，"狂喝滥饮，甚至喝得忘记了自己的母语。"[19]

指控德意志人无法抑制的酒瘾，本身不是什么新鲜事。意大利作家们早已将条顿人的醉态看作其北方邻居野蛮性的标志，甚至连德意志人文主义者们也觉得很难否认这项指控。然而，新鲜的是，路德关于罪孽深重的措辞之严厉。为了突出祖国同胞的所谓酗酒问题，他甚至将又一个恶魔引入其中：

> 然而，每个国家都需要有他们恰当的恶魔——意大利 (*Welschland*) 有她的，法国也有她的。我们德意志的恶魔就是一只好酒囊，并且必须称为豪饮 (*Booze / Sauff*)，必须如此嗜酒如命以致无论多少葡萄酒和啤酒都无法满足他的欲求。并且（我担心）这样的永无止境的渴饮将会成为长伴德意志的沉疴痼疾，直到末日审判那天。[20]

有鉴于他对德意志民族性清醒明断的评估，路德也就没有兴趣责备"周边国家"的人民将日耳曼人唤作"野兽和疯狂的牲畜"(bestien und tolle thyier)的做法。[21]他认为，他们距真相并不那么遥远：

> 没有哪个民族比德意志人更受鄙薄了。意大利人称我们为野兽；法国人和英国人嘲弄我们，其他所有国家都是如此。谁知道上帝想要和将会对德意志人做什么，但是我们实在活该受上帝一顿痛打。[22]

德意志人尤其受到蔑视，但是他们不是唯一受鄙视的。路德相信：不同民族之间的关系大体上都不太友好，这受到人类各种劣根性的主导："我们的国家彼此相恨，比如意大利人、西班牙人、匈牙利人和德意志人。"[23]如果民族间发生文化交流，普遍是以罪孽蔓延和增殖的形式发生的："德意志人从西班牙人那里学到如何偷窃，而西班牙人从德意志人这里学到暴食滥饮。"[24]

如此一来，路德对德意志民族有什么好话要说吗？是的，他还真有——但他的评论仍然是对马克西米利安时代德意志人文主义者的挖苦。这位改革者坚称，德意志人讲话是单纯的实话实说：

> 正如许多历史故事和书所证实的那样，我们被认为是忠诚、真

实、坚定的民族,是就说是,不是就说不是,至今没有什么美德比这更令我们著称于世,并且(我认为)更令我们高尚和被我们保存得更好了。[25]

这样一则表述依然与更倾向原始主义的人文主义者意见相同,但是路德赞美的主要目的与他们相反。他将德意志民族性中的单纯和坦率与德语的坦率直白相联系。"讲德语"(deutsch reden)无异于"讲清楚"(deutlich reden)。[26] 这不是用于大发谬论和说谎的语言,这位改革家如是说。对于那些喜欢将真理包藏于谎言之中的人,其他语言更加擅长此道——例如拉丁文。在1538年的《桌边谈话录》中,路德承认了德语和希腊语有很多相似之处,但在德语和拉丁语之间却并非如此。根据他的说法,拉丁语不仅"贫乏而瘠薄"(gering und dünne),而且"没规没矩"![27]

路德将德语作为一种未经雕饰的通俗表达工具呈现,在他的自我推销中发挥关键功能。它代表了他自我标榜的品质,而与使用斯文的拉丁文的人文主义大师们形成鲜明对比。尽管路德本人是一个小心谨慎、天赋异禀而别具一格的文学家,他却喜欢伪装成一个根本不在意修辞和文体的作家和布道者。他采用典型的反对矫饰修辞的修辞风格,用大师式的演说方式,却掩藏和否认其手法老到之处,以便显得真诚恳切和即兴而发。

路德必然已经从古希腊和罗马作者而非《圣经》那里学到了此类技巧，若不是西塞罗之前的那些，就是反对西塞罗的那些。反修辞的修辞风格追随平民主义的逻辑，即损失优雅等于获得真实——倒过来说也成立。他在1525年著名的论著《论意志的束缚》(*On the Bondage of the Will / De servo arbitrio*)中攻击伊拉斯谟，因为后者为影响基督徒获得救赎的能力[①]辩护，他将这位人文主义者的文字内容和风格的关系比作"金杯银盏中的菜园粪土"。[28]

至于他本人，路德想要展现出与伊拉斯谟恰恰相反的形象。1537年，在他最痛恨的人文主义对手溘然长逝之后，他便用过分简单化的套话将伊拉斯谟描述为"言之无物"(*verba sine re*)，随后将这两个名词调换过来，以表达他自我标榜的"有物无言"(*res sine verbis*)——他的真理超脱于语言之外。相对于马克西米利安时代的人文主义者，这的确是路德最简明不过的自画像。一方面，这有助于他阻挡人文主义影响他的学术思想。另一方面，这有助于隐藏他立身于人文主义神学家之中时的极大不安。最终，这帮助他建立起了作为纯种德意志学者的永垂不朽的遗产——粗砺自然、耿直坦白而又周密彻底，将人文民族主义者当作暧昧含混的祖国同胞而暴露于世人面前。

---

① 指自由意志。

如果将路德的民族论调当作一个整体考虑，我们会发现他与他伟大的人文主义对手有一个明显的相似之处。路德，一面吸收、一面拆解民族论调，可能比伊拉斯谟尤甚。他用各种方式吸收它们：他把人类分为各个民族当作天经地义之事，将关于民族的陈词滥调拿捏于股掌之上，仿佛它们是人们的自然属性一般；他只向德意志人民自述衷肠，尽管号称自己的神学理论普遍有效，却在德意志许多地区遭到拒绝；他展现出对德意志及其居民的强烈归属感——即使他将他们称作猪猡，那也是因为他将他们看作自己在精神上所放牧的猪群。

与此同时，路德比任何人都更加挖空心思地动摇了刚刚由德意志人文主义者们建立起来的民族主义的根基。他嘲笑对民族荣誉和自由的捍卫是在人性错觉驱使下采取的徒劳之举。他摒弃了民族主义者关于过去伟大的德意志在不久的将来得以复兴的乐观想法，而预言德意志将迅速衰落直到天荒地老。他还否认学者有任何权利分享政治权力而使学者们博学政治家的角色无效化，正是通过扮演这种角色，人文民族主义者才能够以独立政治权威的形象现身于世。

路德对德意志人文主义者的反应，可被解读为宗教原教旨主义和民族主义之间的首次正面遭遇。无论是担心人们不顾世易时移而妄加判断，还是出于对这位伟大改革家的景仰，许多历史学家依然不大情愿将路德称为"原教旨主义者"。我相信这种警惕要么是没必要，要么是搞错了。将路德描述为原教旨主义者，既显而易见又颇有助益——显而易见，是因为他符合今日用于判断原教旨主义者的标准；颇有助益，是因为这表明了他与宗教改革之前的文化和学术的深刻分歧，尤其是与文艺复兴时期的人文主义思想的分歧。

路德在若干方面堪称一位宗教原教旨主义者：较之早前的人文主义文献学家和神学家，他更多地拘泥于《圣经》的原文，而极少在对经文的理解方面妥协；通过主与魔鬼、救赎与永罚、天堂与尘世对立之说，他使得旧有的两极化世界观更加激进；他将自己扮作先知，并且以宗教使命感作为他干预政治的理由；而且他做好了准备，决心不计任何代价地捍卫他的宗教信念。"如果他们将福音移出德意志的土地，"他宣告，"那么这片土地也会随之而去。"[29]对于现代人，这样一种宣言听起来绝对像是原教旨主义者，并且对于路德同时代的年长者们尤其是尚在世的策尔蒂斯这一代人文主义者而言，很可能也是如此。然而，令他们痛心的是，这非但没有将路德变成一个极端分子，反而使原教旨主义变成了主流文化。而且这也使得他们就此出局。

现代早期伊始，路德激进的两极化思维模式被证明比民族主义的多极化思想更具吸引力。这一定程度上或许是因为它全盘否定了政治文化日甚一日的复杂性，而不是在某种程度上承认这种复杂性——多数人文民族主义者却情愿如此。无论如何，路德激进的两极化思想迅速被他的朋友和敌人们采纳。在这个意义上，教派分化的过程，即彼此水火不容却在文化上统一的基督教教派谱系的形成，结果成为一种长期阻挡民族主义上升为主流文化和政治立场的障碍。只有宗教原教旨主义在政治、经济和人力上的代价显现出来，而教派之间针尖对麦芒的对抗失去了其冷酷性之时，民族主义方能获得真正的力量并赢得民心。

然而，路德的著作也证明：在宗教改革早期，人文民族主义的余韵依然挥之不去。它在欧洲文化中已经太过根深蒂固。多亏宗教宣传上的新平民主义，尽管民族的概念发生了深刻的变化并且因教派分化而失去了其自主价值，却保持甚至拓宽了其触及的社会范围。尤其因为这种日益扩张，教派分化甚至最终成了在现代赋予民族主义权力的催化剂，就像我们将会在本书总结部分看到的那样。

9.2 新教徒的真正民族对阵天主教徒的文明民族

为了新教事业，从胡腾开始，路德的早期人文主义支持者们采用了古代德意志的民族神话。日耳曼蛮族战胜罗马人的故事，被重新解释成当前将德意志从教廷桎梏中解放出来的先例。同时，宗教改革被描绘成了古代自由日耳曼民族的回归。因此，真正民族的论调迅速染上了强烈的路德派的气息。例如，切鲁西（Cherusci）部落的首领阿米尼乌斯（Arminius）[①]，他指挥了公元9年对罗马军团的屠杀，并且被塔西佗授予"日耳曼解放者"（*liberator Germaniae*）的头衔，而这使得他在后世获得尊荣，成为新教的民族英雄。[30]

对于信仰天主教的德意志人文主义者，这种情况令人很不适，因为他们发现自己被抨击成了外来入侵者的共犯。如果他们想要保住德意志民族捍卫者的角色，他们就必须想出对策来。只有几位想了出来。其中一位是约翰奈斯·科克拉乌斯，他恐怕是路德生前最顽强的德意志对手。他将路德和他的门徒们妖魔化成了异端分子，还将他们斥为毁灭德意志文明和民族荣誉的蛮族。

1524年，科克拉乌斯出版了一本小册子，首先是用德语，接着用拉丁文，标题为《罗马致其教女德意志的虔诚劝诫书》（*A Pious Exhortation of Rome to Germany, her Daughter in Christ / Pia exhortatio Romae ad Germaniam suam in fide Christi filiam*）。[31]他恢复了埃尼阿·希尔维奥·皮科洛米尼将罗马教廷描绘为教化德意志民族的恩主的形象（参见7.6），他辩称：如果路德的新教条成功，德意志将会遭受重新堕落为蛮族的命运。为了证明自己的预见，他将宗教改革中萨克森公国的中心城市维滕堡贬损了一顿。游客们在"悲惨、可怜、污秽的小

[①] 亦即上文提到的，在条顿森林歼灭瓦卢斯的三个军团的日耳曼人首领赫尔曼。

城"中能看到的,"除了路德教徒外别无一物——亦即污秽的房屋、肮脏的巷弄,所有的甬路和街道上都是粪便,一个野蛮民族(*barbarisch volck*)只能灌满黄汤而争吵,从事贪婪掠夺的商业买卖"。[32]

科克拉乌斯以罗马母亲的语气总结道:德意志的内部退化,无论如何必须终止,如果有必要,就通过外来干预。半威胁、半安慰地,罗马对她的女儿德意志说道:当她看到她的"人民在争吵中彼此杀戮、焚烧和掠夺,看到他们戕害彼此的身体、财货和荣誉",她对其惨状"无法坐视不理"。[33]

在1525年农民战争(the Peasants' War)惨烈告终后,科克拉乌斯借内战话题将蛮族形象与民族自残相结合,发出了先知一般的言论。从天主教角度来看,农民们从暴乱到屠戮都是受到路德煽动的结果。他们似乎被这位宗教改革家对自由的模糊承诺所蛊惑,随后却又被他下令屠杀。

对于科克拉乌斯来说,农民战争证实了"我们日耳曼人从此将会被其他民族理所当然地认为既疯且癫"。[34]他将这些事件描述为德意志内战,导火线就是维滕堡"那个刻薄而又鲁莽的修士"。因为路德,"我们至今享有崇高荣誉的共同的祖国……势必落入神的愤怒和惩罚之中,……以致德意志人聚集起来与自己的同胞为敌,兄弟阋墙,朋友反目,城邑相攻"。德意志最大的敌人来自民族内部。"哪个土耳其人或是哪个强大的民族,"科克拉乌斯反问道,"哪怕倾尽其力,能够造成我们自己如今在3个月之内就给我们自己造成的损失？"[35]

另一些信仰天主教的人文主义者，包括希罗尼穆斯·埃姆瑟（Hieronymus Emser）和托马斯·穆尔内，在他们的著作中也使用了类似的关于民族衰亡和灾难将至的辞令。[36]然而，这不足以扭转乾坤，至少在修辞上，无法胜过路德派教徒，也无法赢回德意志民族捍卫者的角色。天主教的民族论调早已凋零，无论是在规模还是范围上，都远远落在了新教版本的后面。

对于科克拉乌斯而言颇具讽刺意味的是，罗马官方不怎么在乎这场富于象征性的斗争。在宗教改革的第一个十年之中，罗马教廷几乎没有给它在德意志的人文主义支持者们多少宣传支持。与其鼓吹自己为德意志民族的保护者，教皇及其最亲密的顾问们宁愿采用传统路线——公开谴责路德为异端，并加以法律上的追究。

然而，在主导德意志的民族主义论调方面，天主教渐趋式微的主要原因却与教廷于事无补的策略没有多大关系。从科克拉乌斯开始，信仰天主教的学者中的多数，将民族荣誉与他们的新教同胞对立起来，最终因同时要求臣服于罗马而毁坏了他们自己言论的根基。他们呼唤民族的荣誉，同时否认民族成员的完全自由。这是一种根本性的冲突，永远无法解决。它助长了将天主教徒同胞蔑称为"受外国控制的公民"的做法，现代早期的天主教徒不只在德意志地区，而且在其他发生了教派分化的国家，比如英国、尼德兰和瑞士，都面临着这样的命运。

9.3 非教派化的民族论调的延续

尽管宗教改革在人文主义社群中撕开了一道深刻的裂痕，许多人友谊破裂、通信中断，人文主义研究却在宗教纷争的阴影下继续——甚至有不带教派色彩的民族论调残存下来。然而，那些秉持这种论调的人文主义者不得不小心翼翼地进行论述，以避免卷入教派争端。因此，他们偏爱有助于掩藏他们自己信念的学术形式。最先进的虚与委蛇的技巧之一，就是文献学评论——无论是对古典作家还是对早前人文民族主义者的版本。作为文献学评论者，一些人文主义者成功地以更高层次的知识复杂性弥补他们民族论调日益萎缩的边际。

在德意志，比亚图斯·雷纳努斯就是他们之中的一位。除了其他成就，他在文献学方面孜孜不倦的工作使得维莱伊乌斯·帕特尔库鲁斯（Velleius Paterculus，约公元前19—公元38年）的《罗马史》（Roman History）的首版以及普林尼和塔西佗的大量著作的新版得以问世和发行，伊拉斯谟去世不久后，其著作的最完整合集就得以出版。他的比较文献批评的另一项产物，是他发表于1531年的《日耳曼史三卷》（Three Books on German History / Rerum Germanicarum libri tres），其时间跨度大致涵盖了公元后第一个千年。

尽管雷纳努斯修史的目标依然是记载和增添日耳曼民族的荣誉,但他达成目标的方法已经精致了许多。他对古代资料的细致分析,使他免于公然宣称:北方蛮族在任何小规模冲突中的获胜,都是日耳曼人的胜利。[37]他对塔西佗的熟知使他能够理解"日耳曼人的自由"这一术语的复杂含义,并掌握其所描述的政治构造的不连续性。[38]他对早期中世纪历史的认知,导致他否认了德意志作为一个不受外国征服者束缚的国家、一个不受外国血统沾染的民族的形象。[39]他对法兰克人的批判性评述,帮助他放弃了"权力转移"的理论,质疑查理大帝作为一位日耳曼英雄的地位,并且将"以罗马帝国为名的日耳曼人王国"的起始时间标注为将近两个世纪之后的奥托一世(Otto I)统治时期。[40]换而言之,尽管雷纳努斯只想要重建对德意志历史的民族主义记叙,但在自己的文献学造诣引导下,他实际上相当大程度上摧毁了它。

这位来自阿尔萨斯的文献学家,也是第一个重新编辑前代德意志人文主义者的民族主义文论的人。1532年,就在他自己的《日耳曼史》付梓一年之前,雷纳努斯出版了温普菲林的《德意志简史》(*Epitome Rerum Germanicarum*),此书初次出版是在1505年。较之他对古代文献的态度,他对这部当代文本展现了较少的敬意。他对温普菲林自己的版本进行了实质性的修订,无论是在风格还是内容方面,显然,他将其视为一部不完整的作品。在《德意志简史》后来的版本中(16世纪后半叶至少有3个版本，而17世纪还有1个版本），最终盛行于世的是雷纳努斯的这个修正版。

人文主义著作后期版本的历史，是现代早期非教派性民族论调延续的一个明显标志。尽管这些在宗教改革之前写就的民族主义文献也可以用于宣扬教派之见的目的，但最值得瞩目的编辑工作很大程度上是受到非教派性计划驱使的。16世纪70年代早期，法学家西蒙·沙尔德（Simon Schard, 1535—1573）——帝国枢密法院（Imperial Chamber Court / Reichskammergericht）的一位陪审推事，精心编纂了一部四卷本的德意志历史著作集，内容涵盖从古代到近期。宗教改革之前的人文主义者的作品组成了古代和中世纪历史文献的核心。沙尔德整合了文论、演说和对话录——作者包括策尔蒂斯、温普菲林、柏廷格、皮尔克海默、特里特米乌斯、贝拜尔和盖布威尔勒（Gebwiler）等。当沙尔德在1573年去世时，这部文集已经在印刷中了。它于1574年在巴塞尔问世。第二版在20年后出现，第三版则在将近100年后的1673年出版。到那时，这部文集已经以《诸家论德意志历史》（Writers on German History / Scriptores Rerum Germnicarum）的标题而著称于世。

多亏这部文集和其他出版项目，宗教改革之前的德意志人文民族主义者们的思想在现代早期自始至终易于得知。它们依然被德意志文人广泛阅读。当启蒙时代早期德意志文学的主导者约翰·克里斯托弗·戈特谢德（Johann Christoph

Gottsched，1700—1766）讲到和写到德意志民族时，他重述了文艺复兴时期人文主义者引入民族主义论调的许多老生常谈。在以押韵诗体写成的《德意志颂》(Praise of Germany / Lob Germaniens) 中，戈特谢德将德意志民族拟人化地称为"世界女王"(Germanien, Du Königin der Welt)，纪念了古代日耳曼人抗击罗马人的胜利，将查理大帝描绘为罗马帝国的一位日耳曼重建者，将射石炮和印刷机作为德意志人的发明呈现，并且号召当时的德意志诗人们与外国作家分庭抗礼。[41]

因此，尽管在18世纪德意志"爱国者"用拉丁文写作越来越被看作自相矛盾的做法，但文艺复兴时期的人文主义者发展出的许多理念依然对当时的思想家们具有相当大的影响力。甚至连通常相信民族主义精神只能用民族语言来塑造和表达的约翰·戈特弗里德·赫尔德，也倾向于为乌尔里希·冯·胡腾的拉丁文著作网开一面。赫尔德坚称，这位人文主义骑士是用"德式拉丁文"(Deutschlatein) 写作的，此乃因德意志精神而生动起来的拉丁文词句。[42]

部分因为这种意识形态的转折，人文民族主义的思想遗产再一次经历转变，随后传承至19和20世纪的现代民族主义者手中。

10　结语

在展示了与法律和习惯相关的文人的用武之地后,让我们略提一下国家从他们身上获得的优势。这个优势,在个人之中深受羡妒,在各民族之间更是令人眼红。

——让–雅克·加尼叶(Jean-Jacques Garnier),《文人》(*The Man of Letters*),1764

在一个开明的世纪,在一个每位公民都能够通过印刷手段向整个国家发言的世纪,那些拥有指导和驱策民众天赋的人——一言以蔽之就是文人们——散布于公众之中,在公众集会时扮演了罗马和雅典的演说家的角色。

——纪尧姆–克雷蒂安·德·拉莫瓦尼翁·德·马勒舍布(Guillaume-Chrétien de Lamoignon de Malesherbes,1721—1794)

关于民族主义的起源,本书终结于其他大多数研究甚至还没开始（作为研究起点）的历史时期。在民族主义的主要"现代派"理论家眼中，宗教改革时期，可能就像从艾菲尔铁塔俯瞰到的西岱岛（Île de la Cité）一般——天高地远、无关紧要。但是就像西岱岛对于巴黎的产生比艾菲尔铁塔更重要一样，我会论证，对于民族和民族主义的产生而言，相对于较为显而易见的现代历史，这本书所囊括的遥远时代至关重要。

在结语中，与其重复本书的主要观点，我宁可提出一些概括的反思，以展现现代早期历史（笼统地说，指从德意志宗教改革到法国大革命之间的时期）对现代民族主义出现的重要意义。近年来，不少历史学家将《希伯来圣经》（Hebrew Bible）认定为"民族主义的主要灵感来源"，并且将现代早期的英格兰新教徒视为第一批受此启发的人。[1]他们论称：因廉价印刷的本国语版的《圣经》和祈祷书而尽人皆知的《圣经·旧约》中"上帝选民"的例子，在强烈排斥天主教徒的基础上创造了一种同质的宗教兼民族身份，从而成为现代民族主义的基础。我同意《圣经》是构建民族神话的一个重要渊源——无论是在宗教改革之前还是之后，无论是在英格兰国内还是国外——并且，我认为，教派分化时期在民族主义从前现代向现代形式转化的过程中发挥了至关重要的作用。[2]然而，我也相信，将民族主义与《希伯来圣经》相联系，以及将民族主义当作宗教"身份"的一种现代化形式，简直是把婴儿和洗澡水一起倒掉的行为。本书试图证明：为了理解古往今来民族主义在文化和政治上的重要性，尽可能明晰地将民族主义同宗教区分开来极为重要。如何用更加微妙的方式描述教派分化时期民族主义和宗教之间的关系，将是结语第一部分的主题。

10.1 民族主义和教派化的原教旨主义

在前一章中，我将16世纪和17世纪描述为一段相当大程度上被宗教原教旨主义统治的时期。我的论据是：在文艺复兴时期的人文主义者将带有多极化平等竞争思想的自治民族概念引入之后，宗教改革迅速重建了两极化和不平等的体制，将信众与异教徒和无信仰者、被救赎的人与受诅咒者分开。"原教旨主义"这个术语，意指教派性文化试图用于证明和推行他们自己对基督教的理解的激进主义思想。新教和天主教双双创造出了固定的教条，几乎不允许内部的偏离或与外部妥协。而且，它们大大缩小了笃信宗教者未触及的文化领域的范围。

这种描述是否意味着，我们必须将教派分化时期理解为一个漫长的"倒退"阶段，它抑制了人文民族主义向现代民族主义的迅速转化？不尽然。尽管宗教原教旨主义和民族主义的概念对比鲜明，但是，有充分的理由推断：这两个现象彼此紧密相连，并且在欧洲历史中互相影响——同时它们依然存在于世界的某些地方，比如印度和巴基斯坦、伊朗和沙特阿拉伯、以色列和美国。

几乎从宗教改革伊始，民族主义论断就服务于教派分化的进程，反之亦然。英国、荷兰、德意志和瑞士的新教原教旨主义者们将信仰天主教的祖国同胞打上民族之敌的烙印，而法国天主教原教旨主义者们最终以其人之道还治其人之身。这种将民族和教派疆界排列组合的尝试，带来了多元化态势，如英格兰、瑞典和丹麦等自称"新教民族"，而法国和西班牙则自称"天主教民族"。

教派分化的过程还催生了将民族描述为一个神圣共同体的做法。这一提法似乎对新教社群的成员们格外具有吸引力，他们并未赞同路德派将世俗政治和神圣使命截然分开的想法——比如苏格兰和荷兰的加尔文派教徒或英格兰的清教徒和圣公会信徒。由于他们政治化的宗教思想，这些新教徒可以轻易将自己的民族描绘为"以色列人民"、"特选民族"或"伊甸园"，同时将外国各民族比作"巴比伦"、"反基督者"或是《圣经》中记载的其他邪魔外道。

由此，教派分化使某些欧洲国家之间针锋相对的两极化局面得以重建。构建这般神圣化的两极模式的政治宣传，被证明在针对外国势力的战争时期尤其有效（最好双方恰属不同教派），因为它将宗教和民族的扩张倾向聚焦于单一对手。在英西战争（Anglo-Spanish War，1585—1604）期间，英格兰和西班牙的民族论调很可能是这一过程中的最佳例子。

因此，教派分化是否暂时消除了民族主义的多极化倾向呢？我不这么认为。一方面，民族的神圣化，其本身就是一个多极化的过程，出现了不是一个而是若干号称"新以色列人"的民族，彼此仿效，有时甚至彼此攻伐。这样看来尤为有趣的是，英帝国内部所谓"上帝自己的国家"（God's own countries）的增殖，从17世纪北美的新英格兰地区到19世纪的新西兰——每次都挑战了不列颠母国自身作为真正的新教民族的地位。

另一方面，欧洲的政治动态几乎也不允许稳定而长久的两极对立的存在。即便是在17世纪上半叶，教派化的原教旨主义登峰造极的时期，政治对抗依然同时也受到其他因素的影响。最重要的很可能是：欧洲几个国家不停地试图建立帝国统治，随之而来的是各方势力多极平衡的重建。由于现代早期的殖民扩张，这个机制不再仅限于欧洲。在欧洲的海外殖民地，多极平衡迅速占据了益发主导性的地位，部分是因为它们更少受到教派分化的影响。

现代早期的殖民主义由此可以被看作民族和民族主义全球化两步走之中的第一步。这第一步导致了欧洲各民族之间在全球范围内展开竞争，而第二步，则从1800年左右拉丁美洲掀起的独立运动开始，将各民族的多极化推广到全世界范围。在多数殖民地，民族主义意识形态上的灵活性使得当地传统融入欧洲框架成为可能。不过，通过采用一种民族主义论调，被殖民者无可避免地也在自己的游戏中扮演起殖民者的角色。因此，即便从欧洲统治下解放出来之后，新近独立的各民族，从美洲到非洲还有亚洲，依然受到欧洲政治文化的强烈影响。

教派分化时代的宗教原教旨主义不仅与当时的民族主义思想盘根错节地交织在一起，而且还为现代民族主义的成功做出了贡献。新教徒和天主教徒大量印刷大幅报纸、传单和小册子，从制度化的渠道发行出去，从而改变和加强了大众交流。他们通过用五花八门的方式，比如木刻版画、盛大活动和游行，革命性地从视觉上呈现了教派分立的社群。而且，他们建立起了一套能够以教派信仰的核心原则教导年轻人的教育制度。

借此，教派的分化带来了大量宣传媒介、象征性工具和教学方法，它们随后被现代民族主义者用于将现代前先辈们的精英论调转化成一场大众运动。当现代成为一个平民主义的时代，民族主义就能够成为其中最强大的政治力量之一。总之，在理解民族主义的起源方面，宗教改革之前的历史至关重要，而在理解现代民族主义的影响和构建方面，教派分化时期的历史则必不可少（但仍远远不够）。

10.2 古代博学政治家的现代遗产

本书的主旨之一，就是证明民族主义的形成多大程度上得益于希腊尤其是罗马的古典时代复杂的遗产。从很多方面来说，这是一项与基督教正统大相径庭、也无法被神圣化的遗产。因此，在教派分化的时代，对于原教旨主义者们而言，它的用处有限，不过它倒是颇合温和派与怀疑论者的口味。然而，17世纪后半叶，教派化的原教旨主义一失去对欧洲政治文化的统治地位，古典时代的遗产就重获新生。

罗马遗产的一个关键组成部分就是博学的政治家，该角色由西塞罗首创，同时，他也是其最佳代表（参见图13）。在第7章中，我曾追踪这个角色在文艺复兴时期的转变，并分析了它对人文民族主义的重要意义。在后面的段落中，我将会概述同样的角色在启蒙时代如何再度登场，又如何转型，以及与现代化的民族概念有何关联。

1775年2月，法兰西学院（Académie Française）在巴黎举行了一场公开集会。这场盛事的亮点就是这个尊贵俱乐部的一位新近当选的成员发表的就职演说，直到那时，他也几乎未能以学术作品和文学著作在文人之中打响名气，但是官方对图书市场的干预却收到了这个效果。那就是纪尧姆–克雷蒂安·德·拉莫瓦尼翁·德·马勒舍布，他曾担任图书总监（Directeur de la Lbrairie），在1750年至1763年之间，利用自己在国家出版审查和许可方面的职权，保护了《百科全书》（Encyclopédie）的编辑们。

在演说中，马勒舍布试图——作为一个公民（citoyen）——描述在国家的不同领域中学问所处的位置。在

图 13　这幅由冉·维特多克创作于17世纪的西塞罗肖像，据称是对一尊不太精确的"古代大理石［胸像］"的临摹（参见图5）。维特多克曾受雇于彼得·保罗·鲁本斯（Peter Paul Rubens）的画室，这是他对鲁本斯的摹本再度临摹的一幅作品。考虑到那尊古代大理石胸像作品也是一尊更早雕塑作品的仿品，这幅版画可说是一尊仿品的一幅摹本的一幅临摹。这个过程中的一系列传承的变形，可以解释为何维特多克的西塞罗与那尊古代大理石胸像不甚肖似。

一些介绍性的发言之后，他评论道：他那个时代的公众"受到对自己过去漠不关心的事物的强烈好奇的驱使"。其中，马勒舍布看到一个新的法庭出现了，它独立于一切权力并受到它们的尊重。这个法庭有着无限的司法权力，它是"一个凌驾于世上所有法官之上的至高审判者"。其人员组成是"那些拥有指导和驱策民众的天赋的人——一言以蔽之就是文人们"。根据马勒舍布的说法，他们"散布于公众之中，在公众集会时扮演了罗马和雅典的演说家的角色"。[3]

然而，与文艺复兴时期的人文主义者们相反，马勒舍布对启蒙思想家扮演德摩斯梯尼和西塞罗的角色时身处的不同环境一清二楚。他利用这种认知编出了启蒙学者作为顶级政治家和掌权者的新神话。他这样解释道，古典时代的博学政治家们对身在当场的公众讲话，而当代的文人们借助印刷术，为一个抽象的公民群体——整个民族（*la nation entière*）——而写作。根据马勒舍布的说法，这种技术上的优势使得启蒙思想家比他们的前辈学者们更具影响力，尽管他们没有享受到罗马公民的政治权利。对于这个劣势，他们用更广泛的社会接触和更高层的政治地位来弥补。

在将启蒙文人与古代雄辩家相提并论这一点上，马勒舍布既算不上胆大妄为，也并非发前人未发之论。在他的就职演说发表八年前，该学院的另一位新成员——安托万-莱昂纳德·托马斯（Antoine-Léonard Thomas），就已经发表了一篇题为《被当作公民的文人》（*The Man of Letters Considered as a Citizen*）的演说，其中，他将"文人公民"（*homme de letters citoyen*）比作德摩斯梯尼。[4]对于多数启蒙思想家而言，博学政治家的代表依然是西塞罗。孟德斯鸠，作为一个年轻人，将西塞罗与其他古代作家作比，并且总结说，他是"拥有最伟大个人价值、我最希望效仿"的人。[5]孟德斯鸠这么说的时候，既是指作为政治家的西塞罗，也是指作为哲学家的西塞罗（参见图14）。对罗马的这位"博学的演说家"的如此评价，绝非仅限于在法国而已。18世纪充斥着对西塞罗的狂热迷恋（Ciceromania），英、德作家的类似崇拜之辞也俯拾皆是、易于援引。[6]

古代博学政治家的范例，曾被马勒舍布和其他人用来为当时号称"自赋其权的民族的领袖"的文人们树立权威，他们近来开始负责评断和指导政府工作。此外，他们将文人们描绘为自己民族的骄傲、令其他民族嫉妒的对象。根据巴黎的希伯来语教授让-雅克·加尼叶（Jean-Jacques Garnier, 1729—1805）的一篇鲜为人知却卓尔不群的论文——《文人》（*The Man of Letters / L'homme de lettres*），这种象征性的价值绝不只是"国家从他们身上获取对外优势"而已。[7]

因此，启蒙思想家担当起双重角色：民族的内部代表（在面对掌权者的民意代言人意义上）和民族的对外代表（在面对其他民族的民族荣誉倡导者意义上）。在后一个角色上，他们遵循着人文民族主义者的脚步，但是在前一个角色上，他们走出了一条新道路，最终导向现代民族主义。启蒙时代介入公共领域的学者们选择了与统治阶级保持距离并且站在独立于政府之外的反对派立场上，故而能够率领民族同胞反对国家政权。因此，启蒙文人们从西塞罗式的博学政治家模板中脱胎转型，为法国大革命谱写了序曲。

图14　作为罗马式文人的孟德斯鸠；金属雕像，为雅克·安托万·达希尔于1753年所作。

10.3 尾声

最后,关于法国启蒙思想的这一节,再一次突出了民族主义的历史是多么紧密地与欧洲学术史交织在了一起。民族主义,远非主流"现代派"理论家所论述的那样仅充当哲学上贫瘠者的思想武器(参见2.1),而是由生活在15到20世纪的西欧各国大大小小的政治思想家们创造出来并珍视的。其历史充分证明了热衷登上政治舞台的欧洲学者们的巨大影响力以及他们惊人的自欺欺人的态度。

民族主义凭借其竞争力,在欧洲历史中一石激起千层浪。它加强了欧洲政治文化的毁灭性,也同样大大丰富了这种文化。民族主义的这两项遗产几乎难以割裂,由此,区别民族主义的良好和恶劣形式似乎并无意义。

然而,有充分的理由推断:尽管政治家和学者们为引领后民族时代而做出了种种尝试,但民族主义,至少在不远的未来,仍会持续存在。民族的多极化在西方政治文化中太过根深蒂固,以致无法在几十年中就根除殆尽。这是我们必须应对的情形,无论情愿与否。

注　释

1　引言

1　Erdmann, *Die Ökumene der Historiker,* 66.

2　Kohn, *The Idea of Nationalism.*

3　Gellner, *Nations and NationalismI*, 55.

4　Hobsbawm, *Nations and Nationalism*, 183.

5　Smith and Kim, "National Pride", 3.

6　Englund, "The Ghost of Nation Past".

7　同上，311。

8　我希望，本书记叙早期德意志民族主义的历史，而无心赘述德意志的特殊性争议且无意回答"历史上第一个出现的是哪个民族"这个误导性问题的理由，是不言自明的。

9　16世纪，一部关于文学作品中民族性的权威指南，是斯卡利杰尔（Scaliger）的《诗文七卷书》（*Poetices Libri Septem*）（其中关于法国的老生常谈，见第102页）；17世纪，斯卡利杰尔一定程度上被梅斯纳迪耶尔

（Mesnardière）所取代，他著有《诗》（La Poëtique）（经过修正的、关于法国的陈词滥调的例子，参见第122页）。亦参见茅雷尔（Maurer）的《民族性》（Nationalcharakter），第63—64页。

10 参见这个令人引以为戒的例子：维泰博的乔凡尼·南尼（Giovanni Nanni of Viterbo，约1432—1502），其精巧伪造的"散佚"的古代文献可能不是受到民族主义野心的驱使，但必然满足了近代早期整个欧洲的这份雄心壮志；Hirschi, *Wettkampf der Nationem*, 328-330; Grafton, "Invention of Traditions"; Grafton, *What was History?*, 99-105。

11 Hobsbawm, *Nations and Nationalism*, 12-13.

2 现代主义的范例：强项和弱点

1 Deutsch, *Nationalism and Social Communication*.

2 海斯预见到了盖尔纳关于民族主义对工业化贡献的核心观点："对工业革命更切近的观察，将会揭示这样的现实：尽管它们对世界总体上可能很重要，其效果却在民族国家的领域界线范围内显得更加重要……只有运输和通讯的巨大改善以及大众社会生活的革命性变革，方能引入那种将会孕育民族主义思想的政治民主。民族主义，作为一个世界级的现象，可能就像它过去那样，只能通过机械化，而且实际上是通过工业革命所带来的机械化，方能到来。" Hayes, *Essays on Nationalism*, 50-52.

3 Gellner, *Nations and Nationalism*, 19-38.

4 Anderson, *Imagined Communities*, 7.

5 Hobsbawm and Ranger (eds.), *The Invention of Tradition*, 6-7.

6 Anderson, *Imagined Communities*, 5.

7 Gellner, *Nations and Nationalism*, 124-125.

8 Hobsbawm, *Nations and Nationalism*, 8.

9 Anderson, *Imagined Communities*, 5; 盖尔纳为此列出了一个确定的例外，提供了两版不同的定义，其中一个是决定论式的，另一个是唯意志论式的："1.两个人只有在有着相同的文化时方才属于同一个民族，而文化反过来意味着一个理念和符号体系以及行为和交流的联系与途径。2.两个人只有在认同彼此属于同一民族时，方才属于同一民族。" Gellner, *Nations and Nationalism*, 7.

10 Gellner, *Nations and Nationalism*, 1.

11 Hobsbawm, *Nations and Nationalism*, 19.

12 Anderson, *Imagined Communities*, 6.

13 Gellner, *Nations and Nationalism*, 139.

14 O'Leary, "On the Nature of Nationalism", 219.

15 Gellner, *Nation and Nationalism*, 124-125.

16 同上，51。

17 同上，57, 124。

18 Tönnies, *Community and Civil Society*, 18.

19 同上，19。

20 Smith, *The Ethnic Origins*, 157.

21 Zimmer, *A Contested Nation*, 108.

22 Smith, "The Origins of Nations", 340-341.

23　Gellner, *Nations and Nationalism*, 55.

24　Bell, *The Cult of the Nation*, 32.

25　Hobsbawm and Ranger (eds.), *The Invention of Tradition*, 2-3.

26　Hobsbawm and Ranger (eds.), *The Invention of Tradition*, 7; 关于对英法百年战争期间的"法兰西女王"（domina Francia）的模仿，参见Beaune, *The Birth of an Ideology*, 285-308; 关于对日耳曼尼亚的女性拟人化的变形，参见本书3.3和3.4章节。

27　Celtis, *Oratio in gymnasio*, 47 [此处英文译本由本书作者赫希（Hirschi）修订]。

28　Gellner, *Thought and Change*, 153.

3　新型民族主义理论的基础

1　Hastings, *The Construction*; 对于探索中世纪早期"盎格鲁-撒克逊人的民族国家"的其他研究的概述，参见Foot, "The Historiography"。

2　Goodblatt, *Elements*; Mendels, *The Rise and Fall*; Aderbach, *Jewish Cultural Nationalism*.

3　这种方法通常是基于Smith, *The Ethnic Origins*。

4　这种古老区别的最晚近的阐释包括Wrede, *Das Reich*; Schmidt, *Vaterlandsliebe*。

5　Münkler e.a. *Nationenbildung*; Hirschi, *Wettkampf de Nationen*.

6　参见，比如Roshwald, *The Endurance*。

7　Vitruvius, *Ten Books on Architecture (De Architectura)*, VI, 10-11.

8　Smith, *The Cultural Foundations of Nations*, 40-41.

9　Koselleck, "Zur historisch-politischen Semantik asymmetrischer Gegenbegriffe", 213.

10　Erasmus, *Praise of Folly*, 68-69［此处英文译本由本书作者赫希（Hirschi）修订］。

11　Hirschi, "Konzepte von Fortschritt und Niedergang".

12　Hirschi, "Eine Kommunikationssituation zum Schweigen", 233.

13　Hayes, *Essays on Nationalism*, 6.

14　同上，93-125。

4　因爱相杀、为爱而亡：共同的祖国

1　Smith and Kim, "National Pride", 3.

2　Aristotle, *Nicomachean Ethics* 9, 8, 147-148.

3　这个术语来自 Cicero, *On the Ideal Orator (De oratore) III*, xxxv, 143。

4　Cicero, *On Invention (De inventione)* 5-6; Cicero, *On the Ideal Orator (De oratore) I*, V-VI, 17-21.

5　Scholz, "Der Senat und die Intellektualisierung der Politik", 21-22.

6　Cicero, *First Oration against Catiline (In Catilinam I) VII*, 17-18.

7　Sallust, *The Conspiracy of Catiline (Bellum Catilinae)* 31.

8　Cicero, *Second Oration against Catiline (In Catilinam II)* XI, 25.

9　Cicero, *Third Oration against Catiline (In Catilinam III)* 29; Fantham, "The Contexts and Occasions of Roman Public Rhetoric", 114.

10 Cicero, *Third Oration against Catiline (In Catilinam III)* 26.

11 Cicero, *Second Philippic (Philippicae)* 23.

12 Cicero, *On the Laws (De legibus)* II, 3-6.

13 Cicero, *On Duties (De officiis) III*, 90.

14 Roberts, "Rome Personified, Rome Epitomized".

15 Cicero, *On Invention (De inventione)* II, 66.

16 Viroli, *For Love of Country*, 19-20.

17 Cicero, *On Duties (De officiis) III*, 119.

18 Cicero, *Dream of Scipio (Somnium Scipionis)*, 13-14.

19 Cicero, *On the Commonwealth (De re publica)* I, 12.

20 Sallust, *The Jugurthine War (Bellum Iugurthinum)*, 4.

21 *Corpus Iuris Civilis, Iustiniani Digesta*, 11.7.35; Kantorowicz, *The King's Two Bodies*, 245.

22 Lucian, *Life of Dmonax*, 42.

23 *Corpus Iuris Civilis, Iustiniani Institutiones*, I, 25.

24 *Corpus Iuris Civilis, Iustiniani Digesta*, 48.22.7.15-19.

25 Kantorowicz, "Pro patria mori", 477.

26 Kantorowicz, *The King's Two Bodies*, 233.

27 Horace, *Odes III*, 2.13.

28 Augustine, *The City of God (De Civitate Dei)*, V, 15-18.

29 Kantorowicz, *The King's Two Bodies*, 234.

30 Augustine, *The City of God (De Civitate Dei)*, V, 17.

31 Geoffrey of Monmouth, *The History of the Kings of Britain*, IX, I.

32 Kantorowicz, "Pro patria mori", 481.

33 Kantorowicz, *The King's Two Bodies*, 237。

34 同上，254-256。

35 Allmand, *The Hundred Years War*, 141, 提到了一首阿兰·查提耶（Alain Chartier）创作于1422年的诗。

36 Beaune, *The BIrth of an Idelogy (Naissance de la nation France)*, 307-8.

37 Hirschi, *Wettkampf der Nationen*, 131; Thomas, Anne's Bohemia, 51-53; Smahel, "Die nationale Frage im hussitischen Böhmen", 70; Graus, *Die Nationenbildung der Westslawen*, 100-108.

38 Marchal, "Bellum justum contra judicium belli", 124-128; Ochsenbein, "Beten mit zertanen Armen", 148-150.

39 Schmidt, *Vaterlandsliebe und Religionskonflikt*, 42-44.

40 Kantorowicz, *The King's Two Bodies*, 248.

41 Post, "Two Notes on Nationalism", 292.

42 Kantorowicz, *The King's Two Bodies*, 248.

43 Post, "Two Notes on Nationalism", 290-291; Schneidmüller, *Nomen patriae*, 262-263.

44 Kantorowicz, *The King's Two Bodies*, 246.

45 Contamine, "Mourir pur la patrie", 16-17.

46 对卢博德的历史法律论述的更详尽阐释，参见Hirschi, *Wettkampf*

der Nationen, 94-103。

47　Lupold of Bebenburg, *Tractatus de iuribus regni et imperii 8*, 312.

48　Lupold of Bebenburg, *Ritmaticum*, vv. 100-104, 519.

49　同上，vv. 125-132, 521-522。

50　Post, "Blessed Lady Spain", 200.

51　Post, "Two Notes on Nationalism", 307-308.

52　同上。

5　荣誉的争夺：中世纪晚期欧洲各民族的缔造

1　举例而言，参见本书3.1大段引用的维特鲁威的话。

2　Van Acker, "Barbarus und seine Ableitungen", 139.

3　Hirschi, *Wettkampf der Nationen*, 142.

4　Janssen (ed.), *Frankfurts Reichscorrespondenz*, 478, 491-492.

5　Kibre, *The Nations*, 161-163.

6　Stichweh, "Universitätsmitglieder", 178-179.

7　Kibre, *The Nations*, 66.

8　关于1400年左右布拉格大学发生的骚乱事件，参见Hirschi, *Wettkampf del Nationen*, 125-134。

9　同上，135；原文参见Fournier, *Les statuts et privilèges*, I, 145-148。

10　Schmidt, *Kirche, Staat, Nation*, 476-477.

11　同上，479-482。

12　Mertens, *Reich und Elsass,* 26, 34.

13　Von der Hardt, *Magnum oecumenicum Constantiense concilium*, V, 92.

14　苏格兰的教士们自始至终都没有参加这次宗教会议。Schmidt, *Kirche, Staat, Nation*, 473, 481.

15　D'Ailly, "De Reformatione Ecclesie", in Miethke, Weinrich (ed.), *Quellen zur Kirchenreform*, 374-375.

16　Von der Hardt, *Magnum oecumenicum Constantiense concilium*, V, 58.

17　Mertens, *Reich und Elsass*, 33.

18　Vener, "Avisamentum", in Miethke, Weinrich (ed.), Quellen zur Kirchenreform, 406-407.

19　同上，393-396。

20　同上，414-415。

21　Thomas, "Die deutsche Nation", 431.

22　Miethke, Weinrich (ed.), *Quellen zur Kirchereform*, 516.

23　例如，参见维吉尔（Vergil）在《埃涅阿斯纪》（*Aeneid* VI, 781）中的提到的"高贵的罗马"（*illa inclita Roma*），对"光荣的法兰克族裔"（*gens Francorum inclita*）的强调可追溯到6世纪早期的《萨利克继承法》（*Lex Salica*）的序言，或是巴尔都斯·德·乌巴蒂斯（Baldus de Ubaldis）于14世纪后半叶在对《学说汇纂》的评述中提到的"英格兰杰出的国王"（*rex Angliae inclytae*）（*In primam diresti veteris partem commentaria*, fol. 52）。

24　Anonymous, *Avisamentum*, in Miethke, Weirich (ed.), *Quellen zur Kirchenreform*, 316-317.

25　Weber, *Wirtschaft und Gesellschaft*, 534; 英文译本，参见Weber,

Economy and Society, 932。

26　Bourdieu, *Outline of a Theory of Practice*, 61（英文译本是基于1972年经过修订和重排的 *Esquisse d'une théorie de la pratique*。）

27　Stewart, *Honor*, 47.

28　Gellner, *Nations and Nationalism*, 124-125.

29　Morsel, "Die Erfindung des Adels", 355; Graf, "Der adel dem purger tregt hass", 193.

30　Flood, "Nationalistic Currents", 131.

31　参见Hirschi, *Wettkampf der Nationen*, 147-156。

32　Bebel, *Apologia contra Iustinianum*, 115, 2.

33　Mertens, "Jakob Wimpfeling", 50; Hirschi, *Wettkampf der Nationen*, 345.

34　Celtis, *Norimberga*, XVI, 74.

35　Hutten, "Die Anschawenden", in *Gespräch büchlin*, 178.

36　Hutten, *Praedones,* 402-405。

37　关于这样的主张，参见Hirschi, *Wettkampf der Nationen*, 276-277。

38　例如，参见Hirschi, *Wettkampf der Nationen*, 290。

39　Brant, "Ad dominum Johannem Bergmann de Olpe", in *Kleine Texte*, vol. 1.2, no. 228, 17-30.

40　Anderson, *The Rise of Modern Diplomacy*, 17-18.

41　Levin, "A New World Order", 252, 256.

42　Piccolomini, *Pentalogus* 2, 2.

43　Schröcker, *Die deutsche Nation*, 11, 93.

44　Hirschi, *Wettkampf der Nationen*, 161.

45　Kirchmair, "Denkwürdigkeiten seiner Zeit", in Wiesflecker-Friedhuber (ed.), *Quellen*, 249.

6　民族主义对边界和语言的转化

1　Gobelinus Person, *Cosmidromius*, 3.

2　Luther, *Tischreden*, fol. 606.

3　Pariset (ed.), *La France*, 259.

4　Walther von der Vogelweide, *Reichston*, in *Spruchlyrik*, 74.

5　Johannes von Lysura, "Ratslagung", in Weinrich (ed.), *Quellen zur Reichsreform*, 313.

6　Tennant, *The Habsburg Chancery Language*.

7　Polenz, *Deutsche Sprachgeschichte*, I, 161-162.

8　Johannnes von Lysura, "Ratslagung", in Weinrich (ed.), *Quellen zur Reichsreform*, 309-314.

9　Janssen (ed.), *Frankfurts Reichscorrespondenz*, 571.

10　Fabri, *Evagatorium in Terrae Sanctae*, III, 349.

11　同上, I, 84。

12　Franke (ed.), *Das Buch der hundert Kapitel,* fol. 14^a/33^b-34^a.

13　同上, fol. 51$^{a\text{-}b}$/73^b。

14　Schnell, "Deutsche Literatur und deutsches Nationsbewusstsein", 306.

15 Günzburg, *Ein zamengelesen bouchlin von der Teutschen Nation*, 39.

16 Irenicus, *Germaniae exegesis* II, 30, fol. 38^r.

17 Aventinus, *Bayerische Chronik*, vol. IV/1, 5-6.

18 同上，15-16。

19 Böhm, "*Gallica Gloria*", 301.

20 Asher, *National Myths*, 93-94.

21 下面参见 Roelcke, "Der Patriotismus"，以及 Stukenbrock, *Sprachnationalismus*。

22 Zesen, *Rosen-mând*, 230.

23 同上。

24 Newman, "Redemption in the Vernacular", 24.

25 同上。

26 同上。

27 Schottelius, *Ausfhrliche Arbeit*, 60; 更多例子，参见 Stukenbrock, *Sprachnationalismus*, 112-117.

28 Stieler, *Deutsche Sprachgeschichte*, II, 121.

29 Polenz, *Deutsche Sprachgeschichte*, II, 121.

30 Stukenbrock, *Sprachnationalismus*, 86-87.

31 Harsdörffer, *Frauenzimmer Gesprächsspiele*, II, 196-197.

32 Roelcke, "Der Patriotismus", 162-163.

33 Harsdörffer, *Schutzschrift*, 358.

34 Harsdörffer, *Lobrede*, 39。

35　Leibniz, *Ermahnung an die Teutsche,* 2.

36　同上，19。

37　同上，22。

38　同上，22-23。

39　同上。

40　Herder, *Briefe zur Beförderung der Humanität,* 287. 赫尔德对莱布尼茨亦步亦趋的一个更详细的证据，参见其 *Idee zum ersten patriotischen Institut für den Allgemeingeist Deutschlands* of 1787，尤其见§3。

41　Fichte, *Reden an die deutsche Nation,* 105-107, 184.

42　更多的例子，参见 Stukenbrock, *Sprachnationalismus,* 248-256。

43　Hirschi, "Mittelalterrezeption", 613-614.

7　人文主义者的民族主义

1　Hutten, *Cum Erasmo Roterodamo, Presbytero, Teologo expostulatio,* 239.

2　克里斯特勒著作和思想遗产的概览，参见 Monfasani(ed.), *Kristeller Reconsidered*。

3　Kristeller, *Renaissance Thought,* 24.

4　同上，26。

5　Witt, *In the Footsteps of the Ancients,* 22.

6　同上，477。

7　同上，493。

8　关于汉斯·拜伦和他的"市民人文主义"概念，参见 Hirschi, "Höflinge

der Bürgerschaft"; Hankins (ed.), *Renaissance Civic Humanism*。

9　关于这种排斥行为的生动例子，参见 Müller, *Habit und Habitus*, 71。

10　Petrarch, *Epistolae de rebus familiaribus*, 23, 8.

11　Bruni, *Vita Ciceronis*, 468.

12　同上，470。

13　Daub, *Leonardo Brunis Rede*, 288.

14　Klaniczay, "Die Akademie", 13.

15　引自 Rüegg, "Die Funktion des Humanismus", 18-19。

16　Wilkins, "The Coronation of Petrarch", 161; Wilkins, (ed.), "Petrarch's Coronation Oration"; Kantorowicz, "The Sovereignty of Artist", 362-363; Worstbrock, "Konrad Celtis", 15-16.

17　Piccolomini, *Briefwechsel*, vol. I, no. 144, 326-331.

18　Worstbrock, "Konrad Celtis", 15.

19　Mertens, "Maximilians gekrönte Dichter", 107.

20　Mertens, "Celtis ad Caesarem", 79.

21　McManamon, *Funeral Oratory*, 135.

22　Rüegg, "Der Humanist als Diener Gottes", 159-160.

23　Erasmus, *Opus epistolarum*, vol. IV, 13.

24　Piccolomini, *Pentalogus*.

25　Maximilian, "Denkschrift an die Reichsversammlung in Konstanz 1507", in Wiesflecker-Friedhuber (ed.), *Quellen*, 152-159; Helmrath, "Rhetorik", 440; Hirschi, *Wettkampf der Nationen*, 169-172.

26　Campano, *Oratio in Funere Pii II*; Campano, *Pii II pontificis maximi vita*; 同前, *De Pii II, Pont. Max. Commentariis historicis*。

27　Enenkel, *Die Erfindung des Menschen*, 345-354.

28　Widmer, *Enea Silvio Piccolomini*, 20.

29　Campano, *De Pii II, Pont. Max. Commentariis historicis*, 8-9, 11.

30　Burke, *The Fortunes of the Courtier*.

31　对于文艺复兴时期人文主义的更广泛理论，包括语法和诗歌领域在内，参见 Witt, *In the Footsteps of the Ancients*。

32　Camargo, "Ars dictaminis".

33　Boureau, "The Letter-Writing Norm", 25; Murphy, *Rhetoric in the Middle Ages*, 194-195.

34　Koch, "Ars arengandi".

35　Klein, "Politische Rede", 1482-1483.

36　Harth, "Überlegungen zur Öffentlichkeit", 136.

37　Skinner, *The Foundations*, vol. I, 77.

38　Mertens, "Die Rede", 412-413.

39　Cicero, *On the Ideal Orator (De oratore)*, II, 341.

40　Piccolomini, *Pentalogus* (ed. Weinrich), 260-261.

41　同上。

42　Helmrath, "Der europäische Humanismus", 39-40.

43　Wittchow, "Von Fabius Pictor zu Polydor Vergil", 52.

44　Tacitus, *Annals (Annales)*, I, 1.

45　同上，48。

46　Witt, *Coluccio Salutati*, 25-26.

47　Harth, "Überlegungen zur Öffentlichkeit", 129-131.

48　Erasmus, *The Ciceronian*, 405-406.

49　Jaumann, "Respublica literaria", 80-81.

50　Celtis, *Oratio in gymnasio*, 47.

51　Hirschi, *Wettkampf der Nationen*, 428.

52　Petrarch, *Book without a Name (Liber sine nomine)* IV.

53　Petrarch, *Epistolae de rebus familiaribus*, X, 1.

54　Petrarch, *Rerum vulgarium fragmenta 128*, 1-6.

55　Petrarch, *Letters of Old Age (Epistolae rerum senilium)*, VII, 1, vol. I, 246.

56　Simone, *Il rinascimento*, 47-49; Saccaro, *Französischer Humanismus*, 148-149.

57　Ouy, *Paris,* 81-82.

58　Petrarch, *Letters of Old Age (Epistolae rerum senilium)*, IX, 1, 5, vol. I, 312［此处英文译本由本书作者赫希（Hirschi）修订］。

59　同上。

60　《圣经·诗篇》，武加大（通俗）拉丁文译本，113：1（在现代各译本中为《圣经·诗篇》114：1）。

61　Hesdin, *Contra Franciscu Petrarcham Epistola*, 112-139.

62　同上，131-134; Wilkins, *Petrarch's Later Years*, 235-236。

63　Hesdin, *Contra Franciscum Petrarcham Epistola*, 132.

64　同上，113。

65　同上，112；《圣经·路加福音》10：30。

66　Wilkins, *Petrarch's Later Years*, 234.

67　Petrarch, *Invective*, 385 [此处英文译本由本书作者赫希（Hirschi）修订].

68　同上，437。

69　同上，375。

70　同上，373。

71　Petrarch, *Letters of Old Age (Epistolae rerum senilium)*, IX, 1, 3, vol. 1, 308.

72　Hesdin, *Contra Franciscum Petrarcham Epistola*, 125.

73　Petrarch, *Invectives*, 399-403.

74　同上，375。

75　同上，377。

76　同上，381，393。

77　同上，453。

78　同上，381。

79　同上，371。

80　Langkabel, *Staatsbriefe*, 100, 110.

81　Herde, "Politik und Rhetorik", 174.

82　Ouy, *La plus ancienne œuvre*, 472.

83　Furr, "France vs. Italy".

84　Ouy, "Pétrarque", 421-2; Ouy, *Paris*, 83-84.

85　Cecchetti, *Petrarca, Pietramala e Clamanges*, 13-52.

86　Ouy, "Pétrarque", 429.

87　Hirschi, *Wettkampf der Nationen,* 294-295.

88　Wimpfeling, Letter to Maximilian, 1492, in *Briefwechsel*, vol. I, 199.

89　Mertens, "Maximilian gekrönte Dichter", 108-109.

90　Mertens, *Reich und Elsass,* 120-121; Wiesflecker-Friedhuber (ed.), *Quellen*, 181-182; Janssen (ed.), *Frankfurts Reichscorrespondenz,* 793, 828, 897.

91　Gebwiler, *Libertas Germaniae,* X, 225, 1; Aventinus, *Bayerische Chronik,* vol. V, 2, 495.

92　Finsen, *Die Rhetorik*, 11-15; Muhlack, "Die Germania", 138-139.

93　Joachimsen, "Der Humanismus", 443-445.

94　关于约阿希姆森理论的广泛讨论，参见Hirschi, "Das humanistische Nationskonstrukt", 377-380; 对于注释92中两位作者的更严密的批判，参见Hirschi, *Wettkampf der Nationen,* 320-324。

95　Humboldt, *Gesammelte Schriften,* vol. III, 166-167.

96　Trithemius, Dedication of *Catalogus illustrium virorum* to Jacob Wimpfeling, 1491, in Wimpfeling, *Briefwechsel*, vol. I, 165.

97　Bebel, Dedication of the *Proverbia Germanica* to Gregor Lamparter, in *Opuscula nova*, fol. A ii^{r-v}.

98　同上。

99　Wimpfeling, *Epitoma Rerum Germanicarum LXVII (De pictura & plastice)*.

100　同上。

101　Wimpfeling, "Epilogue to De laudibus sanctae crucis", 1502, in *Briefwechsel*, vol. I, 357.

102　Celtis, *Libri odarum III*, 9.

103　Bram, "Ad dominum Johannem Bergmann de Olpe", in *Kleine Texte*, vol. 1.2, no. 228, 393.

104　Wimpfeling, *Responsa er Replicae*, 130.

105　Irenicus, *Germaniae exegesis II*, 30, fol. 38^r.

106　Rhenanus, Letter to Jacobus Favre, in *Briefwechsel*, 41.

107　Hutten, "Die Anschawenden", in Gespräch büchlin, 164-165; Hutten, *Inspiciemes*, 519.

108　Campano, *Oratio in Conventu Ratisponensi*, 92.

109　引自 Voigt, *Italienische Berichte*, 176-8; Krebs, *Negotiatio Germaniae*, 174-176。

110　引自 Schlecht, *Zur Geschichte des erwachenden deutschen Bewusstseins*, 357-358。

111　Celtis, *Oratio in gymnasio*, 45 [此处英文译本由本书作者赫希（Hirschi）修订]; Celtis, *De Italis historiographis* (Epigrams, II, 58)。

112　Trithemius, Dedication of the *Catalogus illustrium virorum* to Jacob Wimpfeling, 1491, in Wimpfeling, *Briefwechsel*, vol. I, 165.

113　Pirckheimer, *Schweizerkrieg*, 32.

114　同上。

115　Bebel, *Oratio*, 97, 1.

116　Celtis, *Oratio in gymnasio*, 59。

117　同上，53。

118　同上，45。

119　Wimpfeling, Letter to Thomas Wolf, 1503, in *Briefwechsel*, vol. 1, 423.

120　同上，vol. 1, 240。

121　Celtis, Letter to Sixtus Tucher, 1491, in *Briefwechsel*, 32.

122　Klaniczay, "Die Akademie", 4, 13.

123　Spiegel, Letter to the Sodality of Sélestat, 1520, in Wimpfeling, *Briefwechsel*, vol. II, 840.

124　*Reichstagsakten Mittlere Reihe*, vol. v, no. 458, 575-577.

125　Müller (ed.), *Des Heiligen Römischen Reichs, Teutscher Nation Reichstagstheatrum*, vol. II, 2, 116.

126　Janssen (ed.), *Frankfurts Reichscorrespondenz*, 737.

127　Schmidt, "Bien public", 196-198.

128　Piccolomini, *Germania*.

129　对于这段误读的历史，参见 Timpe, "Die Absicht", 109-110; Lund, "Zur Gesamtinterpretation der Germania", 1860。

130　参见 Hirschi, *Wettkampf der Nationen*, 324。

131 Lund, "Zur Gesamtinterpretation der Germania", 1879-1881.

132 Bebel, *Oratio*, 101, 2.

133 Bebel, Dedication of the Proverbia Germanica to Gregor Lamparter, in Opuscula nova, fol. Aii^r.

134 Aventinus, Bayerische Chronik, vol. I, 109.

135 Pliny the Elder, *Natural History (Historia naturalis)* IV, 25.

136 Bebel, *De laude 19,* 130.

137 Aventinus, Chronica, 399.

138 Cohlaeus, *Brevis descriptio*, 56.

139 参见本章开头的引文。

140 L. Annaeus Florus, *Epitome of Roman History (Epitoma de Tito Livio)* II, 30, 36-8; Hutten, *Praedones*, 198; Aventinus, *Bayerische Chronik*, vol. I, 605.

141 Hutten, *Praedones, 192.*

142 Hutten, Letter to Crotus Rubeanus, 1518, in *Epistolae,* 179-181; Rid, *L'image du Germain*, vol. I, 459.

143 引自 Janssen, *Geschichte,* vol. I, 590-591。

144 Boissevain (ed.), *Casii Dionis historiae*, vol. III, 745.

145 帕特里修斯留下的断章残简的翻译和诠释，参见 Millar, *Goverment*, vol. II, 265/292。

146 Aventinus, *Bayerische Chronik*, vol. I, 956.

147 Quintus Curtius Rufus, *Historiae Alexandri Magni Macedonis VII*, 26-29.

148　Aventinus, *Bayerische Chronik*, vol. I, 359-360.

149　同上，118。

150　加洛林时代查理大帝的早期形象，参见 McKitterick, *Charlemagne*, 1-56。

151　Einhard, *Life of Charlemagne (Vita Caroli Magni)*, 29.

152　Aventinus, *Bayerische Chronik*, vol. II, 152-153.

153　Einhard, *Life of Charlemagne (Vita Caroli Magni)*, 23.

154　Notker, *De Carolo Magno,* 167.

155　Aventinus, *Bayerische Chronik,* vol. II, 153-154.

156　Hutten, *Praedones,* 172.

157　Celtis, *Quattor libri amorum*, II, 9 / IV, 4.

158　Wimpfeling, Agatharchia, fol. 8ᵛ.

159　Wimpfeling, *De integritate,* 26; Herding, Vorwort, in Wimpfeling, *Adolescentia*, 133.

160　同上。

161　Franke (ed.), *Das Buch der hundert Kapitel,* fol. 14ᵃ. 对于《上莱茵革命》，参见本书第6.2章节。

162　Luther, *Tischreden,* fol. 605ʳ/607.

163　引自 Burke, *The Fortunes,* 113。

164　引自 Shrank, *Writing the Nation,* 191。

165　Burke, *The Fortunes,* 113-114.

166　Hutten, *Expostulatio,* 239; 伊拉斯谟的回应引自 Huizinga, Erasmus, 43。

8 德意志人民的德意志皇帝

1 Pietschmann, "Zum Problem", 62-70; Ochoa, "Die Diplomatie", 187.

2 Quoted in Klippel, *Die Augnahme,* 102.

3 *Reichstagsakten*, Jüngere Reihe, vol. I, 621-629.

4 *Deretalium Collectiones*, 79-82, 此处见80。

5 同上。

6 Peter of Andlau, *Libellus II,* title 3, 186-187.

7 例子参见Nauclerus, *Memorabilium ... commentarii,* vol. II, fol. 625; Wimpfeling, *Germania,* 24-25。

8 *Reichstagsakten*, Jüngere Reihe, vol. I, 705-706.

9 同上，750。

10 同上，73。

11 同上，747。

12 Werbungen Karls I. und Franz' I. bei den Kurfürsten, June 1519, in Kohler (ed.), *Quellen zur Geschichte Karls V.,* 47.

13 Laubach, "Wahlpropaganda", 226.

14 *Reichstagsakten*, Jüngere Reihe, vol. I, 155.

15 同上，283。

16 同上，51。

17 同上，759。

18 同上，623; Laubach, "Wahlpropaganda", 220-222。

19 Sleidanus, *De Statu ... Commentarii,* I, fol. 17-22; Sleidanus, *Wahrhafftige Beschreibung,* I, XXII-XXIX。

20 Graf, "Der adel dem purger tregt hass", 197-198.

21 *Reichstagsaken*, Jüngere Reihe, vol. I, 411-421.

22 同上，495; Laubach, *Wahlpropaganda*, 229-231。

23 *Reichstagsaken*, Jüngere Reihe, vol. I, 318.

24 Wohlfeil, "Grafische Bildnisse", 28-34, 47.

25 *Reichstagsaken*, Jüngere Reihe, vol. I, 843-844.

26 Liliencron (ed.), *Die historischen Volkslieder*, vol. III, 234.

27 Hutten, "Vadiscus", in *Gespräch büchlin,* 85; Luther, "An den christlichen Adel deutscher Nation", in *WA*, vol. VI, 465.

28 Kohler, *Karl V.,* 202-208.

29 *Reichstagsakten*, Jüngere Reiche, vol. I, 526.

30 例如，加蒂纳拉1521年和1527年的备忘录，参见Kohler (ed.), *Quellen zur Geschichte Karls V.*, 84/133。

31 Weicker, *Die Stellung der Kurfürsten*, 112.

32 *Reichstagsakten*, Jüngere Reiche, vol. I, 868-870.

33 *Reichstagsakten*, Jüngere Reiche, vol. II/2, 1127.

34 Liliencron (ed.), *Die historischen Volkslieder*, vol. IV, 333.

35 Pariset (ed.), "La France", 264.

9 民族和教派

1 我特意使用"非教派化"作为定语以表明：这种民族论调可能表现出对教派事宜的漠不关心或和平主义（irenic）的志趣。我的印象是前者比后者更加广泛，并且"和平主义者"（irenicist）的民族论调的政治和文化影响在17世纪后半叶之前很小。对于不同的评价，参见Schmidt, *Irenic Patriotism*。

2 Luther, *An die Ratherren aller Städte deutsches Lands*, in *WA*, vol. xv, 53.

3 Luther, *Vorrede zu der vollstndigen Ausgabe der "deutschen Theologie"*, in *WA*, vol. I, 378-379.

4 Brecht, *Luther und die Türken*, 12.

5 Luther, *An den christlichen Adel deutscher Nation*, in *WA*, vol. VI, 463.

6 同上。

7 引自 Ridé, *L'image du Germain*, vol. II, 710。

8 Luther, *Tischreden*, fol. 603^v.

9 同上，fol. 601^v。

10 同上，fol. 603^v。

11 Jacques de Vitry, *Historial*, 92；另一个来自13世纪的例子参见 Alexander of Roes, *Memoriale*, 34。

12 Luther, *Tischreden*, fol. 603^v.

13 同上，fol. 607^v。

14 同上，fol.610^r。

15 同上，fol.606^v-607^r。

16 Luther, *Vom kriege widder die Türcken*, in *WA*, vol. XXX/2, 107.

17 Luther, *Ein Sendbrief von dem harten Bchlein wider die Bauern*, in *WA*, vol. XVIII, 396.

18 Luther, *Eine heerpredigt widder den Türcken*, in *WA*, vol. XXX/2, 160.

19 Luther, *WA*, vol. XLIX, 758.

20 Luther, *Auslegung des 101. Psalms*, in *WA*, vol. LI, 257.

21 Luther, *WA*, vol. XV, 36.

22 Luther, *Tischreden*, fol. 603^V.

23 Luther, *Vermahnung an die Pfarrherrn wider den Wucher zu predigen*, in *WA*, vol. LI, 411.

24 Luther, *Tischreden*, fol. 603^V.

25 Luther, *Auslegung des 101. Psalms*, in *WA*, vol. LI, 259.

26 Hess, *Deutsch-lateinische Narrenzunft*, 39-40.

27 Luther, *Tischreden*, fol. 606^T.

28 Luther, *De servo arbitrio*, in *WA*, vol. XVIII, 601.

29 Luther, WA, vol. XXXI / 2, 303.

30 Tacitus, *Annales II,* 88；关于作为新教的杰出英雄的阿米尼乌斯（一名"赫尔曼"），参见Münkler e.a., *Nationenbildung*, 305。

31 对这本小册子的简短探讨，参见Samuel-Scheyder, *Johannes Cochlaeus*, 452-456。

32　Cochlaeus, *Ein Christliche vermanung,* in Laube (ed.), *Flugschriften gegen die Reformation,* 629; 拉丁文本见 Samuel-Scheyder, *Johannes Cochlaeus,* 684。

33　Cochlaeus, *Ein Christliche vermanung,* in Laube (ed.), *Flugschriften gegen die Reformation,* 631.

34　Cochlaeus, "Antwort auf Luthers Schrift *Wider die räuberischen und mörderischen Rotten der Bauern*", in Laube and Seiffert (eds.), *Flugschriften der Bauernkriegszeit,* 384.

35　同上，408-409。

36　例如，参见 Emser, "Wie Luther in seinen Bchern zum Aufruhr getrieben hat", in Laube and in Laube and Seiffert (eds.), *Flugschriften der Bauernkriegszeit,* 358; Murner, "An den groβmächtigsten und durchlauchtigsten Adel deutscher Nation", in Laube (ed.), *Flugschriften gegen die Reformation,* 173-175。

37　Rhenanus, *Res Germaniae,* I, 79.

38　同上，I, 7/ II, 96-98。

39　同上，I, 20, 78。

40　同上，II, 90-96。

41　Gottsched, *Lob Germaniens;* 对于戈特谢德的民族论调的分析，参见 Fulda, *Die Erschaffung der Nation*。

42　Herder, *Hutten,* 482, 494-495.

10 结语

1 在此仅举若干为例：Aberbach, *Jewish Cultural Nationalism*, 18; Greenfeld, *Nationalism*, 14; Hastings, *The Construction*, 58-59。

2 对此，参见本书4.5、4.6和6.2部分，以及我的评论，见Hirschi, "Nationalmythen", 1099-101。

3 Malesherbes, *Du rang que tiennent les lettres*, 151.

4 Thomas, *Discours*, 204-205.

5 Montesquieu, *Discours sur Cicrèon*, 93.

6 参见，例如：亨利·圣-约翰·博林布洛克（Henry St John Bolingbroke, 1678—1751）写于1736年、发表于1749年的著名的《爱国主义精神书简》（*Letters on the Spirit of Patriotism*）一书，盛赞西塞罗为最伟大的哲学家兼政治家，并且与德摩斯梯尼一起作为每个"立意参与政府——我指一个自由政府——事务"的人的楷模；Bolingbroke, *Letters*, 49 (and 43)。

7 Garnier, *L'homme de lettres*, 165.

参考文献

第一手文献

Alexander von Roes, *Memoriale*, in *Schriften*, ed. and trans. by Herbert Grundmann and Hermann Heimpel, Weimar 1949.

Aristotle, *Nicomachean Ethics*, trans. by Terence Irwin, Indianapolis 1999.

Augustine, *The City of God against the Pagans (De Civitate Dei adversus paganos)*, trans. by R. W. Dyson, Cambridge 1998.

Aventinus, Johannes, *Bayerische Chronik*, in *Johannes Turmair's sämmtliche Werke*, Munich 1883, vols. IV–V.

Chronica von ursprung, herkomen und taten der uralten Teutschen, in *Johannes Turmair's sämmtliche Werke*, Munich 1881, vol. I, 299–372.

Baldus de Ubaldis, *In primam digesti veteris partem commentaria*, Venice 1572.

Bebel, Heinrich, *Apologia pro defensione imperatorum contra Leonhardum Iustinianum*, in *Schardius Redivivus sive Rerum Germanicarum Scriptores varii*, ed. by Simon Schard, Gießen 1673, vol. I, 109–15.

De laude, antiquitate, imperio, victoriis rebusque gestis Veterum Germanorum, in *Schardius Redivivus sive Rerum Germanicarum Scriptores varii*, ed. by Simon Schard, Gießen 1673, 117–34.

Opuscula nova, Strasbourg 1514.

Oratio ad Augustissimum atque Sacratissimum Romanorum Regem Maximilianum, in *Schardius Redivivus sive Rerum Germanicarum Scriptores varii*, ed. by Simon Schard, Gießen 1673, 95–104.

Boissevain, Ursul Philip (ed.), *Casii Dionis historiarum Romanorum quae supersunt*, vol. III, Berlin 1901.

Bolingbroke, Henry St John, *Letters on the Spirit of Patriotism: on the Idea of a Patriot King: and on the State of Parties at the Accession of King George the First* (1736), London 1775.

Brant, Sebastian, *Kleine Texte*, ed. by Thomas Wilhelmi, Stuttgart and Bad Cannstatt 1998, 2 vols.

Bruni, Leonardo, *Vita Ciceronis*, in *Opere letterarie e politiche*, ed. by Paolo Viti, Turin 1996, 411–99.

Campano, Gian Antonio, *De Pii II, Pont. Max. Commentariis historicis, orationibus, et scriptis aliis*, in *Epistolae et poemata*, Leipzig 1707, 1–13.

Oratio in Conventu Ratisponensi ad exhortandos principes Germanorum contra Turcos: Et de laudibus eorum, in *Omnia Campani Opera*, Venice 1502, fol. 90–5.

Oratio in Funere Pii II, in *Opera omnia*, Rome 1495.

Pii II pontificis maximi vita (c. 1470), in Giulio C. Zimolo (ed.), *Le vite di Pio II di Giovanni Antonio Campano e Bartolomeo Platina*, Bologna 1964, 7–87.

Celtis, Conrad, *Briefwechsel*, ed. by Hans Rupprich, Munich 1934.

Fünf Bücher Epigramme, ed. by Karl Hartfelder, Hildesheim 1963.

Libri odarum quattuor; Liber epodon; Carmen saeculare, ed. by Felicitas Pindter, Leipzig 1937.

Norimberga, trans. into German by Gerhard Fink, Nuremberg 2000.

Oratio in Gymnasio in Ingelstadio publice recitata, Latin and English, in *Selections from Conrad Celtis 1459–1508*, ed. by Leonard Forster, Cambridge 1948, 36–65.

Cicero, Marcus Tullius, *Dream of Scipio (Somnium Scipionis)*, in *On the Commonwealth: and, On the Laws*, trans. by James E. G. Zetzel, Cambridge 1999, 95–102.

On Duties (De officiis), trans. by Miriam T. Griffin and Eileen M. Atkins, Cambridge 1991.

On Invention (De inventione), in *The Fourteen Orations Against Marcus Antonius, the Treatise on Rhetorical Invention, the Orator, Topics, on Rhetorical Partitions, Etc*, trans. by Charles Duke Yonge, London 1879.

On the Commonwealth (De re publica), in *On the Commonwealth: and, On the Laws*, trans. by James E. G. Zetzel, Cambridge 1999, 1–102.

On the Ideal Orator (De oratore), trans. by James M. May and Jakob Wisse, Oxford 2001.

On the Laws (De legibus), in *On the Commonwealth: and, On the Laws*, trans. by James E. G. Zetzel, Cambridge 1999, 105–75.

Orations against Catiline I–IV (In Catilinam), in *Political Speeches*, trans. by Dominic H. Berry, Oxford 2006, 134–203.

Philippics (Philippicae), in *The Fourteen Orations Against Marcus Antonius, the Treatise on Rhetorical Invention, the Orator, Topics, on Rhetorical Partitions, Etc*, trans. by Charles Duke Yonge, London 1879.

Cochlaeus, Johannes, *Brevis descriptio Germaniae (1512): Mit der Deutschlandkarte des Erhard Etzlaub von 1512*, ed. and trans. by Karl Langosch, Darmstadt 1960.

Corpus Iuris Civilis, Iustiniani Digesta, ed. by Theodor Mommsen, Berlin 1868–70, 3 vols.

Decretalium Collectiones, in *Corpus Iuris Canonici*, ed. by Emil Ludwig Richter, Leipzig 1879–81, vol. II.

Deutsche Reichstagsakten, Jüngere Reihe: Deutsche Reichstagsakten unter Kaiser Karl V., Göttingen and Munich, 1893–, 20 vols.

Deutsche Reichstagsakten, Mittlere Reihe: Deutsche Reichstagsakten unter Maximilian I., Göttingen and Munich 1973–, 8 vols.

Einhard, *Life of Charlemagne (Vita Caroli Magni)*, in idem, Notker of Saint-Gall, *Two Lives of Charlemagne*, trans. by Lewis Thorpe, London 1969, 49–92.

Erasmus, Desiderius, *A Complaint of Peace Spurned and Rejected by the Whole World*, in *Collected Works*, trans. by Betty Radice, Toronto 1986, vol. XXVII, 289–322.

Opus Epistolarum, ed. by Percy Stafford and Helen Mary Allen, Oxford 1906–65, 12 vols.
Praise of Folly (Laus stultitiae), and, Letter to Maarten Van Dorp, 1515, trans. by Betty Radice, London 1993.
The Ciceronian (Ciceronianus): A Dialogue on the Ideal Latin Style, trans. by Betty N. Knott, in *Collected Works of Erasmus: Literary and Educational Writings*, Toronto 1986, vol. XXVIII, 323–448.
Fabri, Felix, *Evagatorium in Terrae Sanctae, Arabiae et Aegypti peregrinationem*, ed. by Conrad Dieter Hassler, Stuttgart 1843–9, 3 vols.
Fichte, Johann Gottlieb, *Reden an die deutsche Nation*, Leipzig 1824.
Florus, L. Annaeus, *Epitome of Roman History (Epitoma de Tito Livio)*, trans. by Edward Seymour Forster, Cambridge, MA, 1984.
Franke, Annelore (ed.), *Das Buch der hundert Kapitel und der vierzig Statuten des sog. Oberrheinischen Revolutionärs*, Berlin (East) 1967.
Garnier, Jean-Jacques, *L'homme de lettres*, Paris 1764.
Gebwiler, Hieronymus, *Libertas Germaniae, qua Germanos Gallis, neminem vero Gallum a Christiano natali, Germanis imperasse*, in *Schardius Redivivus sive Rerum Germanicarum Scriptores varii*, ed. by Simon Schard, Gießen 1673, 219–26.
Geoffrey of Monmouth, *The History of the Kings of Britain*, Latin and English, ed. by Michael D. Reeve, trans. by Neil Wright, Woodbridge 2007.
Gobelinus Person, *Cosmidromius*, ed. by Max Jansen, Münster 1900.
Gottsched, Johann Christoph, *Lob Germaniens*, in *Ausgewählte Werke: Gedichte und Gedichtübertragungen*, Berlin (East) 1968, vol. I, 12–17.
Harsdörffer, Georg Philipp, *Lobrede Des Geschmackes*, Nürnberg 1651.
Schutzschrift für die Teütsche Spracharbeit (1644), in *Frauenzimmer Gesprächsspiele*, part I, ed. by Irmgard Böttcher, Tübingen 1968, 339–96.
Herder, Johann Gottfried, *Briefe zur Beförderung der Humanität: Beilage* (1795), in *Sämmtliche Werke*, ed. by Bernhard Suphan, Berlin 1881, vol. XVII.
Hutten, in *Sämmtliche Werke*, ed. by Bernhard Suphan, Berlin 1893, vol. IX, 476–97.
Idee zum ersten patriotischen Institut für den Allgemeingeist Deutschlands (1787), in *Sämmtliche Werke*, ed. by Bernhard Suphan, Berlin 1887, vol. XVI, 600–16.
Hesdin, Jean de, *Magistri Iohannis de Hisdinio contra Franciscum Petrarcham Epistola*, ed. by Enrico Cocchia in *Atti della Reale Accademia di Archeologia, Lettere e Belle Arti*, 7 (1920), 112–39.
Horace, *The Complete Odes and Epodes*, trans. by David West, Oxford 1997.
Humboldt, Wilhelm von, *Gesammelte Schriften*, ed. by Albert Leitzmann, Bruno Gebhardt and Wilhelm Richter, Berlin 1903–36, 17 vols.
Hutten, Ulrich von, *Cum Erasmo Roterodamo, Presbytero, Teologo expostulatio*, in *Schriften*, ed. by Eduard Böcking, Leipzig 1859, vol. II, 180–248.
Epistolae, ed. by Eduard Böcking, vol. I (1506–20), Leipzig 1859.
Gespräch büchlin, in *Deutsche Schriften*, ed. by Heinz Mettke, Leipzig 1972–4, vol. I, 1–188.
Inspicientes, in *Opera quae extant omnia*, ed. by Joseph Herman Münch, Schaffhausen 1823, vol. III, 511–40.

Praedones, in *Opera quae extant omnia*, ed. by Joseph Herman Münch, Schaffhausen 1823, vol. IV, 157–230.

Irenicus, Franciscus, *Germaniae exegeseos volumina duodecim*, Hagenau 1518.

Iustiniani Imperatoris institutionum libri quattuor, ed. by J. B. Moyle, Oxford 1923.

Jacques de Vitry, *Historia Occidentalis*, ed. by John Frederick Hinnebusch, Freiburg i. Ü. 1972.

Janssen, Johannes (ed.), *Frankfurts Reichscorrespondenz von 1376–1519*, Freiburg i. Br. 1866, vol. 2.

Johann Eberlin von Günzburg, *Ein zamengelesen bouchlin von der Teutschen Nation gelegenheit, Sitten vnd gebrauche, durch Cornelium Tacitum vnd etliche andere verzeichnet* (1526), ed. by Achim Masser, Innsbruck 1986.

Kohler, Alfred (ed.), *Quellen zur Geschichte Karls V.*, Darmstadt 1990.

Lamoignon de Malesherbes, Guillaume-Chrétien de, *Du rang que tiennent les lettres entre les différens ordres de l'état: Discours prononcé dans la séance publique du 16 février 1775*, in *Œuvres inédites*, Paris 1808, 149–67.

Langkabel, Hermann (ed.), *Die Staatsbriefe Coluccio Salutatis: Untersuchungen zum Frühhumanismus in der Florentiner Staatskanzlei und Auswahledition*, Wien 1981.

Laube, Adolf (ed.), *Flugschriften gegen die Reformation (1518–1524)*, Berlin 1997.

Laube, Adolf, and Hans Werner Seiffert (ed.), *Flugschriften der Bauernkriegszeit*, Berlin 1978.

Leibniz, Gottfried Wilhelm, *Ermahnung an die Teutsche ihren Verstand und Sprache besser zu üben*, ed. by Carl Ludwig Grotefend, Hanover 1846.

Lex Salica: The Ten Texts with the Glosses, and the Lex Emendata, ed. by John Murray, London 1880.

Liliencron, Rochus von (ed.), *Die historischen Volkslieder der Deutschen vom 13. bis 16. Jahrhundert*, Leipzig 1865–9, 5 vols.

Lucian of Samosata, *Life of Demonax*, in *The Works of Lucian of Samosata*, trans. by Henry Watson Fowler and Francis George Fowler, Oxford 1905, vol. III, 5–12.

Lupold of Bebenburg, *Ritmaticum querulosum et lamentosum dictamen de modernis cursibus et defectibus regni ac imperii Romani*, in *Politische Schriften des Lupold von Bebenburg*, ed. by Jürgen Miethke and Christoph Flüeler, Hanover 2004, 507–24.

Tractatus de iuribus regni et imperii Romanorum, in *Politische Schriften des Lupold von Bebenburg*, ed. by Jürgen Miethke and Christoph Flüeler, Hanover 2004, 233–409.

Luther, Martin, *D. Martin Luthers Werke [WA]: Kritische Gesammtausgabe*, Weimar 1883–

Tischreden oder Colloqvia, Eisleben 1566.

Mesnardière, Jules de la, *La Poëtique* (1640), Geneva 1972.

Montesquieu, Charles de Secondat de, *Discours sur Cicéron*, in *Œuvres complètes*, Paris 1949, vol. I, 93–8.

Müller, Johann Joachim (ed.), *Des Heiligen Römischen Reichs, Teutscher Nation Reichstagstheatrum (1440–1500)*, Jena 1713–19, 2 vols.

Nauclerus, Johannes, *Memorabilium omnis aetatis et omnium gentium chronici commentarii*, 2 vols., Tübingen 1516.

Notker of Saint-Gall, *De Carolo Magno*, in idem, Einhard, *Two Lives of Charlemagne*, trans. by Lewis Thorpe, London 1969, 93–172.
Pariset, Jean-Daniel (ed.), 'La France et les princes allemands: Documents et commentaires (1545–1557)', *Francia*, 10 (1982), 229–301.
Peter of Andlau, *Libellus de Cesarea Monarchia: Kaiser und Reich*, ed. and trans. by Rainer A. Müller, Frankfurt a. M. and Leipzig 1998.
Petrarch, Francesco, *Book without a Name (Liber sine nomine)*, trans. by Norman P. Zacour, Toronto 1973.
Epistolae de rebus familiaribus et variae, ed. by Giuseppe Fracassetti, Florence 1859–83, 3 vols.
Invectives, trans. by David Marsh, Harvard 2003.
Letters of Old Age (Epistolae rerum senilium), trans. by Aldo S. Bernardo, Saul Levin and Reta A. Bernardo, New York 2005, 2 vols.
Rerum vulgarium fragmenta, ed. by Giuseppe Savoca, Florence 2008.
Piccolomini, Enea Silvio, *Briefwechsel*, ed. by Rudolf Wolkan, Vienna 1909–18, 3 vols.
Germania, ed. by Adolf Schmidt, Cologne and Graz 1962.
Pentalogus, ed. by Christoph Schingnitz, Hanover 2009.
Pirckheimer, Wilibald, *Schweizerkrieg*, trans. by Karl Rück, Munich 1895.
Pliny, *Natural History (Historia naturalis)*, trans. by H. Rackman and W. H. S. Jones, 10 vols., Cambridge, MA, 1938–83.
Rhenanus, Beatus, *Briefwechsel*, ed. by Adalbert Horawitz and Karl Hartfelder, Leipzig 1886.
Rerum Germanicarum libri tres, Basle 1531.
Sallust, *The Conspiracy of Catiline (Bellum Catilinae)*, in *The Jugurthine War/ The Conspiracy of Catiline*, trans. by Stanley Alexander Handford, London 1963, 151–233.
The Jugurthine War (Bellum Iugurthinum), in *The Jugurthine War/The Conspiracy of Catiline*, trans. by Stanley Alexander Handford, London 1963, 15–150.
Salutati, Coluccio, *Epistolario*, ed. by Francesco Novati, Rome 1891–1911, 4 vols.
Scaliger, Julius Caesar, *Poetices Libri Septem* (1561), Stuttgart 1964.
Schottelius, Justus Georg, *Ausführliche Arbeit Von der Teutschen Hauptsprache*, Braunschweig 1663.
Sleidanus, Johannes, *De statu religionis et rei publicae Carolo Quinto Caesare commentarii*, Strasbourg 1555.
Warhafftige Beschreibung geistlicher und weltlicher Historien, Basle 1557.
Stieler, Kaspar, *Der Teutschen Sprache Stammbaum und Fortwachs*, Nuremberg 1691.
Tacitus, *The Annals (Annales)*, trans. by J. C. Yardley, Oxford and New York 2008.
Thomas, Antoine-Léonard, *Discours prononcé dans l'Académie Française (De l'homme de lettres considéré comme citoyen)*, in *Œuvres complètes*, Paris 1825, vol. IV, 191–216.
Vitruvius, *Ten Books on Architecture*, trans. by Morris Hicky Morgan, Cambridge, MA, 1914.
Von der Hardt, Heinrich, *Magnum oecumenicum Constantiense concilium*, Frankfurt a. M. and Leipzig 1696–1700, 6 vols.

Von der Vogelweide, Walther, *Spruchlyrik*, in *Werke*, Stuttgart 1994, vol. I.
Weinrich, Lorenz (ed.), *Quellen zur Reichsreform im Spätmittelalter*, Darmstadt 2001.
Wiesflecker-Friedhuber, Inge (ed.), *Quellen zur Geschichte Maximilians I. und seiner Zeit*, Darmstadt 1996.
Wilkins, Ernest H. (ed.), 'Petrarch's Coronation Oration', *Publications of the Modern Language Association*, 68 (1953), 1241–50.
Wimpfeling, Jacob, *Adolescentia*, in *Jacobi Wimpfelingi opera selecta*, ed. by Otto Herding, Munich 1965, vol. I.
Agatharchia id est bonus principatus vel epitoma contitionum boni principis, Strasbourg 1498.
Briefwechsel, in *Jacobi Wimpfelingi opera selecta*, ed. by Otto Herding and Dieter Mertens, Munich 1990, vol. III.
De integritate libellus, Strasbourg 1505.
Epitoma Germanicarum Rerum, in *Schardius Redivivus sive Rerum Germanicarum Scriptores varii*, ed. by Simon Schard, Gießen 1673, 170–199.
Germania, in Notker Hammerstein (ed.), *Staatslehre der frühen Neuzeit*, Frankfurt a. M. 1995, 9–95.
Responsa et Replicae ad Eneam Silvium, in Enea Silvio Piccolomini, *Germania*, ed. by Adolf Schmidt, Cologne and Graz 1962, 125–46.
Zesen, Philipp von, *Rosen-månd*, Hamburg 1651.

第二手文献

Aberbach, David, *Jewish Cultural Nationalism: Origins and Influences*, New York 2008.
Allmand, Christopher, *The Hundred Years War: England and France at War 1300–1450*, Cambridge 1988.
Anderson, Benedict, *Imagined Communities: Reflections on the Origin and Spread of Nationalism* (1983), London and New York 1991.
Anderson, Matthew Smith, *The Rise of Modern Diplomacy, 1450–1919*, London 1993.
Asher, Robert E., *National Myths in Renaissance France: Francus, Samothes and the Druids*, Edinburgh 1993.
Beaune, Colette, *The Birth of an Ideology: Myths and Symbols of Nation in Late Medieval France*, trans. by Fredric L. Cheyette, Berkeley 1991.
Bell, David A., *The Cult of the Nation in France: Inventing Nationalism, 1680–1800*, Cambridge, MA, 2001.
Blanning, Tim, *The Romantic Revolution*, London 2010.
Böhm, Helmut, *'Gallica Gloria': Untersuchungen zum kulturellen Nationalgefühl in der älteren französischen Neuzeit*, Freiburg i. B. 1977.
Bourdieu, Pierre, *Outline of a Theory of Practice*, Cambridge 1977.
Boureau, Alain, 'The Letter-Writing Norm, a Mediaeval Invention', in idem, Roger Chartier and Cécile Dauphin (eds.), *Correspondence: Models of Letter-Writing from the Middle Ages to the Nineteenth Century*, Cambridge 1997, 24–58.
Brecht, Martin, 'Luther und die Türken,' in Bodo Guthmüller and Wilhelm Kühlmann (eds.), *Europa und die Türken in der Renaissance*, Tübingen 2000, 9–27.

Burke, Peter, *The Fortunes of the Courtier: The European Reception of Castiglione's 'Cortegiano'*, Philadelphia 1995.

Camargo, Martin, 'Ars dictaminis, ars dictandi', in Gert Ueding (ed.), *Historisches Wörterbuch der Rhetorik*, Tübingen 1992–, vol. I, 1040–6.

Cecchetti, Dario, *Petrarca, Pietramala e Clamanges: Storia di una 'querelle' inventata*, Paris 1982.

Contamine, Philippe, 'Mourir pour la patrie', in Pierre Nora (ed.), *Les lieux de mémoire*, Paris 1986, vol. II: *La Nation*, 11–43.

Daub, Susanne, *Leonardo Brunis Rede auf Nanni Strozzi: Einleitung, Edition und Kommentar*, Stuttgart 1996.

Deutsch, Karl W., *Nationalism and Social Communication: an Inquiry into the Foundations of Nationality*, Cambridge, MA, 1953.

Enenkel, Karl A. E., *Die Erfindung des Menschen: Die Autobiographik des frühneuzeitlichen Humanismus von Petrarca bis Lipsius*, Berlin and New York 2008.

Englund, Steven, 'The Ghost of Nation Past' (review of *Les Lieux de mémoire*, ed. by Pierre Nora, vol. I: *La République*, vol. II: *La Nation*), *The Journal of Modern History*, 64 (1992), 299–320.

Erdmann, Karl Dietrich, *Die Ökumene der Historiker: Geschichte der Internationalen Historikerkongresse und des Comité International des Sciences Historiques*, Göttingen 1987.

Fantham, Elaine, 'The Contexts and Occasions of Roman Public Rhetoric', in William J. Dominik (ed.), *Roman Eloquence: Rhetoric in Society and Literature*, London and New York 1997, 111–28.

The Roman World of Cicero's 'De Oratore', Oxford 2004.

Finsen, Hans Carl, *Die Rhetorik der Nation: Redestrategien im nationalen Diskurs*, Tübingen 2001.

Flood, John L., 'Nationalistic Currents in Early German Typography', *The Library*, 15 (1993), 125–41.

Foot, Sarah, 'The Historiography of the Anglo-Saxon "Nation-State"', in Len Scales and Oliver Zimmer (eds.), *Power and the Nation in European History*, Cambridge 2005, 125–42.

Fournier, Marcel, *Les statuts et privilèges des universités françaises depuis leur fondation jusqu'en 1789*, Paris 1890–4, 4 vols.

Fulda Daniel, 'Die Erschaffung der Nation als Literaturgesellschaft: Zu einer meist übergangenen Leistung des Publizisten Gottsched', in *Denkströme: Journal der Sächsischen Akademie der Wissenschaften* 4 (2010), 12–29.

Furr, Grover, 'France vs. Italy: French Literary Nationalism in "Petrarch's Last Controversy" and a Humanist Dispute of *c.* 1395', *Proceedings of the Patristic, Medieval and Renaissance Conference*, 4 (1979), 115–25.

Gellner, Ernest, *Nations and Nationalism*, Oxford 1983.

Thought and Change, London 1964.

Goodblatt, David, *Elements of Ancient Jewish Nationalism*, Cambridge 2006.

Graf, Klaus, '"Der adel dem purger tregt hass": Feindbilder und Konflikte zwischen städtischem Bürgertum und landsässigem Adel im späten Mittelalter', in Werner Rösener (ed.), *Adelige und bürgerliche Erinnerungskulturen des Spätmittelalter und der Frühen Neuzeit*, Göttingen 2000, 191–204.

Grafton, Anthony, 'Invention of Traditions and Traditions of Invention in Renaissance Europe: The Strange Case of Annius of Viterbo', in idem and Anne Blair (eds.), *The Transmission of Culture in Early Modern Europe*, Philadelphia 1990, 8–38.

What was History? The Art of History in Early Modern Europe, Cambridge 2007.

Graus, František, *Die Nationenbildung der Westslawen im Mittelalter*, Sigmaringen 1980.

Greenfeld, Liah, *Nationalism: Five Roads to Modernity*, Cambridge, MA, 1992.

Hankins, James (ed.), *Renaissance Civic Humanism: Reappraisals and Reflections*, Cambridge 2000.

Harth, Helene, 'Überlegungen zur Öffentlichkeit des humanistischen Briefs am Beispiel der Poggio-Korrespondenz', in Heinz-Dieter Heimann (ed.), *Kommunikationspraxis und Korrespondenzwesen im Mittelalter und in der Renaissance*, Paderborn, Munich, Vienna and Zurich 1998, 127–37.

Hastings, Adrian, *The Construction of Nationhood: Ethnicity, Religion and Nationalism*, Cambridge 1997.

Hayes, Carlton J. H., *Essays on Nationalism*, New York 1928.

Helmrath, Johannes, 'Der europäische Humanismus und die Funktionen der Rhetorik', in Thomas Maissen and Gerrit Walther (eds.), *Funktionen des Humanismus: Studien zum Nutzen des Neuen in der humanistischen Kultur*, Göttingen 2006, 18–48.

'Rhetorik und "Akademisierung" auf den deutschen Reichstagen im 15. und 16. Jahrhundert', in Heinz Duchhardt and Gerd Melville (eds.), *Im Spannungsfeld von Recht und Ritual: Soziale Kommunikation in Mittelalter und Früher Neuzeit*, Cologne, Weimar and Vienna 1997, 423–46.

Herde, Peter, 'Politik und Rhetorik in Florenz am Vorabend der Renaissance: Die ideologische Rechtfertigung der Florentiner Außenpolitik durch Coluccio Salutati', *Archiv für Kulturgeschichte*, 47 (1965), 141–220.

Hess, Günter, *Deutsch-lateinische Narrenzunft: Studien zum Verhältnis von Volkssprache und Latinität in der satirischen Literatur des 16. Jahrhunderts*, Munich 1971.

Hirschi, Caspar, 'Boden der Christenheit und Quelle der Männlichkeit: Humanistische Konstruktionen Europas am Beispiel von Enea Silvio Piccolomini und Sebastian Münster', in Jürgen Elvert and Jürgen Nielsen-Sikora (eds.), *Leitbild Europa? Europabilder und Ihre Wirkungen in der Neuzeit*, Stuttgart 2009, 46–66.

'Das humanistische Nationskonstrukt vor dem Hintergrund modernistischer Nationalismustheorien', *Historisches Jahrbuch*, 122 (2002), 355–96.

'Eine Kommunikationssituation zum Schweigen', in Klaus Bergdolt, Joachim Knape, Anton Schindling and Gerrit Walther (eds.), *Sebastian Brant und die Kommunikationskultur um 1500*, Wiesbaden 2010, 219–52.

'Germanenmythos', in Friedrich Jaeger (ed.), *Enzyklopädie der Neuzeit*, Stuttgart 2008, vol. IV, 551–5.

'Höflinge der Bürgerschaft – Bürger des Hofes: Zur Beziehung von Humanismus und städtischer Gesellschaft', in Gernot Michael Müller (ed.), *Humanismus und Renaissance in Augsburg*, Tübingen 2010, 31–60.

'Konzepte von Fortschritt und Niedergang im Humanismus am Beispiel der "translatio imperii" und der "translatio studii"', in Christoph Strosetzki and Sebastian Neumeister (eds.), *Die Idee von Fortschritt und Zerfall im Europa der frühen Neuzeit*, Heidelberg 2008, 37–55.
'Mittelalterrezeption', in Friedrich Jaeger (ed.), *Enzyklopädie der Neuzeit*, Stuttgart 2008, vol. VIII, 610–17.
'Nationalgeschichte', in Friedrich Jaeger (ed.), *Enzyklopädie der Neuzeit*, Stuttgart 2008, vol. VIII, 1084–7.
'Nationalmythen', in Friedrich Jaeger (ed.), *Enzyklopädie der Neuzeit*, Stuttgart 2008, vol. VIII, 1097–107.
'Vorwärts in eine neue Vergangenheit: Funktionen des humanistischen Nationalismus in Deutschland', in Thomas Maissen and Gerrit Walther (eds.), *Funktionen des Humanismus: Studien zum Nutzen des Neuen in der humanistischen Kultur*, Göttingen 2006, 362–95.
Wettkampf der Nationen: Konstruktionen einer deutschen Ehrgemeinschaft an der Wende vom Mittelalter zur Neuzeit, Göttingen 2005.
Hobsbawm, Eric, *Nations and Nationalism: Programme, Myth, Reality*, Cambridge 1990.
Hobsbawm, Eric and Terence O. Ranger (eds.), *The Invention of Tradition*, Cambridge 1983.
Huizinga, Johan, 'Erasmus über Vaterland und Nation', in *Gedenkschrift zum 400. Todestage des Erasmus von Rotterdam*, Basel 1936, 34–49.
Janssen, Johannes, *Geschichte des deutschen Volkes*, Freiburg i. Br. 1913, vol. I.
Jaumann, Herbert, '"Respublica literaria" als politische Metapher: Die Bedeutung der "Res Publica" in Europa vom Humanismus zum 18. Jahrhundert', in Marc Fumaroli (ed.), *Les premiers siècles de la République européenne des Lettres*, Paris 2005, 73–88.
Joachimsen, Paul, 'Der Humanismus und die Entwicklung des deutschen Geistes', *Deutsche Vierteljahresschrift für Literaturwissenschaft und Geistesgeschichte*, 8 (1930), 419–80.
Kantorowicz, Ernst H., '"Pro patria mori" in Medieval Thought', *American Historical Review*, 56 (1951), 472–92.
The King's Two Bodies: A Study in Medieval Political Theology (1957), Princeton 1997.
'The Sovereignty of the Artist: A Note on Legal Maxims and Renaissance Theories of Art', in *Selected Studies*, New York 1965, 352–65.
Kibre, Pearl, *The Nations in the Mediaeval Universities*, Cambridge, MA, 1948.
Klaniczay, Tibor, 'Die Akademie als die Organisation der intellektuellen Elite in der Renaissance', in idem and August Buck (eds.), *Sozialgeschichtliche Fragestellungen in der Renaissanceforschung*, Wiesbaden 1992, 1–15.
Klein, Josef, 'Politische Rede', in Gert Ueding (ed.), *Historisches Wörterbuch der Rhetorik*, Tübingen 1992–, vol. VI, 1465–1521.
Klippel, Rainer, *Die Aufnahme der Schriften Lupolds von Bebenburg im deutschen Humanismus*, Frankfurt a. M. 1954 (typescript).
Koch, Peter, 'Ars arengandi', in Gert Ueding (ed.), *Historisches Wörterbuch der Rhetorik*, Tübingen 1992–, vol. I, 1033–40.
Kohler, Alfred, *Karl V. 1500–1558: Eine Biographie*, Munich 1999.

Kohn, Hans, *The Idea of Nationalism: A Study in Its Origins and Background* (1944), New Brunswick 2005.
Koselleck, Reinhard, 'Zur historisch-politischen Semantik asymmetrischer Gegenbegriffe', in *Vergangene Zukunft: Zur Semantik geschichtlicher Zeiten*, Frankfurt a. M. 1979, 211–59.
Krebs, Christopher B., *Negotiatio Germaniae: Tacitus' Germania und Enea Silvio Piccolomini, Giannantonio Campano, Conrad Celtis und Heinrich Bebel*, Göttingen 2005.
Kristeller, Paul Oskar, *Renaissance Thought and the Arts: Collected Essays*, Princeton 1990.
Laubach, Ernst, 'Wahlpropaganda im Wahlkampf um die deutsche Königswürde 1519', in *Archiv für Kulturgeschichte*, 53 (1971), 207–48.
Lauterbach, Klaus H. (Hrsg.), *Der Oberrheinische Revolutionär (Buchli der hundert Capiteln mit XXXX Statuten)*, MGH, Scriptores 10, Staatsschriften des späteren Mittelalters 7, Stuttgart 2009.
Leersen, Joep, *National Thought in Europe: A Cultural History*, Amsterdam 2008.
Levin, Michael J., 'A New World Order: The Spanish Campaign for Precedence in Early Modern Europe', *Journal of Early Modern History*, 6 (2002), 233–64.
Lund, Allan A., 'Zur Gesamtinterpretation der Germania des Tacitus', in Wolfgang Haase (ed.), *Aufstieg und Niedergang de Römischen Welt*, Berlin and New York 1991, vol. xxx.3, 1858–1988.
Marchal, Guy P., '"Bellum justum contra judicium belli": Zur Interpretation von Jakob Wimpfelings antieidgenössischer Streitschrift *Soliloquium pro Pace Christianorum et pro Helvetiis ut resipiscant…*', in Nicolai Bernard and Quirinus Reichen (eds.), *Gesellschaft und Gesellschaften*, Bern 1982, 114–37.
Maurer, Michael, '"Nationalcharakter" in der frühen Neuzeit: Ein mentalitätsgeschichtlicher Versuch', in Reinhard Blomert, Helmut Kuzmics and Annette Treibel (eds.), *Transformationen des Wir-Gefühls: Studien zum nationalen Habitus*, Frankfurt a. M. 1993, 45–81.
McKitterick, Rosamond, *Charlemagne: The Formation of a European Identity*, Cambridge 2008.
McManamon, John M., *Funeral Oratory and the Cultural Ideals of Italian Humanism*, Chapel Hill and London 1989.
Mendels, Doron, *The Rise and Fall of Jewish Nationalism: Jewish and Christian Ethnicity in Ancient Palestine*, New York 1992.
Mertens, Dieter, 'Celtis ad Caesarem: Oden I, 1–2 und Epode I', in Ulrike Auhagen, Eckard Lefèvre and Eckart Schäfer (eds.), *Horaz und Celtis*, Tübingen 2000, 67–85.
'Die Rede als institutionalisierte Kommunikation im Zeitalter des Humanismus', in Heinz Duchhardt and Gerd Melville (eds.), *Im Spannungsfeld von Recht und Ritual: Soziale Kommunikation in Mittelalter und Früher Neuzeit*, Cologne, Weimar and Vienna 1997, 401–21.
'Jakob Wimpfeling: Pädagogischer Humanismus', in Paul Gerhard Schmidt (ed.), *Humanismus im deutschen Südwesten: Biographische Profile*, Sigmaringen 1993, 35–57.

'Maximilians gekrönte Dichter über Krieg und Frieden', in Franz Josef Worstbrock (ed.), *Krieg und Frieden im Horizont des Renaissancehumanismus*, Weinheim 1986, 105–23.

Reich und Elsass zur Zeit Maximilians I.: Untersuchungen zur Ideen- und Landesgeschichte im Südwesten des Reiches am Ausgang des Mittelalters, Freiburg i. Br. 1977 (typescript).

Miethke, Jürgen and Lorenz Weinrich (eds.), *Quellen zur Kirchenreform im Zeitalter der großen Konzilien des 15. Jahrhunderts: Part 1, Die Konzilien von Pisa (1409) und Konstanz (1414–1418)*, Darmstadt 1995.

Millar, Fergus, *Government, Society, and Culture in the Roman Empire*, Chapel Hill and London 2004.

Monfasani, John (ed.), *Kristeller Reconsidered: Essays on his Life and Scholarship*, New York 2006.

Morsel, Joseph, 'Die Erfindung des Adels: Zur Soziogenese des Adels am Ende des Mittelalters – das Beispiel Frankens', in Otto Gerhard Oexle and Werner Paravicini (eds.), *Nobilitas: Funktion und Repräsentation des Adels in Alteuropa*, Göttingen 1997, 312–75.

Morstein-Marx, Robert, *Mass Oratory and Political Power in the Late Roman Republic*, Cambridge 2004.

Muhlack, Ulrich, 'Die Germania im deutschen Nationalbewusstsein vor dem 19. Jahrhundert', in Herbert Jankuhn and Dieter Timpe (eds.), *Beiträge zum Verständnis der Germania des Tacitus*, Göttingen 1989, vol. I, 128–54.

Müller, Harald, *Habit und Habitus: Mönche und Humanisten im Dialog*, Tübingen 2006.

Münkler, Herfried, Hans Grünberger and Kathrin Mayer, *Nationenbildung: Die Nationalisierung Europas im Diskurs humanistischer Intellektueller: Italien und Deutschland*, Berlin 1998.

Murphy, James J., *Rhetoric in the Middle Ages: A History of Rhetorical Theory from Saint Augustine to the Renaissance*, Arizona 2001.

Newman, Jane O., 'Redemption in the Vernacular: The Language of Language Theory in Seventeenth-Century "Sprachgesellschaften"', *Monatshefte*, 79 (1987), 10–29.

O'Leary, Brendan, 'On the Nature of Nationalism: An Appraisal of Ernest Gellner's Writings on Nationalism', *British Journal of Political Science*, 27 (1997), 191–222.

Ochoa Brun, Miguel-Ángel, 'Die Diplomatie Karls V.,' in Alfred Kohler, Barbara Haider and Christine Ottner (eds.), *Karl V. 1500–1558: Neue Perspektiven seiner Herrschaft in Europa und Übersee*, Vienna 2002, 181–96.

Ochsenbein, Peter, '"Beten mit zertanen Armen": ein alteidgenössischer Brauch', *Schweizerisches Archiv für Volkskunde*, 75 (1979), 129–72.

Ouy, Gilbert, 'La plus ancienne œuvre retrouvée de Jean Gerson: Le brouillon inachevé d'un traité contre Juan de Monzon (1389–1390)', in *Romania*, 83 (1962), 433–92.

'Paris: L'un des principaux foyers de l'humanisme en Europe au début du XVe siècle', *Bulletin de la société de l'histoire de Paris*, 94–95 (1967–68), 71–98.

'Pétrarque et les premiers humanistes français', in Giuseppe Billanovich and Giuseppe Frasso (eds.), *Petrarca, Verona e l'Europa*, Padua 1997, 415–34.

Pietschmann, Horst, 'Zum Problem eines frühneuzeitlichen Nationalismus in Spanien: Der Widerstand Kastiliens gegen Karl V.,' in Otto Dann (ed.), *Nationalismus in vorindustrieller Zeit*, Munich 1986, 55–71.

Polenz, Peter von, *Deutsche Sprachgeschichte vom Spätmittelalter bis zur Gegenwart*, Berlin and New York 1991–99, 3 vols.

Post, Gaines, '"Blessed Lady Spain": Vincentius Hispanus and Spanish National Imperialism in the Thirteenth Century', *Speculum*, 29 (1954), 198–209.

'Two Notes on Nationalism in the Middle Ages', *Traditio*, 9 (1953), 281–320.

Ridé, Jacques, *L'image du Germain dans la pensée et la littérature allemandes de la redécouverte de Tacite à la fin du XVIe siècle*, Paris and Lille 1977, 3 vols.

Roberts, Michael, 'Rome Personified, Rome Epitomized: Representations of Rome in the Poetry of the Early Fifth Century', *American Journal of Philology* 122 (2001), 533–65.

Roelcke, Thorsten, 'Der Patriotismus der barocken Sprachgesellschaften', in Andreas Gardt (ed.), *Nation und Sprache: Die Diskussion ihres Verhältnisses in Geschichte und Gegenwart*, Berlin 2000, 139–68.

Roshwald, Aviel, *The Endurance of Nationalism: Ancient Roots and Modern Dilemmas*, Cambridge 2006.

Rüegg, Walter, 'Der Humanist als Diener Gottes und der Musen', in *Anstöße: Aufsätze und Vorträge zur dialogischen Lebensform*, Frankfurt a. M. 1973, 152–67.

'Die Funktion des Humanismus für die Bildung politischer Eliten', in Gerlinde Huber-Rebenich (ed.), *Humanismus in Erfurt*, Rudolstadt and Jena 2002, 13–32.

Saccaro, Alexander Peter, *Französischer Humanismus des 14. und 15. Jahrhunderts: Studien und Berichte*, Munich 1975.

Samuel-Scheyder, Monique, *Johannes Cochlaeus: Humaniste et adversaire de Luther*, Nancy 1993.

Scales, Len, 'Late Medieval Germany: An Under-Stated Nation?' in Len Scales and Oliver Zimmer (eds.), *Power and the Nation in European History*, Cambridge 2005, 166–91.

Schmidt, Alexander, 'Irenic Patriotism in Sixteenth and Seventeenth Century German Political Discourse', *Historical Journal* 53 (2010), 243–69.

Vaterlandsliebe und Religionskonflikt: Politische Diskurse im Alten Reich (1555–1648), Leiden 2008.

Schmidt, Hans-Joachim, '"Bien public" und "raison d'Etat": Wirtschaftslenkung und Staatsinterventionismus bei Ludwig XI. von Frankreich?' in Jan A. Aertsen and Martin Pickavé (eds.), *'Herbst des Mittelalters'? Fragen zur Bewertung des 14. und 15. Jahrhunderts*, Berlin and New York 2004, 187–205.

Kirche, Staat, Nation: Raumgliederung der Kirche im mittelalterlichen Europa, Weimar 1999.

Schneidmüller, Bernd, *Nomen Patriae: Die Entstehung Frankreichs in der politisch-geographischen Terminologie (10.-13. Jahrhundert)*, Sigmaringen 1987.

Schnell, Rüdiger, 'Deutsche Literatur und deutsches Nationsbewusstsein in Spätmittelalter und Früher Neuzeit', in Joachim Ehlers (ed.), *Ansätze und*

Diskontinuität deutscher Nationsbildung im Mittelalter, Sigmaringen 1989, 247–319.

Scholz, Peter, 'Der Senat und die Intellektualisierung der Politik: Einige Bemerkungen zur Krise der traditionellen Erziehung in der späten römischen Republik', in Carsten Kretschmann, Henning Pahl and Peter Scholz (eds.), *Wissen in der Krise: Institutionen des Wissens im gesellschaftlichen Wandel*, Berlin 2004, 17–27.

Schröcker, Alfred, *Die deutsche Nation: Beobachtungen zur politischen Propaganda des ausgehenden 15. Jahrhunderts*, Lübeck 1974.

Shrank, Cathy, *Writing the Nation in Reformation England 1530–1580*, Oxford and New York 2004.

Simone, Franco, *Il rinascimento Francese: studi e ricerche*, Turin 1961.

Skinner, Quentin, *The Foundations of Modern Political Thought*, Cambridge 1978.

Šmahel, František, 'Die nationale Frage im hussitischen Böhmen', in Hans Rothe (ed.), *Deutsche in den böhmischen Ländern*, Cologne, Weimar, Vienna 1992, 67–82.

Smith, Anthony D., *The Ethnic Origins of Nations*, Oxford and New York 1986.

'The Origins of Nations', *Ethnic and Racial Studies*, 12 (1989), 340–67.

The Cultural Foundations of Nations: Hierarchy, Covenant and Republic, Oxford 2008.

Smith, Jay. M., *Nobility Reimagined: The Patriotic Nation in Eighteenth-Century France*, Ithaca 2005.

Smith, Tom W., and Seokho Kim, 'National Pride in Cross-national and Temporal Perspective', *International Journal of Public Opinion Research*, 18 (2006), 127–36.

Stewart, Frank Henderson, *Honor*, Chicago and London 1994.

Stichweh, Rudolf, 'Universitätsmitglieder als Fremde in spätmittelalterlichen und frühmodernen europäischen Gesellschaften', in Marie-Theres Foegen (ed.), *Fremde der Gesellschaft*, Frankfurt a. M. 1991, 169–91.

Stukenbrock, Anja, *Sprachnationalismus: Sprachreflexion als Medium kollektiver Identitätsstiftung in Deutschland (1617–1945)*, Berlin 2000.

Tennant, Elaine C., *The Habsburg Chancery Language in Perspective*, Los Angeles and London 1985.

Thomas, Alfred, *Anne's Bohemia: Czech Literature and Society, 1310–1420*, Minneapolis 1998.

Thomas, Heinz, 'Die deutsche Nation und Martin Luther', in *Historisches Jahrbuch*, 105 (1985), 426–54.

Timpe, Dieter, 'Die Absicht der Germania des Tacitus', in Herbert Jankuhn and Dieter Timpe (eds.), *Beiträge zum Verständnis der Germania des Tacitus*, Göttingen 1989, vol. I, 106–27.

Tönnies, Ferdinand, *Community and Civil Society*, Cambridge 2001.

Van Acker, Lieven, 'Barbarus und seine Ableitungen im Mittellatein', *Archiv für Kulturgeschichte*, 47 (1965), 125–40.

Viroli, Maurizio, *For Love of Country: an Essay on Patriotism and Nationalism*, Oxford 1997.

Voigt, Klaus, *Italienische Berichte aus dem spätmittelalterlichen Deutschland: Von Francesco Petrarca zu Andrea de' Franceschi (1333–1492)*, Stuttgart 1973.

Weber, Max, *Economy and Society: an Outline of Interpretive Sociology*, Berkeley 1978.
Weicker, Bernhard, *Die Stellung der Kurfürsten zur Wahl Karls V. im Jahr 1519*, Berlin 1901.
Widmer, Berthe, *Enea Silvio Piccolomini in der sittlichen und politischen Entscheidung*, Basle 1963.
Wilkins, Ernest H., *Petrarch's Later Years*, Cambridge, MA, 1959.
'The Coronation of Petrarch', *Speculum*, 18 (1943), 155–97.
Witt, Ronald G., *Coluccio Salutati and his Public Letters*, Geneva 1976.
In the Footsteps of the Ancients: The Origins of Humanism from Lovato to Bruni, Leiden 2000.
Wittchow, Frank, 'Von Fabius Pictor zu Polydor Vergil: Zur Transformation narrativer Modelle der antiken römischen Geschichtsschreibung in der Humanistenhistorie', in Johannes Helmrath, Albert Schirrmeister and Stefan Schlelein (eds.), *Medien und Sprachen humanistischer Geschichtsschreibung*, Berlin and New York 2009, 47–75.
Wohlfeil, Rainer, 'Grafische Bildnisse Karls V. im Dienste von Darstellung und Propaganda', in Alfred Kohler, Barbara Haider and Christine Ottner (eds.), *Karl V. 1500–1558: Neue Perspektiven seiner Herrschaft in Europa und Übersee*, Vienna 2002, 21–56.
Worstbrock, Franz Josef, 'Konrad Celtis: Zur Konstitution des humanistischen Dichters in Deutschland', in Hartmut Boockmann, Ludger Grenzmann, Bernd Moeller and Martin Staehelin (eds.), *Literatur, Musik und Kunst im Übergang vom Mittelalter zur Neuzeit*, Göttingen 1995, 9–35.
Wrede, Martin, *Das Reich und seine Feinde: Politische Feindbilder in der reichspatriotischen Publizistik zwischen Westfälischem Frieden und Siebenjährigem Krieg*, Mainz 2004.
Zimmer, Oliver, *A Contested Nation: History, Memory and Nationalism in Switzerland*, Cambridge 2003.

索　引

Aachen　亚琛，264

abstract communities　抽象共同体，3，52，58，59，68，74，132

Académie Française　法兰西学院，326

Achilles　阿喀琉斯，195

Adam　亚当，155，162，163，167，168，169，172，175

Agincourt　阿金库尔战役，99，125

Ailly, Pierre d'　皮埃尔·达-埃理，123，127

Alain de Lille　里尔的阿兰，73

Albrecht of Brandenburg, Archbishop of Mainz　美因茨大主教勃兰登堡的阿尔布雷希特，272，284，285，290

Alexander the Great　亚历山大大帝，195，262，263

Alexandria　亚历山大港，161

Alfonso V, King of Aragon　阿拉贡国王阿方索五世，204

Alfred the Great　阿尔弗雷德大帝，49

Alsace　阿尔萨斯，143，159，180，251，269，317

Altdorfer, Albrecht　阿尔布雷希特·阿尔特多佛，见插图列表第3项

索 引

Amaseo, Girolamo 吉罗拉莫·阿马西奥，191

Amman, Jost 约斯特·阿曼，见插图列表第7项

amor patriae 爱国思想，85

anachronism 复古主义，21，182，205，216

Anderson, Benedict 本尼迪克特·安德森，9，14，15，29–37，42–45，146

Andlau, Peter of 昂德洛的彼得，278

Anglo-Spanish War 英西战争（1585—1604年），323

Antiquity 古代，古典时代，4，13，98，115，244，326，328

Apelles 阿佩利斯，241

Aragon 阿拉贡，21，65，114，124，125

Aristotle 亚里士多德，75，76，87

Arminius 阿米尼乌斯，313

Arpinum 阿尔皮努姆，78，83

ars arengandi 演说术，202

ars dictaminis 文书技艺，183，202

Arthur, (mythic) King of Britain 亚瑟王，(传说中的)英国国王，96

asceticism 禁欲主义，85

Athens 雅典，261，262，320，328

Augsburg 奥格斯堡，143，159，201，234，251，288，290，294

Augustine of Hippo, church father 教父奥古斯丁，95–97

Augustus, Emperor （罗马）皇帝奥古斯都，92

autonomy 自治，48，69，70，71，101，103，115

Aventinus, Johannes 约翰奈斯·阿文丁努斯，165，257–267，287

Avignon 阿维尼翁，101，106，107，217–222，224，228

Babel 巴别塔，19，163

Baldus de Ubaldis 巴尔都斯·德·乌巴蒂斯，105

barbarism, barbarians 野蛮，蛮族，17，20，53–55，57，62，74，118，148，214–217，220，222–225，227，228，230，231，236，240，243–245，254，256，258，260，262，298，312–314，317

Bard, (mythic) King of France 巴德，（传说中的）法国国王，263

Baron, Hans 汉斯·拜伦，185

Basle 巴塞尔，100，149，151，195，200，277，285，318

Bastille 巴士底狱，136

Beaune 博讷，224

Bebel, Heinrich 海因里希·贝拜尔，116，143，153，234，240，247，257，258，318

Bede 毕德，49

Bell, David 大卫·贝尔，45

Bellay, Joachim du 约阿希姆·杜·贝莱，166

Berlin 柏林，175

Bible 《圣经》，19，36，46，50，115，118，157，220，221，299，309，311，321，323

Biden, Joe 乔·拜登，98

Bielefeld 比勒费尔德，156

bipolarity 两极化，二元化，21，52，53，55–57，59，62，214，222，255，292，311，322–324

Bohemia 波西米亚，100，129，130

Bolingbroke, Henry St John 亨利·圣-约翰·博林布洛克，359

Bologna 博洛尼亚，101，108，120

Boniface VIII, Pope 教皇卜尼法斯八世，106

Boulogne, Gui de 居伊·德·布洛涅，220

boundaries 边界，疆界，20，33，106，155–157

Bourdieu, Pierre 皮埃尔·布尔迪厄，133

Brant, Sebastian 塞巴斯蒂安·布朗特，200，201，242，243，261

Brazil 巴西，34

Breuilly, John 约翰·布鲁伊利，30

Britain 英国，不列颠，9，42，61，89

Bruni, Leonardo 莱昂纳多·布鲁尼，185，190，193，199，203-205

Brussels 布鲁塞尔，294

Burgkmair, Hans 汉斯·博格梅尔，194

Burgundy 勃艮第，109，110，224，233，273，288，291

Burke, Peter 彼得·柏克，270

Caesar, Gaius Julius 盖乌斯·朱利乌斯·恺撒，17，77，202

California 加利福尼亚，9

Cambray 康布雷，157

Cambridge 剑桥，9

Campano, Gian Antonio 吉安·安东尼奥·坎帕诺，198，199，204，246，249

Castile 卡斯蒂利亚，114，124，125，149，283

Catalonia 加泰罗尼亚，2

Catholic Church 天主教教会，268

Catholicism, Catholics 天主教，天主教徒，3，21，22，60，70，99，119，171，294，299，302，312–315，321–323，325

Catiline, Lucius Sergius 卢修斯·塞尔吉乌斯·喀提林，78–81，86，87，90，199

Celtis, Conrad 康拉德·策尔蒂斯，47，144，153，191–194，213，234，239，242，247–251，268，311，318

Charlemagne 查理大帝，60，61，64，109，110，191，219，239，264–267，276–278，280，286，287，317，319

Charles I, King of Spain, 参见 Charles V, Emperor 西班牙国王查理一世，参见"皇帝查理五世"词条

Charles II, King of England 英格兰国王查理二世，151

Charles IV, Emperor （神圣罗马帝国）皇帝查理四世，190，217

Charles V, Emperor （神圣罗马帝国）皇帝查理五世，281，285–287

Charles V, King of France 法国国王查理五世，218

Charles VI, King of France 法国国王查理六世，126

Chartier, Alain 阿兰·查提耶，338

China 中国，9，56

Choquart, Anseau 安索·丘夸特，218，219，220，222，228，229

chosen people, 参见 sacred communities 特选子民，参见"神圣共同体"词条

Christianisation 基督教化，94，97，117，150

Chrysoloras, Manuel 曼纽埃尔·克利索罗拉斯，123

Church councils 教会会议，252，277

Cicero, Marcus Tullius 马库斯·图利乌斯·西塞罗，63，77–88，90–94，97，102，173，185，186，189，190，193，195，196，198，199，202，205–207，209–212，229，242，309，326–330，359

Ciceronianism 西塞罗风格，西塞罗主义，西塞罗派，246

civilisation, civilised 文明化，开化，52–55，57，211，214，215，218，223，236，237，240，244，248–250，262

Clamanges, Nicolas de 尼古拉·德·克拉芒热，228–230，236，250

Claudian 克劳狄安，86

Clemens VII, Pope 教皇克莱芒七世，227

clergy 神职人员，94，100，107，184，251，297

clothing 服饰，衣着，237，266–

268，287

Cochlaeus, Johannes 约翰奈斯·科克拉乌斯，259，296，297，313–315

collective honour 集体荣誉，121，131，132，135，136，139，141，142，152，161，233

College of Cardinals 红衣（枢机）主教团，129，130，201，227

Cologne 科隆，287

colonialism 殖民主义，324

Commonwealth 共和国，国家，87

communities of honour 荣誉社群/共同体，132，136，142，160，161

competition 竞争，角逐，59，64，65

confessional fundamentalism, 参见 religious fundamentalism 教派原教旨主义，参见"宗教原教旨主义"

confessionalisation 教派分化，299，312，315，321–326

Constance 康斯坦茨，22，122，123，126–132，137，145，156，160，198，200，228，230

Constantine the Great 君士坦丁大帝，61

Constantinople 君士坦丁堡，113，197

constructivism 建构主义，9，10，12，14，15，32，35–42，50

contamination 污染，玷污，269，270

contio（popular assembly）（古罗马）议事会（群众集会），81，202

corporations 社团，公司，企业，47，119，121，122，127，131，132，136

Council of Basle 巴塞尔宗教会议，149，151，195

Council of Constance 康斯坦茨宗教会议，22，122，123，132，145，160

Council of Lyon 里昂宗教会议，

123

crusades 十字军，97，98，101

Cuspinian, Johannes 约翰奈斯·库斯皮尼安，201

Dante Alighieri 但丁·阿利基耶里，166，196，289

Dassier, Jacques Antoine 雅克·安托万·达希尔，330

decolonisation 去殖民化，66

definitions of national discourse 民族论调的定义，71

definitions of nationalism 民族主义的定义，69

definitions of patriotism 爱国主义的定义，73

definitions of Renaissance humanism 文艺复兴时期人文主义的定义，181

definitions of the nation 民族的定义，4，6，9，12，15，21，33，68

democracy 民主，7，28，74，91，219

Demosthenes 德摩斯梯尼，173，328，359

Deutsch, Karl 卡尔·多伊奇，8，9，30

dialects 方言，土语，18，19，122，156，157

diplomatic precedence 外交优先权，149

disciplina morum 公共道德训导，253

dressing, 参见 clothing 衣饰，参见"服饰"词条

Duprat, Antoine 安托万·杜普拉，281

Dürer, Albrecht 阿尔布雷希特·丢勒，241

earthly fatherland, see *patria terrena* 尘世的祖国，参见"俗世祖国"

East Timor 东帝汶，3

Eastern Roman Empire 东罗马帝国，60，94

Eck, Johannes 约翰奈斯·艾克，299

Eck, Leonhard von 莱昂哈德·冯·艾克，292

economy of honour 荣誉经济，135，138–140，143，146–149，151，153

effeminacy 柔弱，娇气，阴柔，女性化，17，223，262，268

Egypt 埃及，56，220

Einhard 艾因哈德，239，264，265，287

elective monarchies 选举君主制，48

Emser, Hieronymus 希罗尼穆斯·埃姆瑟，315

Enea Silvio Piccolomini 埃尼阿·希尔维奥·皮科洛米尼，1，151，192，195，197，254，313

England 英格兰，3，21，42，49，50，65，67，98，104，106，113，124，126，127，149，150，156，264，270，275，283，321，323

Enlightenment 启蒙运动，174，300，318，326，328–330

Epicureanism 伊壁鸠鲁主义，享乐主义，87，269

equality 平等，20，21，31，56，59，67，68，101，211，212，268，322

Erasmus, Desiderius 德西德里乌斯·伊拉斯谟，1，57，58，71，179–181，188，195，210，211，233，243，270，301，309，310，316

essentialism, essentialist 本质主义，本质主义者，15，40，45

Estonia 爱沙尼亚，2，34

expertise, experts, see functional elite 专业，专家，参见"职能精

英"词条

Fabri, Felix 菲利克斯·法布里, 161, 162

false consciousness 虚假意识, 33, 134

fatherland, see patriotism 祖国, 参见"爱国主义"词条

Ferdinand I, Emperor （神圣罗马帝国）皇帝斐迪南一世, 292, 293

Fernando Álvarez de Toledo, Duke of Alba 阿尔巴公爵费尔南多·阿尔瓦雷兹·德·托莱多, 294

feudalism 封建主义, 94, 104

Fichte, Johann Gottlieb 约翰·戈特里布·费希特, 175

Fillastre, Guillaume 纪尧姆·菲拉斯特, 123

Flanders 佛兰德斯, 106

Florence 佛罗伦萨, 85, 185, 190, 191, 193, 200, 203–205, 209, 226, 227, 251

Florus, Lucius Annaeus 卢修斯·安泰俄斯·弗洛鲁斯, 259

Fortuna 命运女神, 217

France 法国, 法兰西, 12, 98, 99, 104, 110, 113, 120, 156, 166, 173, 243, 264, 326

Francia 法兰西亚, 47, 99

Francis I, King of France 法国国王弗朗西斯一世, 275, 276, 278–280, 282, 284, 292, 293

Frankfurt 法兰克福, 197, 207, 283, 284

Frederick III, Elector of Saxony 萨克森选帝侯腓特烈三世, 276, 279

Frederick III, Emperor （神圣罗马帝国）皇帝腓特烈三世, 1, 151, 153, 192, 197, 278, 292

functional elite 职能精英, 102, 188, 189, 202, 206, 279, 288

functionalism, functionalist 实用主义, 实用主义者, 24, 37

索 引 383

Gandersheim, Hrotsvit of 甘德谢姆的霍洛茨维特，239

Garden of Eden 伊甸园，168，323

Garnier, Jean-Jacques 让－雅克·加尼叶，320，329

Gattinara, Mercurino 墨丘利诺·加蒂纳拉，288，289

Gebwiler, Hieronymus 希罗尼穆斯·盖布威尔勒，318

Gellner, Ernest 厄内斯特·盖尔纳，8，9，14，15，29，30，32–35，37–45，47，48，134，333，334

Gemeinschaft 社群，39

Gengenbach, Pamphilus 帕姆菲鲁斯·根根巴赫，285

Geoffrey of Monmouth 蒙茅茨的乔福瑞，96

George, Duke of Saxony 萨克森公爵乔治，276，278

German law 德国法，德意志法，日耳曼法，143，260

German liberty, see national freedom 德意志（日耳曼人的）自由，参见"民族自由"词条

German Peasants' War 德意志农民战争，314

Germany 德国，德意志，日耳曼，1，14，19，27，47，62，65–67，106–113，130，139，142，143，148，152，153，156–177，181，190–201，207，213，217，230–261，264–323

Gerson, Jean 让·戈尔森，123，228

Gesellschaft 社会，39

Goethe, Johann Wolfgang 约翰·沃尔夫冈·歌德，241

Görres, Joseph 约瑟夫·哥雷斯，239

Goslar 戈斯拉尔，130

Gottsched, Johann Christoph 约翰·克里斯托弗·戈特谢德，318，319

Great Western Schism 西方天主教会大分裂，101，122，228，231

Greece 希腊，17，36，55，56，58，75，76，89，166，215，232，246，256，262，309，326

Gregory XI, Pope 教皇格里高利十一世，122，226，227

Gresemund, Dietrich 迪特里希·格莱瑟蒙德，249，250

Grimm, Jacob 雅各布·格林，176

Gringoire, Pierre 皮埃尔·甘果瓦，269

Gutenberg, Johannes 约翰奈斯·古腾堡，142，243

Guy Auguste, Chevalier de Rohan 居伊·奥古斯特，德·罗昂骑士，136，140

Habsburg (dynasty) 哈布斯堡（王朝），34，48，112，159，231，233–235，252–254，273，275，276，278–280，284，290，292–295

Hadrian, Emperor （罗马）皇帝哈德良，92

Harsdörffer, Georg Philipp 乔格·菲利普·哈尔斯多佛，155，168–171

Hayes, Carlton 卡尔顿·海斯，7，30，69，333

heavenly fatherland, see *patria caelestis* 天上的祖国，参见"天上祖国"词条

Hegel, Georg Wilhelm Friedrich 乔格·威勒汉姆·弗里德里希·黑格尔，10

Henri II, King of France 法国国王亨利二世，294

Henry V, King of England 英格兰国王亨利五世，126

Henry VIII, King of England 英格兰国王亨利八世，275，283，284

Hercules Germanicus 德意志的赫拉克勒斯，231，232，298

Herder, Johann Gottfried 约翰·戈特弗里德·赫尔德，175，319，344

Herman, (mythic) King of Germany 赫尔曼，（传说中的）

索 引 385

日耳曼国王, 257, 263

Hesdin, Jean de 让·德·埃斯丁, 220–226, 228, 229

Hesiod 赫西俄德, 242

hierarchy of loyalties 忠诚等级制, 69, 70, 84, 94, 104, 115

Hintze, Otto 奥托·辛茨, 6

Hobsbawm, Eric 埃里克·霍布斯鲍姆, 9, 10, 14, 25, 30–35, 37, 45, 47

Holbein, Hans (the Younger) 小汉斯·荷尔拜因, 298

Holland 荷兰, 67, 323

Holy Roman Empire 神圣罗马帝国, 13, 14, 18, 21, 48, 62, 66, 101, 111, 124, 131, 158, 159, 167, 205, 274, 285

Homer 荷马, 242

Hope, Anthony 安东尼·霍普, 34

Horace 贺拉斯, 63, 94

humanitas 人文属性, 77, 189, 226

Humboldt, Wilhelm von 威勒汉姆·冯·洪堡, 238

Hundred Years' War 英法百年战争, 99, 125

Hungary 匈牙利, 129–131, 294

Hussite Wars 胡斯战争, 100

Hutten, Ulrich von 乌尔里希·冯·胡腾, 144, 195, 234, 245, 260, 267, 268, 270, 286, 297, 312, 319

imagined communities 想象的共同体, 9, 15, 29, 30, 36, 146

imperialism 帝国主义, 4, 21, 53, 54, 59–61, 64, 65, 68, 71, 74, 90, 103, 232

imperialist cultures 帝国主义文化, 52, 53, 55, 62

India 印度, 322

individual honour 个人荣誉, 135, 136, 139, 141

industrialism, industrialisation 工业

主义，工业化，30，48

inequality 不平等，21，52，53，55–57，59，62，222，322

Ingolstadt 英戈尔施塔特，213

Innocent III, Pope 教皇英诺森三世，276

Innocent XXII, Pope 教皇英诺森二十二世（原文笔误，应为John XXII，约翰二十二世），107

invention of tradition 传统的发明，30，31，43，45–47

Iran 伊朗，322

Iraq 伊拉克，89

Irenicus, Franciscus 弗朗西斯库斯·艾瑞尼卡斯，164，165

Isidore of Seville 塞维利亚的伊西多尔，114

Islam 伊斯兰教，97

Israel 以色列，36，97，99–101，115，220，323

Italy 意大利，18，54，67，94，101，109，110，120，125，129，130，148，149，154，158，164，165，178，181，183，190–192，195，197，198，200，202–205，207，214–231，241–270，277，288，289，301，305，306

Jacob (son of Isaac) 雅各（《圣经》中以撒的儿子），220

Jacques de Révigny 雅克·德·莱维尼，104

Japan 日本，56

Japheth 雅弗（《圣经》中挪亚的儿子），163

Jericho 耶利哥，221

Jerome, church father 教父哲罗姆，61，118

Jerusalem 耶路撒冷，95，98，161，221

Jesus of Nazareth 拿撒勒人耶稣，99

Joachimsen, Paul 保罗·约阿希姆森，236–238

Johannes Teutonicus 约翰奈斯·条顿尼克斯，105，113

John Frederick I, Elector of Saxony 萨克森选帝侯约翰·腓特烈一世，294

John XXIII, (Anti-)Pope （对立）教皇约翰二十三世，124

Julius II, Pope 教皇朱利叶斯二世，149

Justinian I, Emperor （东罗马/拜占庭帝国）皇帝查士丁尼一世，92

Kantorowicz, Ernst 恩斯特·康托洛维茨，96

Kirchmair, Georg 乔格·柯什迈尔，153

Koblenz 科布伦茨，283

Kohn, Hans 汉斯·科恩，7

Kristeller, Paul Oskar 保罗·奥斯卡·克里斯特勒，183–185，202

Kulmbach, Hans von 汉斯·冯·库尔姆巴赫，见插图列表第10项

Kulturkampf 文化斗争，70

language community 语言社群/共同体，19

language groups 语族，126，157–159，161

laurel wreath 桂冠，53，143，191–196，200，234

learned speaker, see *orator doctus* 博学的演说家，参见"雄辩家"词条

Leibniz, Gottfried Wilhelm 戈特弗里德·威勒汉姆·莱布尼茨，155，172–174

Leo III, Pope 教皇利奥三世，60

Leo X, Pope 教皇利奥十世，280

Leon 莱昂，114

Leonberg, Conrad 康拉德·莱昂博格，245–247

lieux de mémoire 《记忆之场》，12

Lodi 洛迪，204

Lombardy 伦巴底，153

London　伦敦，151

Louis IV, Emperor　皇帝路易四世，107，108

Louis XI, King of France　法国国王路易十一，253

Louis XIV, King of Franc　法国国王路易十四，151

love of country, see *amor patriae*　对国家的爱，参见"爱国"词条

Low Countries, see Netherlands　低地国家，参见"尼德兰"词条

Lucian of Samosata　萨莫萨塔的琉善，72，92

Lupold of Bebenburg　班贝克的卢博德，108–112

Luther, Martin　马丁·路德，18，19，157，213，286，296–315，323

Lysura, Johannes　约翰奈斯·莱苏拉，160

Mainz　美因茨，110，130，254，272，282–284，290

Malesherbes, Guiliaume-Chrétien de Lamoignon de　纪尧姆-克雷蒂安·德·拉莫瓦尼翁·德·马勒舍布，320，326–329

Manetti, Giannozzo　詹诺佐·马内蒂，193

manliness　阳刚之气，男性化，54，225，255，263

Marchand, Prosper　普洛斯佩·马尔尚，见插图列表第4项

Margaret, Archduchess of Austria　奥地利女大公玛格丽特，284

Mark Antony　马克·安东尼，77，83

Marsuppini, Carlo　卡洛·马苏皮尼，193

Martin V, Pope　教皇马丁五世，128，131

Marx, Karl　卡尔·马克思，37–39

Maximilian I, Emperor　（神圣罗马帝国）皇帝马克西米利安一世，

66，153，154，160，191，193，
194，198，200，201，231，232，
234，235，251，253，254，267，
273–276，283，287，290–292，
294，297，307，309

Mayer, Martin 马丁·梅耶，254

Mediterranean Sea 地中海，56，
89，198，255

Melanchthon, Philipp 菲利普·梅兰
希通，299

Metz 梅茨，158

Middle Ages 中世纪，3–5，7，
11，12，14，16，18，21，22，
27，28，43，46，50，60–65，
71，85，94–96，98–106，112，
114–119，121，122，131–133，
135–138，147，156–161，176，
183，187–189，201–205，217，
238，240，258，260，263，264，
267，273，287，305，317，318

modernist theories 现代主义理论，
13，14，19，21，23，27，34，
35，41–45，50，133

Mommsen, Theodor 特奥多尔·蒙
森，6

monasteries 修道院，46，94，123，
124，127，164，187，239，254，
280，294

Montesquieu, Charles de Secondat,
Baron de 孟德斯鸠男爵，夏尔·
德·塞孔达，329，330

Montreuil, Jeande 让·德·蒙特勒
伊，228–230，250

More, Thomas 托马斯·莫尔，179，
195

multipolarity 多极化，多元化，21，
56，59，65，67，68，103，115，
124，181，311，322，324，331

Murner, Thomas 托马斯·穆尔纳，
299

Nanni, Giovanni 乔凡尼·南尼，
333

Naples 那不勒斯，192，204

natio 部族, 18, 54, 116–132, 156, 159, 160, 223, 245

natio inclita 光荣的部族, 118

nation states 民族国家, 7, 24, 33, 41, 42, 48–50, 157

national authenticity 民族真正性, 237, 238, 269, 271

national character, *see* national stereotypes 民族性, 参见"关于民族的老生常谈/陈词滥调/成见/刻板印象"词条

national discourse 民族论调, 42, 58, 71, 135, 145, 152, 153, 181, 264, 275, 291, 299, 302, 310, 315, 316, 318, 323

national freedom 民族自由, 4, 42, 65, 273, 292

national honour 民族荣誉, 4, 22, 25, 27, 65, 132–135, 141–147, 150–153, 163, 166, 167, 171, 172, 213, 230, 231, 233, 248, 273, 287, 310, 313, 315, 329

national identity 民族身份认同, 20, 28, 43, 267

national self-determination, *see* national freedom 民族自决, 参见"民族自由"词条

national stereotypes 关于民族的老生常谈/陈词滥调/成见/刻板印象, 17, 18, 264, 305, 310

nationalist language 民族主义言论、言辞, 4, 21, 41, 134, 147, 197

nationalist politics 民族主义政治, 4, 27

nationes (at Church councils) （教会宗教会议上的）部族, 122–132

nationes (at universities) （大学中的）部族, 119–122

nationes particulares 特定部族, 128, 129, 132

nationes principales 主要部族, 128, 129, 132

Netherlands 尼德兰, 24, 233, 316

Nicholas I, Pope 教皇尼古拉一世, 97

Nicholas V, Pope, *see* Parentucelli, Tommaso 教皇尼古拉五世, 参见"托马索·帕伦图切利"词条

Noah 挪亚（《圣经》人物），163

nobility 贵族, 22, 43, 76, 81, 94, 99, 105, 111, 136–146, 153, 184, 185, 190–192, 205, 251, 253, 270, 274, 291, 293, 302, 303

Nora, Pierre 皮埃尔·诺拉, 12

Nuremberg 纽伦堡, 144, 159, 168, 234, 241

Obama, Barack 巴拉克·奥巴马, 98

Odofredus 奥多弗莱德斯, 105

Opitz, Martin 马丁·奥皮茨, 172

orator doctus 雄辩家, 77, 85, 143, 180, 193, 212, 297, 328

Orléans 奥尔良, 104, 121

Otto I, Emperor （神圣罗马帝国）皇帝奥托一世, 317

Otto II, Emperor （神圣罗马帝国）皇帝奥托二世, 61

Otto III, Emperor （神圣罗马帝国）皇帝奥托三世, 62

Ottoman Empire 奥斯曼帝国, 34

Oxford 牛津, 120

Pace, Richard 理查德·佩斯, 283, 284

Padua 帕多瓦, 249

paganism, pagans 异教/异端, 异教徒/异端, 20, 55, 269, 277, 322

Pakistan 巴基斯坦, 322

Palatinate 帕拉丁, 191

Panormitanus (Nicolo de' Tudeschi) 帕诺米塔努斯（又名：尼科洛·德·图德斯齐），277, 278

Papacy 教皇制, 教皇权, 罗马天

主教会，108，216，227

Parentucelli, Tommaso 托马索·帕伦图切利，183，184，201

Paris 巴黎，58，64，104，120，218，219，228，321，326，329

Parrhasios 帕拉西奥斯，241

Pasquier, Etienne 埃蒂安·帕斯奎尔，166

pater patriae 祖国之父，82，91，92，104，190，196

patria caelestis 天上祖国，96

patria civitatis, see patria communis 公民祖国，参见"共同的祖国"词条

patria communis 共同的祖国，72，83–85，93–96，103，104，115，314

patria naturae 自然祖国，83，84

patria propria, see patria naturae 自在祖国，参见"自然祖国"

patria terrena 俗世祖国，95，96

patriae defensio 保卫祖国，82，88，97，98，105

patriae laus 赞颂祖国，88，114

patriarchal cultures 父权文化，74

Patricius, Petrus 皮特鲁斯·帕特里修斯，261

patriotic sacrifice, see also pro patria mori 爱国牺牲，参见"视死如归"词条

patriotism 爱国主义，爱国精神，7，32，50，70，73–77，84–106，112，114，115，151，152，253

Persia 波斯，56

Person, Gobelinus 戈培林努斯·珀森，156–158

personifications 人格化，拟人化，47，79，86，319

Petrarch 彼特拉克，130，178，190，192，195，196，209，216–230，250

Peutinger, Conrad 康拉德·柏廷格，200，234，261，318

Pflieger, Silvester 希尔维斯特·普弗利杰，197

Philip IV, King of France 法国国王腓力四世, 106

Philipp I, Landgrave of Hesse 黑森领主菲利普一世, 278

philology 文献学, 语言学, 语文学, 46, 110, 163, 167, 172, 299

Pico della Mirangola, Giovanni 乔万尼·皮科·戴勒·米兰多拉, 179

Piedmont 皮埃蒙特, 288

Pirckheimer, Willibald 威利保德·皮尔克海默, 234, 247, 318

Pius II, Pope, see Enea Silvio Piccolomini 教皇庇护二世, 参见"埃尼阿·希尔维奥·皮科洛米尼"词条

Plato 柏拉图, 221

Pliny the Elder 老普林尼, 247, 258

Pluto 普鲁托（希腊神话中的冥王）, 229

Poggio Bracciolini 波齐奥·布拉丘利尼, 123, 193, 204, 209

Pompeius, Gnaius Magnus 格涅乌斯·马格努斯·庞培, 198

Portugal 葡萄牙, 114, 125

Posidonius 波西多尼乌斯, 55

Prague 布拉格, 9, 217

priesthood, see spiritual elite 神职、圣职, 参见"思想精英"词条

primitivism 原始主义, 168, 308

print capitalism 印刷资本主义, 31, 34

printing press 印刷机, 67, 142, 242, 243, 319

pro patria mori 视死如归, 88

Protestantism, Protestants 新教, 新教徒, 9, 46, 70, 171, 172, 263, 293, 294, 299, 302, 303, 312, 313, 315, 321–325

Prudentius 普鲁登修斯, 86

purism, purification 纯粹主义, 纯粹化, 165, 167, 172, 182, 239, 271

Quintilian 昆体良，123，229

Ramée, Pierre de la 皮埃尔·德·拉弥，166

Ranger, Terence 特伦斯·兰杰，30

Ranke, Leopold von 利奥波德·冯·兰克，198

Ratisbon 雷根斯堡，160，246，247

Reformation 宗教改革，5，46，143，145，149，213，245，252，268，297–325

religion 宗教，4，14，16，20，31，32，41，49，52，55–58，69，70，97，100

religious cultures 宗教文化，32

religious fundamentalism 宗教原教旨主义，300，310–312，322–326

Renaissance 文艺复兴，5，14，23，47，50，179，181–215，230，252，298，311，318，326

Renaissance humanism 文艺复兴时期的人文主义，23，27，47，50，164，171，179，181–183，206，311

Renan, Ernest 厄内斯特·勒南，7

republicanism 共和主义，183，185，186

Requeséns, Don Luis de 堂·路易·德·雷克森斯，150

Reuchlin, Johannes 约翰奈斯·罗伊希林，243，245，261

Reusner, Nikolaus 尼可劳斯·鲁斯奈，见插图列表第9项

Rhenanus, Beatus 比亚图斯·雷纳努斯，178，180，244，245，259，260，316，317

rhetoric of anti-rhetoric 反对修辞矫饰的修辞风格，309

Richental, Ulrich von 乌尔里希·冯·里琛塔尔，见插图列表第6项

Robert, King of Naples 那不勒斯国王罗伯特，192

Roman Christianity 罗马的基督教信

仰（天主教信仰），21，70

Roman Empire 罗马帝国，3，13，14，17，53，60–62，74，84，91–95，115，117，118，180，182，217，244，259，261，277，303，317，319

Roman law 罗马法，64，75，92，93，94，101–107，143，188，260，261

Roman Principate 罗马元首制，92，208

Roman Republic 罗马共和国，5，16，78，83，88，91，186，191

Roman Senate 罗马元老院，77，79，81–83，88，92，208

Romanticism 浪漫主义，6，15，37，39，134，174–176，237–239

Rome 罗马，3，4，21，47，53–56，62，73，75–79，82，83，86，95，97，103，104，115，122，149，178，192，200，202，204，214，215，217，218，220–224，226，227，231，251，252，253，259，296，313–315，320

Romulus 罗慕路斯，163

Ronsard, Pierre de 皮埃尔·德·隆萨，166

Rubens, Peter Paul 彼得·保罗·鲁本斯，327

Ruffach, Jost Galtz von 约斯特·加尔茨·冯·鲁法希，245

Rufus, Quintus Curtius 昆图斯·柯蒂乌斯·鲁夫斯，262

Rüxner, Georg 乔格·卢克斯奈，见插图列表第7项

sacred communities 神圣共同体，323

Sallust 撒路斯提乌斯，80，88，205

Salutati, Coluccio 科卢乔·萨卢塔蒂，72，85，193，200，203，205，209，227，229

Sancho II, King of Portugal 葡萄牙

国王桑丘二世，114

Saudi Arabia 沙特阿拉伯，322

Scala, Nicodemo della 尼科德莫·德拉·斯卡拉，197

Schard, Simon 西蒙·沙尔德，318

Schlegel, Friedrich 弗里德里希·施勒格尔，239

Schlick, Caspar 加斯帕·希利克，197

Schmalkaldic War 施玛卡尔登联盟战争，293，294

Schottelius, Justus Georg 尤斯塔斯·乔格·肖特利乌斯，169

Scipio Aemilianus Africanus "非洲征服者"西庇阿，87，97

Sélestat 塞莱斯塔，251

self-fashioning 自我塑造，91，181，195，211，226

Shakespeare, William 威廉·莎士比亚，18

Sicily 西西里，96，98，104

Sigismund, Emperor （神圣罗马帝国）皇帝西吉斯蒙德，124，125，129

Silvert, Kalman H. 卡尔曼·H·希尔维特，序言第1页

Skinner, Quentin 昆丁·斯齐纳，205

Sleidanus, Johannes 约翰奈斯·斯莱达努斯，281，282

Smith, Anthony D. 安东尼·D·史密斯，40

society of orders 秩序社会，22

sodalities 社，社团，251，252

Spain 西班牙，34，48，97，104，113，114，125，150，151，274–281，285–288，291–294，323

Spiegel, Jacob 雅各布·斯皮格尔，251，252

spiritual elite 思想精英，102，189，214

Sri Lanka 斯里兰卡，34

Stewart, Frank Henderson 弗兰克·汉德森·斯图亚特，134

Stieler, Kaspar 加斯帕·斯蒂勒，169

Stimmer, Tobias 托比亚斯·斯蒂默，见插图列表第9项

Stoicism 斯多葛学派，斯多葛主义，禁欲主义，86，91，93，94，256，257

Strabo 斯特拉波，17

Strasbourg 斯特拉斯堡，143，159，201，234，249，251

Strozzi, Nanni 南尼·斯特罗齐，204

studia humanitatis, see humanitas 人文主义研究，参见"人文属性"词条

Suetonius 苏维托尼乌斯，198

Switzerland 瑞士，24，65，100，316，323

Tacitus, Cornelius 科尼利乌斯·塔西佗，17，164，208，209，239，254–258，313，316，317

theology 神学，58，60，64，96，121，187，213，263，296，297，299，301–303，310

Thirty Years' War 三十年战争，171

Thomas, Antoine-Léonard 安托万-莱昂纳德·托马斯，328

tongue 语言，方言，口音，腔调，18，19，156，158–160，301

Tönnies, Ferdinand 费迪南德·托涅斯，39，40

Toul 图勒，157

tournament 骑士比武大会，137，138，146

translatio imperii 帝国权力转移，61，64，106，109，217，249，303，317

translatio studii 学术转移，63，64，217，219，229，242，249，251

Trent (river) 特伦特（河），120

tribal cultures 部落文化，20，52，57

Trier 特里尔，130，282

Trithemius, Johannes 约翰奈斯·特

里特米乌斯，191，239，240，247，265，318

Troy 特洛伊，234，304

Tuscany 托斯卡纳，161，226

United States 美国，9，10，61，68，89，98，322

universal dominion, *see* imperialism 普世统治，普天之下莫非王土，参见"帝国主义"词条

universities 大学，46，119–122，127，131，143，176，187

Upper Rhine Revolutionary (anonymous) 《上莱茵革命》（无名氏著），162，163，269

Urban V, Pope 教皇乌尔班五世，218，222，224

Urban VI, Pope 教皇乌尔班六世，227

Varus, Publius Quinctilius 普布利乌斯·昆蒂利乌斯·瓦卢斯，260

Velleius Paterculus 维莱伊乌斯·帕特尔库鲁斯，316

Vener, Job 乔布·维纳，129–131

Venice 威尼斯，161，162，185，200

Verdun 凡尔登，157

Vergil 维吉尔，94，242，340

vernaculars 本国语，母语，本地语言，164，174，237，238，301

Verneuil 韦尔纳伊，99

Verres 维勒斯，199

Vincentius Hispanus 文森提乌斯·希斯帕努斯，113–115

vita activa 积极（政治）生活，199，205

Vitruvius 维特鲁威，54–56

Voltaire 伏尔泰，136，140

Walther von der Vogelweide 瓦尔特·冯·德·弗格尔韦德，18

War of the Eight Saints 八圣人之战，

226

Weber, Max 马克斯·韦伯，133

Western Roman Empire 西罗马帝国，60，94，95

Whitehall 白厅，150

Wilhelm of Montlauzun 蒙特洛赞的威勒汉姆，113

Wilhelm of Nogaret 诺加雷特的威勒汉姆，106

William IV, Duke of Bavaria 巴伐利亚公爵威廉四世，292

Wilson, Thomas 托马斯·威尔逊，269–270

Wimpfeling, Jacob 雅各布·温普菲林，143，153，234，241，242，244，245，249–251，268，269，317，318

Witdoeck, Jan 冉·维特多克，327

Witt, Ronald G. 罗纳德·G.维特，184，185

Wittenberg 维滕堡，276，313，314

Woensam, Anton 安东·沃恩萨姆，见插图列表第11项

Wolf, Thomas 托马斯·沃尔夫，249

Worms 沃尔姆斯，251，253，286

xenophobia, xenophobic 仇外，仇外的，247，253，260，282，283

Zabarella, Francesco 弗兰西斯科·扎巴莱拉，123

Zesen, Philipp von 菲利普·冯·泽森，167，170，172

Zimmer, Oliver 奥利弗·齐默，40

Zurich 苏黎世，161

译后记

极少有什么书能从标题开始就让身为译者的我手抖,但本书成功地做到了。原书名 *The Origins of Nationalism: An Alternative History from Ancient Rome to Early Modern Germany* 中包含:(1)"民族主义"(nationalism,亦可译为"国家主义"、"民族独立主义"乃至"民族风格"),(2)"现代"(modern,由于中、西时代划分的不同,西方的现代亦可能译为中文中的"近代"),(3)"德意志"(Germany,本书中根据时间/场合的不同亦译为"日耳曼"或"德国"等)。作者秉持谦逊严谨的作风,在序言中曾坦言:因以英语写作而感到"兴奋"又"担忧"。作为译者,对于工作过程中瞻前顾后、如履薄冰的状态,我也自觉有"坦白从宽"的义务。

此外,书中穿插的拉丁文、希腊文、法文和德文内容不胜枚举,虽然通常都有英文释义,但并非一字不差,还偶有常见字词的含义超越我所查阅的任何英汉字典中所列举一切义项的情况,幸而最后全部依靠历史常识找到了更加专业的资源,并辗转进行了验证，可谓有惊无险。比如，confessional（德文：Konfessionelle）一词，常为"忏悔的"之意，但在本书中全作"信仰或教派（分）化的"之意，而出乎意料的是，这个义项在我看过的大多数英汉字典中不存在。对此，我只有一靠推测，二靠查验，在这个词上反复验证，才对自己的正确性全然放心。还有本书中反复提到的拉丁文名词"部族"（natio，其夺格或离格为 *natione*），被古罗马人用来特指"外来蛮族"，与罗马"民众"（*populus*）（参见4.8）以及罗马民众内部的"氏族"（*gentes*）（参见3.1）相对应，后来又指大学中各个籍贯不同的群体，等等。它最初带有某种排外性歧视的意味，我最终从自己罗列的一大堆备选近义词中选择了"部族"。当然，如今这种歧视的意味，在世界各主要国家的法律条文之中都已被"民族平等"的口号所取代。然而，身为中华民族一员的译者，可以依靠对外国语言的了解谋生，却对周遭藏族、苗族、维吾尔族同胞的语言一无所知，深感自己愚昧无能。不过，既然当初在德意志、仅30英里之隔的人们都可能因语言不通而无法完全理解彼此，那我也就心安理得了许多（参见1.3）。

除了语言，本书的视角、方法和内容也堪称标新立异，甚至摧枯拉朽。比如，谁能想到，以爱情诗著称于世的西方"诗圣"彼特拉克，这位人文主义巨匠的清词丽句背后，竟是咄咄逼人、不屈不挠的辩才——他曾为维护意大利的民族优越感，固执地将法国人贬低得一无是处（参见7.2）。而伊拉斯谟，尽管这位《愚人颂》的作者今日依然堪称圣贤标杆，但因拒绝偏袒任何一个民族、倡导和平与多元化的"世界主义"理念（参见7.3），而被扣上了"反民族主义者"帽子，甚至因此树敌甚众，还被斥作"杂种"（参见7.0）。至于马丁·路德，这位大力宣扬普世信仰和价值、严厉批判日耳曼民族劣根性的新教改革运动领袖，一旦染上"民族主义"色彩，就成了德意志民族崛起的催化剂——要知道，此公曾反复公然把自己民族的同胞们斥为"猪猡"（参见9.1）。另外，很可能让国际政治和国际法学者感到"膈应"的是，路德还是一位名副其实的"原教旨主义者"（fundamentalist）（参见9.1）。译者本想避免误会、十分恭谨地另译为"基要主义者"（这也是可行译法之一），不过，对该术语的使用，作者自有解释。

民族和民族主义的主题，以及作者关于"民族主义能够在欧洲以外的地方发展出自己独有的特点，却无法被想象为欧洲文化轨迹之外的事"（参见1.0）之类的说法，让译者忍不住想起了西晋名臣江统早在公元3世纪末发表的那篇充满争议的《徙戎论》，还有他那番"非我族类，其心必异"的怪论。其实，对于我国这样历史悠久、民族众多的国家，民族与民族主义的思想乃至实践并不新奇，作者也承认了这一点（参见2.4）。不过"它山之石可以攻玉"，看到他国系统化的史论，抑或更能客观地照鉴我们的得失，至少使我们明白：在民族塑造、认同、团结和复兴的路上，我们并非孤身只影而行。

X. Li

2017年夏